C'est du gâteau !

C'est du gâteau !

Des modèles extravagants pour réaliser des gâteaux simples, sensationnels, fantaisistes et ludiques

Karen Tack et Alan Richardson

ADA éditions

Titre original anglais : Cake My Cake!

Éditeur : François Doucet
Traduction : Patricia Guekjian
Révision linguistique : Isabelle Veillette
Correction d'épreuves : Nancy Coulombe, Féminin pluriel
Montage de la couverture : Sylvie Valois
Mise en pages : Sylvie Valois
Conception : Elizabeth Van Itallie
Illustrations : Sandy Ploy
photos des auteurs : Jorge Madrigal
ISBN papier 978-2-89767-285-0
ISBN PDF numérique 978-2-89767-286-7
ISBN ePub 978-2-89767-287-4
Première impression : 2016
Dépôt légal : 2016
Bibliothèque et Archives nationales du Québec
Bibliothèque et Archives Canada

Éditions AdA Inc.
1385, boul. Lionel-Boulet
Varennes (Québec) J3X 1P7, CANADA
Téléphone : 450 929-0296
Télécopieur : 450 929-0220
www.ada-inc.com
info@ada-inc.com

Diffusion
Canada : Éditions AdA Inc.
France : D.G. Diffusion
Z.I. des Bogues
31750 Escalquens — France
Téléphone : 05.61.00.09.99
Suisse : Transat — 23.42.77.40
Belgique : D.G. Diffusion — 05.61.00.09.99

Québec
Crédit d'impôt livres — Gestion SODEC
Financé par le gouvernement du Canada | Canada

Imprimé en Malaisie

Participation de la SODEC.
Nous reconnaissons l'aide financière du gouvernement du Canada par l'entremise du Fonds du livre du Canada (FLC) pour nos activités d'édition.
Gouvernement du Québec — Programme de crédit d'impôt pour l'édition de livres — Gestion SODEC.

Que vous soyez un artiste-pâtissier ou pâtissier dans vos temps libres, vous êtes notre inspiration.

remerciements

La création de nos quatre livres de décoration de gâteaux a été un cheminement extraordinaire, et cette fois-ci, nous sommes encore plus fiers. Nous avons eu la chance de travailler avec la même éditrice pour les quatre livres et nous avons une recette tout à fait merveilleuse pour travailler ensemble : nous lui donnons des confections et elle nous donne de la classe.

Nous sommes peinés pour les auteurs qui ne peuvent considérer leur agent comme un ami proche. Martha Kaplan assume très bien les deux rôles, et c'est pourquoi nous l'adorons. Après toutes ces années à travailler ensemble, nous n'avons probablement pas besoin de l'appeler pour discuter de chaque petit détail, mais nous croyons que le drame lui manquerait trop.

Parfois, on dirait que Larry Frascella est le chef de piste de notre spectacle. Il hausse un drapeau lorsqu'une création n'est pas à la hauteur, nous applaudit lorsque nous réussissons, et ensuite raconte le tout trois fois par semaine sur notre blogue (vous le reconnaîtrez peut-être comme l'historien des petits gâteaux sur hellocupcakebook.com, en anglais seulement). Grâce à Larry, ce spectacle poursuit sa route.

Ellie Ritt nous accompagne dans la cuisine depuis bon nombre d'années. Elle s'assure que notre pâte est bien mélangée, que nos bonbons sont organisés et que nos esprits sont joyeux. (Elle nous rappelle aussi quand il faut arrêter pour déjeuner, et nous adorons ça !)

Michaela Sullivan nous a menés par la main jusqu'à maintenant pour la direction artistique de nos quatre livres. Nous aimons beaucoup sa patience relativement à nos processus et son enthousiasme pour nos modèles (rien ne nous encourage plus que d'entendre lequel de nos projets elle a fait récemment et comment elle l'a réussi.)

Susan Dickinson, notre réviseure à l'œil de lynx, nous a déjà dit que de lire notre manuscrit était comme un entraînement pour le cerveau. Après deux de nos livres, Susan doit être un génie. Nous remercions aussi Jessica Sherman pour sa révision astucieuse et la dactylographie experte, Jacinta Monniere, pour avoir transformé nos gribouillis en mots. Tout le monde a besoin d'une Laney Everson dans son équipe. C'est elle qui a mis les points sur les i et les barres sur les t pour s'assurer que chacune des parties était à sa place... Je gage qu'elle est super bonne pour faire des mots croisés !

Nous sommes vraiment chanceux d'avoir encore eu Elisabeth Van Itallie pour apporter style et esprit à la conception de notre livre. Plusieurs auteurs appréhendent de voir le produit fini : dans notre cas, nous faisions une petite danse comme les enfants le matin de Noël tellement nous avions hâte de voir ce qu'Elisabeth allait nous donner.

Nous avons connu Sandy Ploy comme la reine des petits gâteaux de Milwaukee. Maintenant, elle n'est pas seulement une amie, mais aussi une collaboratrice. Les merveilleuses illustrations de gâteaux faites par Sandy nous aident à créer tous ces « eurêka ! » dans le livre.

Les gâteaux sont plus grands que les cupcakes de beaucoup de manières, incluant ce qui a trait à l'organisation. Sue Caruso a sorti son fouet dans la cuisine et nous a largement facilité la vie.

Nos stagiaires, Manuela Rincon et Sandy Arana, sont maintenant des maîtres de la coloration de glaçage, de la cuisson des gâteaux, de la confection de bonbons, des essais de recettes et de l'écoute de nos mauvaises blagues ; elles en rient chaque fois. Nous n'aurions pas pu avoir de meilleures assistantes.

Tante Hank ne le sait pas, mais ses tissus en polyester des années 1960 avec leurs motifs dingues ont donné du panache à toutes les photos dans lesquelles nous les avons utilisés. Ils étaient bien cachés dans le grenier ; maintenant, ils font partie de nos accessoires.

Deb Donahue est l'autre experte en mode dans nos vies, nous offrant des tissus, des assiettes, des supports à gâteau et une blague lorsque nous en avons besoin.

Erik et Liam Tack sont devenus nos meilleurs testeurs. Lorsqu'ils donnaient leur approbation à un gâteau, nous savions qu'il était bien réussi.

Joan McCoy est un cadeau perpétuel. Grâce à elle, nos gâteaux ne sont jamais gaspillés, car elle en emporte des morceaux à ses amis (avec des exemplaires nos livres). Elle en a parlé à deux amis, et ils en ont parlé à deux amis, et ainsi de suite. Elle n'est peut-être que notre maman, mais pour nos livres, elle est une machine de mise en marché.

Nous devons remercier chaleureusement l'équipe de publicité, des ventes et de la mise en marché de notre éditeur, Houghton Mifflin Harcourt. Chaque membre de l'équipe a été d'un soutien incroyable pour nos livres au fil des ans, et sans leurs talents et capacités, *C'est du gâteau !* n'existerait pas. Nous sommes vos fervents admirateurs.

Nous voulons aussi remercier nos partenaires dans le monde des gâteaux et des bonbons. Les gens chez Duncan Hines, SweetWorks, OXO, McCormick, Reynolds, Ziploc, Sara Lee, la National Confectioners Association des États-Unis et tous les autres qui ont été si incroyablement généreux en donnant des produits et du soutien au fil des ans. Nous en sommes sincèrement reconnaissants.

table des matières

NYC

introduction

Nous avons toujours cru que plus est mieux, et lorsqu'il s'agit de décoration, que pourrait-il y avoir de mieux que d'avoir un plus grand canevas à remplir ? Il y a plus de bonbons, plus de grignotines et plus de plaisir à décorer.

Dans nos livres précédents, *Bonjour, cupcake !, Quoi de neuf, cupcake ?* et *Cupcakes, tartes et biscuits, oh oui !*, nous avons utilisé des bonbons et des grignotines de l'épicerie pour créer des cupcakes simples et ingénieux. Et nous l'avons fait sans avoir à utiliser des outils de décoration spéciaux. Dans *C'est du gâteau !*, nous utilisons les mêmes idées pour créer des gâteaux uniques. Au premier regard, vous pourriez vous demander : « Est-ce vraiment un gâteau ? » Mais en regardant de plus près, vous direz : « Hé ! Je peux faire ça ! »

L'avantage des gâteaux est qu'on peut jouer avec leur taille, mais ils peuvent aussi être cuits dans toutes sortes de récipients. Un moule rond peut créer un gâteau arc-en-ciel ou un gâteau en forme de sac à main chic, et avec quelques coupes simples, vous pouvez transformer un gâteau rond en coq ou même en guitare classique.

Nous avons transformé des gâteaux rectangulaires en grille-pain rétro et en tondeuse à gazon. Un gâteau en forme de pain peut devenir un aspirateur-traîneau ou un ananas avec des feuilles faites de croustilles Pringles, et un gâteau roulé peut devenir une bûche qui plaira à coup sûr à votre bûcheron préféré.

Les gâteaux cuits dans des bols allant au four sont parfaits pour faire les ventres de notre collection de toutous, ou encore faire une délicieuse coccinelle avec des taches en trous de beigne. Une tasse à mesurer de 500 ml (2 tasses) allant au four peut servir pour faire la tête de n'importe quoi allant d'un zèbre et d'un caniche rose à une piñata.

Le livre contient aussi un chapitre avec des modèles fantastiques faits à partir de quatre-quarts congelés du commerce. Étant donné leur fermeté, ces gâteaux délicieux sont parfaits à décorer. Nous les sortons directement de leur emballage en papier métallisé et les transformons en bottes pour votre dépendante de la mode préférée, en fusée, en bâton de baseball, en quatuor de hiboux hululant, et en un gâteau de soirée dansante qui vous donnera le goût de vous déhancher.

C'est du gâteau ! vous offre des tonnes de nouvelles techniques de décoration. Le « sucre écrasé » répare tous vos défauts de décoration. La « peinture de saveurs » donne des couleurs vives que vous ne pouvez obtenir de colorant alimentaire du commerce, et vous pouvez utiliser un pinceau d'artiste pour peindre des détails complexes comme le grain du bois. Puisque nous savons que ce n'est pas simplement ce qu'il y a à l'extérieur qui compte, nous vous montrons comment transformer de la pâte à gâteau en gâteau cubiste, en gâteau à pois, en gâteau léopard et plus encore. (Tout au long du livre, les recettes étiquetées du terme « Surprise à l'intérieur ! » indiquent ces traitements.)

Le temps est arrivé de brasser ces moules et de secouer ces casseroles, parce que nous avons inclus tellement de plaisir de décoration dans ce livre que nous sommes certains que votre famille et vos amis crieront : « *C'est du gâteau !* »

Programme 10 étapes pour un meilleur gâteau

1 LIBÉREZ-MOI

- Le papier ciré (ou sulfurisé) ordinaire peut servir de paroi antiadhésive pour les moules.
- Vaporiser le fond et les côtés du moule d'enduit à cuisson végétal.
- Pour des moules ronds, plier en deux une feuille de papier ciré. Plier en deux encore une fois. Ensuite, plier le papier sur la diagonale en amenant les deux bords pliés vers le bord plié simple pour arriver à une forme de V. En mesurant de la pointe, faire une marque égale à la moitié de la largeur de votre moule (10 cm [4 po] pour un moule rond de 20 cm [8 po]). Couper le bout ouvert du V sur la marque, en donnant une courbe légère. Déplier le papier ciré, le placer dans le fond du moule et l'aplatir avec les doigts. L'enduit à cuisson le gardera en place.
- Pour les moules à pain, carrés et rectangulaires, laisser le papier ciré dépasser des bords pour faciliter son retrait.
- Pour la cuisson dans un bol ou dans une tasse à mesurer, vaporiser simplement d'enduit à cuisson végétal.

2 ÉGALISER

- Pour que le gâteau cuise en couche uniforme, pousser la pâte jusqu'aux parois du moule.
- L'utilisation d'une spatule coudée facilite le déplacement de la pâte dans le moule.
- Laisser la pâte un peu plus haute sur les côtés qu'au centre pour éviter qu'un dôme se forme lorsque le gâteau cuit. Un dôme moins haut signifie moins de gâteau à retirer pour niveler.
- Pour une couche de gâteau égale, s'assurer que les moules à gâteau et les grilles du four sont au niveau.
- Pour une plus grande stabilité, placer les petits récipients à cuisson sur une plaque à pâtisserie lors de la cuisson.

3 UN PETIT TOUR DANS LE FOUR

- S'assurer de préchauffer le four ; la température de cuisson optimale pour la plupart des gâteaux est 180 °C (350 °F).
- Un thermomètre de four aidera à déterminer si le four est bien calibré. Ajuster la chaleur au besoin pour cuire à la bonne température.
- N'importe quel four peut avoir des zones plus chaudes. Il faut apprendre à connaître son four et comment les gâteaux y cuisent.
- Faire cuire le gâteau au centre du four. Pour faire cuire plus d'un gâteau à la fois, les placer côte à côte sur la même grille ou sur des grilles séparées (mais pas l'un directement au-dessus de l'autre).
- Pour faire cuire plus d'un gâteau ou pour un four qui a des zones plus chaudes, faire une rotation des moules délicatement à la mi-cuisson.
- Pour vérifier si le gâteau est cuit, insérer un cure-dent ou une brochette en bois dans le centre du gâteau. Il devrait en ressortir propre ; ce n'est pas grave s'il y a quelques miettes.
- S'il y a de la pâte collante ou gluante sur le cure-dent, poursuivre la cuisson pendant quelques minutes supplémentaires et vérifier à nouveau.
- Mettre le moule sur une grille en métal et laisser refroidir 10 minutes. Passer un petit couteau sur le rebord du moule et retirer le gâteau, le retourner sur la grille et le laisser refroidir complètement.

4 AU NIVEAU

- Pour réduire la quantité de miettes, mettre le gâteau au congélateur de 15 à 20 minutes avant de l'égaliser.
- Utiliser des cure-dents et une règle comme guide pour marquer un rebord droit sur le gâteau et aider à garder le couteau au niveau.
- Pour couper le gâteau, utiliser un couteau dentelé assez long pour couper à travers toute la longueur du gâteau avec un mouvement de va-et-vient.
- Pour avoir une meilleure maîtrise, tenir le couteau au même endroit en tournant le gâteau. Utiliser un support à gâteau ou un plateau tournant pour faciliter la tâche.

4

5 À LA BASE

- Si le gâteau doit être transféré ou manipulé pendant la décoration, le faire sur une base ferme.
- Si un support à gâteau n'est pas utilisé, découper un morceau de carton à la bonne grandeur.
- Utiliser un modèle ou une règle pour mesurer le contour du bas du gâteau sur le carton.
- Utiliser une bonne paire de ciseaux pour couper le carton. Il faut soutenir le gâteau jusqu'au bord, mais il ne faut pas que la base paraisse.
- Envelopper le carton de papier d'aluminium.
- Utiliser une grande spatule large pour transférer le gâteau à la base en carton. Une spatule délicate est un désastre en devenir.

5

6 UNE COUPE NETTE

- Utiliser une rangée de cure-dents comme guide pour faire une coupe droite.
- Trouver le centre du gâteau à l'aide d'une règle. Pour éviter les erreurs, toujours mesurer deux fois avant de couper.
- Utiliser un long couteau dentelé pour les coupes longues.
- Utiliser un mouvement de va-et-vient délicat pour éviter de déchirer ou d'écraser le gâteau.
- Utiliser un petit couteau avec des dents plus fines, comme un couteau à bifteck, pour tailler en biseau les côtés du gâteau. Tenir le couteau à un angle de 45 degrés pendant la coupe.

6

7 MONTAGE GÉNÉRAL

- Mettre le gâteau à l'envers pour avoir une surface plate, uniforme et avec moins de miettes pour le glaçage et la décoration.
- Utiliser le glaçage comme colle pour tenir les gâteaux ensemble. Étaler le glaçage aussi uniformément que possible.
- Si le gâteau s'affaisse ou a un côté inégal, utiliser le glaçage pour remplir entre les étages et niveler.
- Appuyer délicatement sur le dessus de chaque gâteau lors de la superposition des étages afin d'assurer que le glaçage colle aux deux côtés.
- Utiliser des pailles en plastique pour stabiliser les gâteaux à étages. Insérer délicatement les pailles à travers les couches du gâteau, puis couper les pailles près du gâteau.
- Après l'assemblage, mettre le gâteau au congélateur environ 30 minutes pour le refroidir.

7

8 DES MIETTES AVEC ÇA ?

- La première couche de glaçage est comme un apprêt à peinture. Elle colle les miettes pour les empêcher d'aller dans le glaçage.
- Remplir toutes les fissures et tous les trous dans le gâteau pour obtenir une surface lisse.
- Après avoir étalé un peu de glaçage sur le gâteau, enlever la plus grande partie à l'aide d'une spatule coudée afin de laisser une couche très mince et lisse de glaçage.
- Cette couche permet de camoufler toute imperfection et de donner des bords plus nets au gâteau.
- Après avoir étendu cette couche, mettre le gâteau au congélateur environ 30 minutes pour le refroidir.
- Si le gâteau n'est pas utilisé tout de suite, arrêter à ce point. Après avoir refroidi le gâteau, bien l'envelopper de pellicule plastique et congeler jusqu'à deux semaines.

9 ÊTRE FRAIS

- Un gâteau refroidi signifie des coupes plus propres, des bords plus nets et une fondation plus ferme pour la décoration.
- Un gâteau refroidi est plus facile à transférer et à manipuler. Un grand gâteau est plus stable s'il reste refroidi.
- Le glaçage reste crémeux plus longtemps lorsqu'il est refroidi que lorsqu'il est à la température ambiante. Pendant la décoration, remettre le gâteau au congélateur quelques minutes pour aider à garder le glaçage mou et collant.
- Ne pas oublier que le gâteau assemblé est souvent plus haut que ses parties. Donc avant de commencer à assembler, s'assurer d'avoir assez d'espace dans le congélateur ou dans le réfrigérateur pour l'étape de refroidissement.
- Plusieurs techniques, comme la peinture de saveurs (voir la page 45), nécessitent un glaçage bien refroidi pour que la couleur demeure sur la surface du glaçage au lieu de s'y mélanger.
- Ne pas oublier que le gâteau va au congélateur afin d'être refroidi et non d'être entièrement congelé. Complètement congeler un gâteau puis le décongeler plusieurs fois peut décomposer sa structure.

8

9

10 LE GLAÇAGE SUR LE GÂTEAU

- La plupart des projets commencent par une couche lisse de glaçage. Pour de meilleurs résultats, utiliser une spatule coudée et une quantité généreuse de glaçage. L'excédent de glaçage peut toujours être enlevé plus tard.

- Pour appliquer le glaçage en couche lisse, le pousser dans la même direction en grands mouvements qui se chevauchent. Nettoyer la spatule entre chaque passage pour obtenir des marques lisses.

- Donner une deuxième couche de glaçage sur le gâteau au complet en utilisant une pression très légère pour éliminer toute bavure et toute bosse.

- Pour empêcher le reste de glaçage de sécher, le garder recouvert de pellicule plastique jusqu'au moment de l'utilisation.

Cosmétiquement sucré

Traitements en surface

Selon la manière dont vous le manipulez, le glaçage peut faire de la fourrure pour un gâteau en forme d'animal ou des panneaux d'acier à une fusée. Le sucre écrasé peut donner l'apparence de peinture brillante à une tondeuse à gazon ou des rayures à un zèbre. La peinture de saveurs peut ajouter une glace vive sur une citrouille ou faire les détails d'un nœud dans une souche. Ajouter des bonbons ou des grignotines, ou faire des motifs dans la pâte peut rendre un gâteau encore plus spectaculaire. Les techniques illustrées dans ce chapitre donneront une toute nouvelle apparence à votre gâteau et serviront de trompe-l'œil dans les projets à travers ce livre.

Un gâteau, quatre traitements de surface. ***Dans le sens horaire à partir de la gauche :*** **glaçage à la fourchette, appliqués de nonpareilles, peinture de saveurs et sucre écrasé.**

GÂTEAU ANGORA OMBRÉ

Surprise à l'intérieur !

DONNE 24 PORTIONS

Cet élégant gâteau combine l'apparence douce de l'angora et les couches de couleurs graduées de l'ombré, et il est facile à réaliser en utilisant du colorant alimentaire ordinaire et une fourchette de table pour le glaçage. Tranchez-le pour trouver une autre surprise : l'intérieur est aussi composé de couches ombrées.

2 recettes de Préparation pour gâteau parfait (page 289) faites de mélange pour gâteau vanille française

Colorant alimentaire rose néon (McCormick)

2 boîtes de 450 g (16 oz) chacune plus 250 ml (1 tasse) de glaçage à la vanille

1 Préchauffer le four à 180 °C (350 °F) et préparer 3 moules à gâteau ronds de 22,5 cm (9 po) (voir Libérez-moi, page 12). Répartir la pâte uniformément dans 3 bols (environ 830 ml [3⅓ tasses] dans chacun). Colorer chaque bol d'une teinte différente de rose en ajoutant 1 goutte de colorant alimentaire dans un bol, 3 gouttes dans le deuxième et 5 gouttes dans le troisième. Remuer la pâte dans chaque bol pour bien incorporer la couleur. (Ajouter du colorant alimentaire au deuxième et au troisième bol, au besoin, pour créer des teintes de rose plus distinctes.)

2 À l'aide d'une cuillère, déposer chacune des pâtes colorées dans l'un des moules préparés. Étaler la pâte jusqu'au bord et lisser le dessus (voir Égaliser, page 12). Cuire au four jusqu'à ce que les gâteaux soient dorés et qu'un cure-dent inséré au centre en ressorte propre, 35 à 40 minutes.

3 Transférer les gâteaux à une grille en métal et laisser refroidir 10 minutes. Retourner, enlever les moules et laisser refroidir complètement.

4 Tailler le dessus des gâteaux pour les niveler (voir Au niveau, page 14). Placer le gâteau le plus foncé, côté taillé vers le haut, sur un carton coupé à sa taille (voir À la base, page 14). Étaler 125 ml (½ tasse) de glaçage à la vanille sur le dessus. Mettre le gâteau de couleur moyenne par-dessus, côté taillé vers le bas, et glacer le dessus avec 125 ml (½ tasse) de glaçage à la vanille. Mettre le gâteau le plus pâle par-dessus, côté taillé vers le bas, et appuyer légèrement pour égaliser les étages. Étaler une fine couche de glaçage (voir Des miettes avec ça ?, page 16) sur le dessus en prenant soin de remplir toute fissure ; lisser. Mettre le gâteau au congélateur jusqu'à ce qu'il soit ferme, environ 30 minutes.

5 Déposer du glaçage à la vanille restant dans 4 bols séparés, 125 ml (½ tasse) par bol. À l'aide du colorant alimentaire, colorer chaque bol de glaçage d'une teinte différente de rose, allant de pâle à foncé (la teinte la plus pâle ne requiert que 1 goutte ou 2). À la cuillère, déposer chaque couleur de glaçage dans un sac de type Ziploc. Exprimer l'excédent d'air et sceller les sacs.

6 Couper un coin de 0,6 cm (¼ po) dans chaque sac de glaçage. En commençant par le plus foncé, faire une rangée de glaçage autour de la base du gâteau. Continuer à ajouter des rangées de glaçage pour atteindre 1,8 cm (¾ po) de hauteur. Lisser avec une spatule coudée. Utiliser une fourchette pour tirer le glaçage avec un mouvement vers le bas et l'extérieur (voir Glaçage à la fourchette, page 22) en créant des rangées horizontales qui se chevauchent jusqu'au haut du glaçage appliqué. Répéter l'application de glaçage et le travail à la fourchette avec les trois autres teintes de rose restantes, en allant de la plus foncée à la plus claire. Étaler le reste du glaçage à la vanille sur le dessus du gâteau en couche uniforme. Ajouter tout glaçage rose restant en faisant un cercle au centre du dessus du gâteau. Commencer par le bord extérieur et travailler en cercles concentriques pour travailler le glaçage à la fourchette sur le dessus du gâteau, en le tirant vers l'extérieur et le haut.

Glaçage

Le glaçage est la manière la plus simple de donner du panache à un gâteau. Parfois, il suffit de l'étaler pour qu'il soit bien lisse. Puis, il y a des projets auxquels une texture spéciale convient mieux, par exemple un effet de fourrure pour un ourson ou des festons pour faire les écailles d'un poisson. Pour maîtriser ces techniques, étalez du glaçage sur le dos d'un moule à gâteau, prenez un outil, et exercez-vous jusqu'à ce que vous vous familiarisez avec la manière dont l'outil forme le glaçage. Vous pouvez toujours enlever le glaçage du moule et le réutiliser par la suite.

GLAÇAGE À LA FOURCHETTE

1 Appliquer à la poche à pâtisserie ou étaler 2 ou 3 rangées de glaçage autour du gâteau en commençant par le bas. Ne pas appliquer une quantité plus grande que ce qui peut être manipulé à la fourchette en quelques minutes, sinon le glaçage commencera à sécher.

2 Utiliser n'importe quelle fourchette : plus les dents sont rapprochées, plus délicat sera le motif. En commençant par le bas, mettre les pointes des dents dans le glaçage et tirer vers le bas et l'extérieur pour faire de petits pics.

3 Continuer le travail à la fourchette pour créer des rangées qui se chevauchent. Travailler autour du gâteau en montant pour créer une texture de fourrure. Pour obtenir un motif plus joli, il faut nettoyer les dents de la fourchette de temps en temps.

GLAÇAGE À LA CUILLÈRE

Utiliser une cuillère de n'importe quelle taille : une cuillère plus petite donnera des indentations plus marquées et une plus grande, des plus douces. Presser le bout de la cuillère dans le glaçage et tirer vers l'arrière et le haut en rangées superposées pour couvrir le gâteau. Commencer au bas du gâteau pour faire les côtés et au bord extérieur pour faire le dessus.

GLAÇAGE À LA SERVIETTE

Utiliser un torchon à vaisselle sec et propre ou un essuie-tout ; les tissus plus rugueux donnent plus de texture. Appliquer une couche de glaçage lisse sur le gâteau et laisser reposer jusqu'à ce que le glaçage soit sec au toucher, environ 30 minutes. Plier le torchon à vaisselle et, en travaillant avec un côté plat, l'appuyer légèrement sur le glaçage et le retirer avec un mouvement directement vers le haut pour éviter d'étaler le glaçage. S'il y a des bosses ou des stries, les aplatir en les tapotant délicatement avec le torchon à vaisselle. Si le torchon commence à coller, se déplacer à une autre zone de glaçage et laisser la zone collante sécher un peu avant d'y revenir.

GLAÇAGE EN TOURBILLONS CLASSIQUE

Utiliser une spatule coudée ou le dos d'une cuillère. Commencer par couvrir le gâteau d'une couche généreuse de glaçage. Tenir la spatule à un angle et presser le bout dans le glaçage. Pousser légèrement vers l'avant et faire une forme de S. (Le S peut être petit ou grand, au goût.) Continuer à faire des formes de S qui se chevauchent pour couvrir le gâteau au complet. S'il n'y a pas assez de glaçage pour pousser en forme de S, en rajouter sur le gâteau. Si le glaçage s'accumule sur la spatule, la nettoyer avant de faire un nouveau tourbillon. Après avoir recouvert le gâteau de tourbillons, vous pouvez les modifier à votre goût en utilisant le bout de l'outil. (Travailler rapidement. Lorsque le glaçage commence à raffermir, arrêter de manipuler le glaçage, car il craquera.)

GÂTEAU LOSANGE

DONNE 12 PORTIONS

Nous croyons que les losanges sont aussi beaux sur un gâteau que sur des chaussettes, et ils sont si faciles à réaliser qu'on appelle cette technique « pressez et jouez ». Pour réaliser notre motif Highland, nous avons utilisé des bonbons verts et bleus pour les losanges et des bâtonnets de chocolat pour les séparations en diagonale.

1 recette de Préparation pour gâteau parfait (page 289) faite de mélange pour gâteau vanille française, cuit dans un moule de 22,5 × 32,5 cm (9 × 13 po) de 25 à 30 minutes

1 boîte de 450 g (16 oz) de glaçage à la vanille

125 ml (½ tasse) chacun de chocolats ronds enrobés de bonbon, bleu pâle, vert néon et vert perlé (Sixlets)

36 à 40 bâtonnets de menthe recouverts de chocolat (Ovation)

35 boules de gomme blanches perlées (SweetWorks)

1 Tailler le dessus du gâteau pour le niveler (voir Au niveau, page 14). Déposer le gâteau, dessous vers le haut, sur un carton coupé à sa taille (voir À la base, page 14). Étaler une fine couche de glaçage (voir Des miettes avec ça ?, page 16) et lisser. Mettre le gâteau au congélateur jusqu'à ce qu'il soit ferme, environ 30 minutes.

2 Mettre 30 ml (2 c. à soupe) de glaçage à la vanille dans un sac de type Ziploc. Exprimer l'excédent d'air et sceller le sac. Étaler le reste du glaçage à la vanille sur le gâteau refroidi en une couche uniforme et lisse.

3 Placer le gâteau avec un côté court face à soi. Mesurer les côtés du gâteau et placer un cure-dent au centre de chaque côté. Pour marquer le centre du gâteau, faire une rainure de gauche à droite entre les cure-dents et une autre ligne du haut en bas entre les 2 autres cure-dents. Mettre 4 bonbons au chocolat de la même couleur dans une rangée au centre de la ligne horizontale, 2 à la gauche de la ligne verticale et 2 à sa droite. Ajouter 3 bonbons de la même couleur ; les centrer au-dessus des 4 et les presser contre la rangée du milieu. Ajouter 2 bonbons de la même couleur au-dessus des 3 bonbons. Terminer avec 1 bonbon de la même couleur au-dessus des 2. Répéter sous la rangée du centre pour faire le losange au centre du gâteau. Ajouter les bâtonnets de menthe de chaque côté du losange ; tailler au besoin et presser les bonbons ensemble pour faire un losange serré. Continuer d'ajouter des losanges en alternant les couleurs, en travaillant à partir du centre vers les bords (utiliser la photo comme guide pour les couleurs).

4 Couper un coin de 0,6 cm (¼ po) du sac de glaçage à la vanille. Déposer une goutte de glaçage sur les bâtonnets de menthe à chaque pointe de losange et y fixer une boule de gomme blanche.

Pressez et jouez

Cette technique est aussi facile que son nom l'implique. Vous n'avez qu'à presser les bonbons dans le glaçage. Les motifs ne sont pas tous aussi ambitieux que celui du Gâteau Losange, mais peu importe le modèle, ces stratégies vous aideront à tirer un maximum de vos motifs en bonbon.

1 Commencer par faire un dessin du motif sur une feuille de papier de la même taille que le dessus du gâteau. Il est toujours sage de planifier les couleurs, les formes et les détails sur une feuille de papier avant de les mettre sur le glaçage.

2 Les gâteaux sont irréguliers de nature, donc il est utile de mesurer et de marquer le centre avant de commencer. Faire une ligne au centre de côté à côté et une autre du haut au bas. Utiliser une règle pour s'assurer que l'espacement est uniforme. Étant donné que les bords du gâteau peuvent être inégaux, toujours commencer la décoration à partir du centre.

3 Pour le motif en losange, faire un modèle de losange au centre avec une des couleurs de bonbon (utiliser la marque croisée pour s'aligner). Placer les bâtonnets de chocolat autour du losange et les tailler à la bonne longueur. S'assurer de presser les bonbons ensemble pour que le losange soit bien serré.

4 Ajouter des losanges à la gauche et à la droite, en travaillant jusqu'au bord extérieur du gâteau. Utiliser les marques croisées et une règle de temps en temps pour s'assurer que le motif reste bien aligné. Après avoir formé chaque losange, appuyer sur les côtés pour que les bonbons restent bien serrés.

Variation losange sur un gâteau étagé au chocolat.

GÂTEAU MOULINET

Surprise à l'intérieur!

DONNE 24 PORTIONS

Ce carrousel de couleurs est fait d'un appliqué de nonpareilles et de décorations en bonbons. Vous avez peur de ne pas rester dans les lignes? Du papier ciré et une petite cuillère simplifieront le processus.

2 recettes de Préparation pour gâteau parfait (page 289) faites de mélange pour gâteau vanille française

250 ml (1 tasse) de vermicelles arc-en-ciel

2 boîtes de 450 g (16 oz) chacune plus 250 ml (1 tasse) de glaçage à la vanille

125 ml (½ tasse) chacun de nonpareilles, bonbons décoratifs ou vermicelles jaunes, rouges, orange, roses, violettes, vertes, bleues et au chocolat (voir Adresses utiles, page 294)

250 ml (1 tasse) de nonpareilles blanches (Wilton)

250 ml (1 tasse) de vermicelles blancs (Wilton)

15 ml (1 c. à soupe) de glaçage au chocolat

1 trou de beigne nature (Munchkins, Timbit)

1 Préchauffer le four à 180 °C (350 °F) et préparer 4 moules à gâteau ronds de 22,5 cm (9 po) (voir Libérez-moi, page 12). Ajouter les vermicelles arc-en-ciel à la pâte et bien remuer. Répartir la pâte en parts égales dans les 4 moules préparés. Cuire au four jusqu'à ce que les gâteaux soient dorés et qu'un cure-dent inséré au centre en ressorte propre, 22 à 25 minutes. Transférer les gâteaux sur une grille en métal et laisser refroidir 10 minutes. Retourner, enlever les moules et laisser refroidir complètement.

2 Tailler le dessus des gâteaux pour les niveler (voir Au niveau, page 14). Placer un gâteau, côté taillé vers le haut, sur un carton coupé à sa taille (voir À la base, page 14). Étaler 125 ml (½ tasse) de glaçage à la vanille sur le dessus. Mettre un deuxième gâteau par-dessus, côté taillé vers le bas, et appuyer légèrement pour mettre au niveau. Étaler 125 ml (½ tasse) de glaçage sur le dessus. Répéter le processus avec un troisième gâteau, côté taillé vers le haut. Placer le dernier gâteau, côté taillé vers le bas, par-dessus. Étaler une fine couche de glaçage (voir Des miettes avec ça?, page 16) sur le dessus en prenant soin de remplir toute fissure; lisser. Mettre le gâteau au congélateur jusqu'à ce qu'il soit ferme, environ 30 minutes.

3 Découper un cercle de papier ciré de 22,5 cm (9 po). Plier le cercle en 2, puis encore en 2 pour former un quart, puis en 2 encore 2 fois en mettant les côtés droits ensemble. Déplier le papier ciré; il devrait y avoir 16 sections de taille égale. Utiliser les marques de pli comme guide et découper les sections. Prendre une autre feuille de papier ciré et couper 16 lanières de 4,3 × 12,5 cm (1¾ × 5 po).

4 Mettre le gâteau refroidi sur un plan de travail. Étaler le reste du glaçage à la vanille sur le gâteau en couche uniforme et lisser. Utiliser une règle pour trouver le centre du gâteau et marquer d'un cure-dent. Disposer les sections de papier ciré en rond sur le dessus du gâteau, pointes vers le centre. Presser les lanières de papier ciré verticalement autour du côté du gâteau, en alignant chaque lanière avec une section sur le dessus. Presser les morceaux de papier ciré dans le glaçage pour retirer toute bulle d'air. Remettre le gâteau au congélateur pendant 15 minutes pour le refroidir.

5 Travailler avec une couleur de nonpareilles à la fois (garder les nonpareilles blanches pour la fin). Enlever du gâteau une section de papier ciré et la lanière correspondante. À l'aide d'une petite cuillère, ajouter les nonpareilles sur le côté et le dessus exposé du gâteau, en pressant délicatement pour les fixer, et recouvrir complètement (voir Appliqués de nonpareilles, page 31). Retirer tout excédent de nonpareilles du gâteau. Répéter

le processus sur des sections et lanières en alternance ; utiliser une couleur différente chaque fois. Prendre soin de ne pas mélanger les couleurs dans les sections ; retirer toute nonpareille errante avec une pince à sourcils. Remettre le gâteau au congélateur 15 minutes pour le refroidir avant d'ajouter les nonpareilles blanches.

6 Enlever les sections et les lanières de papier ciré restantes et ajouter soigneusement les nonpareilles blanches (alterner entre les vermicelles et les nonpareilles) sur le gâteau glacé exposé, en pressant pour bien les fixer. Enlever toute nonpareille errante avec une pince à sourcils.

7 Mettre le reste des vermicelles au chocolat dans un petit bol. Étaler le glaçage au chocolat sur le trou de beigne et bien lisser. Rouler le trou de beigne dans les vermicelles au chocolat ; recouvrir complètement. Mettre le trou de beigne au centre sur le dessus du gâteau.

Appliqués de nonpareilles

Les bonbons appliqués au glaçage en un motif de surface peuvent ressembler à un appliqué de perles. Bien que les résultats soient impressionnants, vous n'avez besoin que d'une silhouette en papier ciré et d'une petite cuillère pour y parvenir. Les motifs d'appliqués peuvent être aussi simples que des étoiles et des bandes ou aussi complexes que la Mona Lisa en nonpareilles. N'importe quelle petite garniture peut être utilisée, comme les nonpareilles, les petits bonbons décoratifs, les bonbons broyés, les noix hachées, le sucre et la noix de coco.

1 Utiliser une règle pour trouver le centre du gâteau et le marquer à l'aide d'un cure-dent. Placer les silhouettes en papier ciré sur le gâteau et presser dans le glaçage pour sceller les bords et retirer toute bulle d'air. (Pour le Gâteau Moulinet, il faut 16 sections plus 16 rectangles de papier ciré.)

2 Retirer délicatement la silhouette de la première section où les appliqués seront fixés. (Pour le Gâteau Moulinet, retirer la section du haut et le rectangle sur le côté directement en dessous.)

3 À l'aide d'une petite cuillère, mettre des nonpareilles sur le glaçage exposé sur le dessus. Appuyer délicatement avec les doigts pour fixer les nonpareilles au glaçage.

4 Utiliser la petite cuillère et les doigts pour appliquer les nonpareilles sur le côté du gâteau. Une pince à sourcils ou une brochette en bois peuvent être utiles pour replacer toute nonpareille errante.

5 Retirer l'excédent de nonpareilles des zones masquées avoisinantes et brosser la surface avec un pinceau à pâtisserie sec pour enlever les nonpareilles non collées.

6 Continuer de retirer les silhouettes une à la fois et d'appliquer les nonpareilles demandées dans la recette.

1

2

3

4

5

6

LO
VE

GÂTEAUX « LOVE » ET « PEACE »

DONNE 12 PORTIONS

Vous êtes nostalgique du mouvement Peace and love*? Allez-y, écrasez du sucre. Bien que la technique puisse sembler agressive, le sucre écrasé procure une apparence très douce.*

Pour chaque gâteau

Gâteau « Love » : 1 recette de Préparation pour gâteau parfait (page 289) faite de mélange pour gâteau vanille française, cuit dans 2 moules carrés de 20 cm (8 po) de 25 à 30 minutes

ou

Gâteau « Peace » : 1 recette de Préparation pour gâteau parfait (page 289) faite de mélange pour gâteau au chocolat, cuit dans 2 moules carrés de 20 cm (8 po) de 25 à 30 minutes

1 boîte de 450 g (16 oz) plus 125 ml (½ tasse) de glaçage à la vanille

Colorant alimentaire jaune, vert, rouge, rose néon et bleu néon (McCormick)

1 boîte de 450 g (16 oz) de glaçage au chocolat

500 ml (2 tasses) de sucre décoratif blanc à gros cristaux (Wilton)

190 ml (¾ tasse) de chocolats ronds enrobés de bonbon de couleurs assorties (Sixlets, facultatif)

1 Mettre le glaçage à la vanille dans 4 petits bols pour le gâteau « Love » ou 5 petits bols pour le gâteau « Peace », 60 ml (¼ tasse) par bol. Colorer le contenu de chaque bol d'une couleur différente avec le colorant alimentaire : rose néon, bleu néon, vert vif (mélanger le jaune et le vert) et orange (mélanger le jaune et le rouge), plus du jaune pour le gâteau « Peace ». À l'aide d'une cuillère, déposer chaque couleur dans un sac de type Ziploc. Mettre 125 ml (½ tasse) de glaçage à la vanille non coloré dans un autre sac de type Ziploc. Mettre 125 ml (½ tasse) de glaçage au chocolat dans un dernier sac de type Ziploc. Exprimer l'excédent d'air et sceller les sacs.

2 Tailler le dessus des gâteaux pour les niveler (voir Au niveau, page 14). Placer un gâteau, côté taillé vers le haut, sur un carton coupé à sa taille (voir À la base, page 14). Étaler du glaçage au chocolat restant sur le dessus du gâteau. Placer la deuxième couche de gâteau par-dessus, côté taillé vers le bas, en appuyant pour mettre au niveau. Étaler une fine couche du glaçage au chocolat restant pour coller les miettes (voir Des miettes avec ça?, page 16) sur les côtés du gâteau en prenant soin de remplir toute fissure; lisser. Étaler une fine couche du glaçage à la vanille restant sur le dessus du gâteau; lisser. Mettre le gâteau au congélateur jusqu'à ce qu'il soit ferme, environ 30 minutes.

3 Tapisser une plaque à pâtisserie de papier ciré. Mettre le sucre décoratif dans un grand bol. Déposer le gâteau refroidi sur la plaque à pâtisserie. Étaler le reste du glaçage au chocolat sur les côtés du gâteau; lisser. Presser délicatement des poignées du sucre sur les côtés du gâteau glacé

pour le recouvrir complètement (voir Sucre écrasé, page 37). Remettre l'excédent de sucre dans le bol (ne pas mettre de sucre sur les côtés, si désiré). À l'aide d'une large spatule, transférer le gâteau sur sa base en carton à un plateau de service.

4 Pour le gâteau « Love », faire une copie du modèle à la page 34 et l'agrandir à 200 % pour qu'il soit de la taille du dessus de votre gâteau. À l'aide de cure-dents, tracer le contour des lettres du modèle dans le glaçage.

Couper un coin de 0,6 cm (¼ po) du sac de glaçage au chocolat. Dessiner une mince ligne autour du dessus du gâteau. Puis, dessiner une mince ligne du centre du bord supérieur jusqu'au bas et une autre à partir du centre du bord gauche jusqu'au bord droit pour diviser le dessus en 4 parties. Maintenant, dessiner la silhouette des lettres qui ont été marquées dans le glaçage. Remplir chacune des lettres avec l'un des 4 glaçages colorés.

5 Pour le gâteau « Peace », utiliser un cure-dent pour marquer un cercle dans le glaçage à 2,5 cm (1 po) du bord. Marquer une bande de 2,5 cm (1 po) d'épaisseur au centre du gâteau du haut jusqu'en bas puis marquer une bande de 2,5 cm (1 po) d'épaisseur à partir du centre jusqu'à la position 4 h et une autre jusqu'à la position 8 h afin de créer le signe « Peace ». Couper un petit coin (0,3 cm [⅛ po]) de chaque sac de glaçage. Dessiner une ligne autour du bord du gâteau avec le glaçage au chocolat. Puis, passer sur la silhouette marquée du signe « Peace » sur le dessus du gâteau. Remplir le signe de petites quantités irrégulières des 5 glaçages colorés, en alternant les couleurs.

6 Pour l'un ou l'autre des gâteaux, utiliser le sac de glaçage à la vanille non coloré pour déposer le glaçage dans les zones blanches du motif. Saupoudrer le dessus du gâteau d'une couche généreuse du sucre restant. À l'aide d'une spatule coudée, presser délicatement le sucre dans le glaçage pour complètement le recouvrir et l'égaliser. Utiliser un pinceau à pâtisserie propre pour retirer l'excédent de sucre du dessus du gâteau et du plateau de service (toute zone endommagée du gâteau peut être réparée avec du glaçage et sucrée de nouveau, au besoin).

7 Facultatif : dessiner une ligne de glaçage au chocolat autour de la base du gâteau et fixer les chocolats enrobés de bonbons.

1

2

3

Sucre écrasé

Nous sommes adeptes de tout ce qui peut camoufler des erreurs et rendre nos gâteaux spectaculaires. Le sucre écrasé est notre nouveau favori, car cette technique cache les imperfections et laisse un fini doux et impressionniste, presque comme une aquarelle.

1 Mettre une couche de glaçage lisse sur le gâteau. À l'aide d'un sac de type Ziploc, dessiner une bordure autour de chaque zone du dessin. (Pour le gâteau «Love», utiliser le modèle.)

2 Remplir les contours de glaçage coloré. (Il peut être de la même couleur que le contour ou d'une couleur contrastante, comme dans notre exemple.) Pas besoin qu'il soit lisse et parfait, le sucre écrasé fera le reste.

3 Parsemer de sucre décoratif blanc à gros cristaux pour recouvrir tout le motif. (Ne pas laisser de glaçage exposé.)

4 À l'aide d'une spatule coudée ou des doigts, presser légèrement le sucre décoratif dans le glaçage (attention de ne pas faire de bavure ou de presser trop fort). Si une partie de glaçage est découverte, rajouter du sucre pour la couvrir et continuer de presser.

5 Utiliser un pinceau à pâtisserie sec pour brosser délicatement le sucre libre du dessus du gâteau et du plateau de service, exposant ainsi la couche de sucre qui a collé au glaçage.

6 Après avoir brossé, utiliser la spatule coudée à nouveau pour presser délicatement sur toute la surface afin de la rendre lisse. (Les couleurs deviennent plus vives lorsque le sucre est pressé plus profondément dans le glaçage.)

4

5

6

GÂTEAU FLEURS DE POLYNÉSIE

DONNE 12 PORTIONS

Certaines fleurs doivent être arrosées régulièrement. Les nôtres demandent à être inondées ! Dessinez le contour d'une fleur sur un gâteau plat, puis inondez la forme de glaçage fondu. La gravité (et un peu d'aide d'un petit pinceau) fera le reste.

1 recette de Préparation pour gâteau parfait (page 289) faite de mélange pour gâteau vanille française, cuit dans un moule de 22,5 × 32,5 cm (9 × 13 po) de 25 à 30 minutes

2 boîtes de 450 g (16 oz) de glaçage à la vanille

Colorant alimentaire vert, jaune, rouge, bleu néon, rose néon et violet néon (McCormick)

45 ml (3 c. à soupe) chacun de bonbons perle orange, roses, bleus, violets et jaunes et 15 ml (1 c. à soupe) de bonbons perle verts (SweetWorks)

28 bonbons durs jaunes en forme de banane (Runts)

250 ml (1 tasse) de chocolats ronds enrobés de bonbon vert pâle (Sixlets)

1 Tailler le dessus du gâteau pour le niveler (voir Au niveau, page 14. Déposer le gâteau, côté taillé vers le bas, sur un carton coupé à sa taille (voir À la base, page 14). Étaler une fine couche de glaçage sur le gâteau (voir Des miettes avec ça ?, page 16) et lisser. Mettre le gâteau au congélateur jusqu'à ce qu'il soit ferme, environ 30 minutes.

2 Mettre du glaçage à la vanille dans 5 petits bols, 60 ml (¼ tasse) par bol. Colorer le contenu de chaque bol d'une couleur différente avec le colorant alimentaire : jaune, rose néon, bleu néon, violet néon et orange (mélanger le jaune et le rouge). À l'aide d'une cuillère, déposer chaque couleur dans un sac de type Ziploc. Exprimer l'excédent d'air et sceller les sacs. Colorer le reste du glaçage à la vanille vert vif (mélanger le vert et le jaune). Mettre 60 ml (¼ tasse) de glaçage vert dans un autre sac de type Ziploc. Exprimer l'excédent d'air et sceller le sac.

3 Transférer le gâteau refroidi sur un plateau de service. Étaler le reste du glaçage vert vif sur les côtés et le dessus du gâteau, et lisser, en laissant un peu du glaçage des côtés remonter sur le dessus.

4 Faire une copie du modèle de fleur ci-dessous et l'agrandir à 200 %. À l'aide du modèle, marquer des fleurs qui se chevauchent dans le glaçage à l'aide d'un cure-dent, en laissant quelques zones ouvertes pour voir l'arrière-plan vert.

5 Couper un petit coin (0,3 cm [⅛ po]) de chaque sac de glaçage. Dessiner le contour des fleurs avec les couleurs désirées, y compris là où elles rencontrent le bord du gâteau. Dessiner un contour vert sur le bord du gâteau, sauf où les contours des fleurs marquent déjà le bord. Les lignes de glaçage servent de limites pour l'inondation (voir la page 41).

6 En travaillant avec une couleur de glaçage à la fois, mettre le sac de glaçage dans un bol, coin coupé vers le haut pour l'empêcher de couler, et faire chauffer au four à micro-ondes ; pétrir le sac toutes les quelques secondes, jusqu'à ce que le glaçage ait une consistance lisse, environ 5 secondes. Presser délicatement sur le sac pour faire couler le glaçage fondu dans le contour dessiné de la même couleur ; utiliser un petit pinceau ou un cure-dent pour étaler le glaçage et bien remplir le contour. Répéter avec les autres couleurs de glaçage.

7 Utiliser des pinces à sourcils pour placer des bonbons perle de la même couleur sur le contour de chaque fleur. Mettre 3 bonbons perle verts au centre de chaque fleur et disposer de 3 à 5 bonbons en forme de banane autour d'eux.

8 Presser les chocolats enrobés de bonbon vert tout autour de la base du gâteau.

Versage et inondation

Le glaçage versé et le glaçage inondé sont les techniques de choix des décorateurs paresseux pour créer un enrobage parfait. Le glaçage en boîte est facile à faire fondre, et lorsqu'il est versé sur un gâteau, il l'enrobe de manière uniforme et laisse un fini lisse en séchant. Ajoutez de la couleur et des formes au motif en dessinant des contours en glaçage et en inondant ensuite de glaçage les zones dessinées. Et contrairement à certaines garnitures à gâteau sophistiquées, son goût est excellent.

POUR UN ENROBAGE FONDU

1 Mettre le glaçage dans une tasse à mesurer allant au four à micro-ondes. Faire chauffer le glaçage, en arrêtant toutes les 5 secondes pour remuer à partir des côtés et du fond jusqu'à ce qu'il soit uniformément fondu et ait la texture de crème légèrement fouettée, soit de 10 à 45 secondes en tout, selon la quantité dans la tasse; respecter le temps donné dans chaque recette. Faire attention de ne pas le rendre trop liquide. Le glaçage est prêt à utiliser lorsqu'on le laisse couler d'une cuillère et qu'il ne forme qu'une petite pile qui s'incorpore immédiatement au glaçage dans la tasse.

2 Mettre le gâteau refroidi sur une grille en métal posée sur une feuille de papier ciré. Verser le glaçage fondu sur le gâteau pour le recouvrir. Utiliser une cuillère pour aider à enrober toute forme irrégulière et remplir toutes fissures.

POUR UN DESSIN INONDÉ

3 Étaler le glaçage en une couche lisse sur le gâteau refroidi. À l'aide d'un cure-dent, marquer un contour dans le glaçage (utiliser un modèle ou dessiner à main levée). Couper un petit coin (0,3 cm [⅛ po]) du sac de glaçage requis pour la recette. Dessiner les contours (limites) des zones à inonder.

4 Mettre le sac de glaçage dans un bol allant au four à micro-ondes, coin coupé vers le haut pour l'empêcher de couler. Faire fondre le glaçage selon la recette. Tenir le bout du sac au-dessus de la zone à inonder et la remplir de glaçage fondu (faire attention de ne pas dépasser les limites).

5 Utiliser un petit pinceau ou un cure-dent pour pousser le glaçage dans les petites zones et jusqu'au bord du contour dessiné.

6 Continuer d'ajouter des fleurs en glaçage fondu de couleurs différentes.

4

5

6

GÂTEAU CITROUILLE

Surprise à l'intérieur !

DONNE 24 PORTIONS

L'ajout de colorant alimentaire rouge et jaune et de poudre de cacao à de la vodka ou à de l'extrait de vanille crée des glacis richement colorés qui peuvent être déposés par couches et travaillés pour ressembler à une vraie citrouille.

2 recettes de Préparation pour gâteau parfait (page 289) faites de mélange pour gâteau au chocolat, cuit dans 3 moules ronds de 20 cm (8 po) de 30 à 35 minutes

3 boîtes de 450 g (16 oz) plus 250 ml (1 tasse) de glaçage à la vanille

45 ml (3 c. à soupe) de vodka ou d'extrait de vanille

Colorant alimentaire jaune et rouge (McCormick)

5 ml (1 c. à thé) de poudre de cacao non sucré

2 cornets à crème glacée miniatures (Joy Kids Cones)

1 Tapisser une plaque à pâtisserie de papier ciré. Tailler le dessus de 2 des gâteaux pour les niveler (voir Au niveau, page 14). Mettre les 3 gâteaux sur la plaque à pâtisserie et mettre au congélateur environ 30 minutes pour les refroidir.

2 Mettre un gâteau taillé sur un plan de travail. Insérer 2 lignes de cure-dents tout autour du gâteau pour marquer 3 étages égaux. En utilisant les cure-dents comme guide, couper le gâteau à l'horizontale avec un long couteau dentelé pour obtenir 3 étages. Répéter avec l'autre gâteau taillé.

3 Placer le gâteau non taillé sur le plan de travail. En commençant au bas du gâteau, utiliser des cure-dents pour marquer des étages de la même épaisseur que les autres étages coupés (l'étage du haut sera plus épais et légèrement arrondi). Couper les étages en utilisant les cure-dents comme guide. Réserver l'étage de gâteau arrondi pour faire le dessus de la citrouille.

4 Déposer un des étages de gâteau sur un carton coupé à sa taille (voir À la base, page 14). Étaler 80 ml (⅓ tasse) de glaçage à la vanille sur le dessus du gâteau ; lisser. Déposer un autre étage par-dessus en pressant sur le gâteau pour qu'il soit au niveau, et étaler 80 ml (⅓ tasse) de glaçage à la vanille sur le dessus. Répéter avec les 6 étages de la même épaisseur restants. Mettre l'étage le plus épais, côté arrondi vers le haut, par-dessus comme neuvième étage. Ne pas glacer l'étage arrondi. Mettre le gâteau au congélateur jusqu'à ce qu'il soit ferme, environ 30 minutes.

5 Mettre le gâteau refroidi sur le plan de travail. Pour créer la forme de citrouille, utiliser un emporte-pièce ou un cure-dent pour marquer un cercle de 6,25 cm (2½ po) au centre du dessus

ÉTAPE 5

du gâteau. À l'aide d'un petit couteau ou d'une fourchette, retirer le gâteau de l'intérieur du cercle marqué afin de créer une forme de cône de 6,25 cm (2½ po) de profondeur. Tailler 5 cm (2 po) du bord supérieur et inférieur du gâteau pour les arrondir (voir la photo, page 42). Étaler une fine couche de glaçage (voir Des miettes avec ça?, page 16) sur le dessus et les côtés en prenant soin de remplir toute fissure; lisser. Mettre le gâteau au congélateur pour le refroidir, environ 15 minutes.

6 Étaler le reste du glaçage à la vanille sur le gâteau refroidi d'un mouvement vertical; lisser. Pour créer les nervures de la citrouille, presser une brochette de bois contre les côtés du gâteau, verticalement, en faisant une marque à environ tous les 3,75 cm (1½ po). Remettre le gâteau dans le congélateur pour raffermir, environ 30 minutes.

7 Colorer 35 ml (2 c. à soupe + 1 c. à thé) de la vodka en orange avec les colorants alimentaires jaune et rouge. À l'aide d'un petit pinceau à pâtisserie et en donnant des coups de pinceau verticaux, peinturer le gâteau entier d'une couche du mélange orange et vodka (voir Peinture de saveurs, page 45). Lisser les indentations des nervures et tout défaut dans le glaçage lors de cette étape. Rajouter du colorant alimentaire rouge au mélange de vodka orange et peinturer des coups plus foncés, à la verticale, pour créer une peau glacée panachée.

8 Dissoudre la poudre de cacao dans les 10 ml (2 c. à thé) de vodka restants. Utiliser un petit pinceau trempé dans le mélange cacao-vodka pour peinturer les marques de rainures et donner une teinte plus foncée à quelques zones de la peau. Tremper le bout d'un pinceau à pâtisserie rigide dans le mélange cacao-vodka, tenir le pinceau près de la citrouille et passer une brochette en bois ou une fourchette sur les soies pour arroser le gâteau légèrement. Tremper à nouveau, au besoin, pour créer un motif de taches brunes.

9 Pour la tige, peinturer les côtés des cornets avec le reste du mélange cacao-vodka. Empiler les cornets l'un sur l'autre. Disposer la tige, côté ouvert vers le bas, au centre du gâteau.

Peinture de saveurs

Comment Michel-Ange décorerait-il un gâteau ? Avec un pinceau bien sûr ! Une petite quantité d'alcool agit comme médium à peinture et quand il s'évapore, il laisse un riche glacis de couleur. Utilisez un extrait à base d'alcool, comme de l'extrait de vanille ou d'amande, et cela devient de la peinture de saveurs.

1 Mettre environ 15 ml (1 c. à soupe) de vodka (ou d'extrait à base d'alcool) dans un petit bol. Ajouter le colorant alimentaire et remuer pour mélanger. Ajouter plus de colorant pour une couleur plus riche.

2 Travailler sur un gâteau avec une couche lisse de glaçage bien refroidi et utiliser un pinceau à pâtisserie pour appliquer en mouvements longs et uniformes qui se chevauchent.

3 Pour créer un glacis encore plus riche, ajouter du colorant alimentaire au mélange pour le rendre plus foncé et appliquer une deuxième couche. Lisser toute bosse ou irrégularité dans le glaçage pendant cette étape. Si le glaçage ramollit trop, remettre le gâteau au congélateur quelques minutes avant de poursuivre.

4 Dissoudre 5 ml (1 c. à thé) de poudre de cacao non sucré dans 10 ml (2 c. à thé) de vodka. À l'aide d'un petit pinceau d'artisanat, ajouter les détails entre les sections et sur la peau de la citrouille.

5 Utiliser une petite quantité de mélange de vodka orange pour légèrement badigeonner toute la surface afin de mélanger le détail du cacao au glacis.

6 Tremper un pinceau à pâtisserie dans le mélange cacao-vodka et utiliser une brochette ou une baguette pour ajouter des marques d'éclaboussure à la glace.

GÂTEAU À POIS

Surprise à l'intérieur!

DONNE 12 PORTIONS

Ne vous inquiétez pas si vous voyez des bosses sur votre gâteau : ce sont des trous de beigne ! À l'extérieur, ils forment un motif surprenant et lorsqu'ils sont cuits dans la pâte au chocolat, ils permettent de réaliser le gâteau à pois le plus facile de tous les temps.

1 recette de Préparation pour gâteau parfait (page 289) faite de mélange pour gâteau au chocolat

15 trous de beigne nature (Munchkins, Timbits)

3 (chacun) trous de beigne cannelle et sucre, sucre en poudre, et chocolat (Munchkins, Timbits)

1 boîte de 450 g (16 oz) de glaçage au chocolat

1 Préchauffer le four à 180 °C (350 °F) et préparer un moule à charnières de 20 cm (8 po) (voir Libérez-moi, page 12). Déposer ⅓ de la pâte dans le fond du moule préparé et lisser. Déposer 7 trous de beigne nature dans la pâte et presser légèrement. À la cuillère, déposer la moitié de la pâte restante sur les trous de beigne pour recouvrir ; lisser. Mettre 5 autres trous de beigne nature dans la pâte (réserver les 3 trous de beigne nature restants pour la décoration). À la cuillère, déposer le reste de la pâte sur le dessus en s'assurant que les trous de beigne sont complètement recouverts et que le dessus est lisse.

2 Cuire au four jusqu'à ce que le gâteau soit ferme et qu'un cure-dent inséré au centre en ressorte propre, 45 à 50 minutes. Transférer le gâteau sur une grille en métal et laisser refroidir 10 minutes. Retourner, retirer le moule et laisser refroidir complètement.

3 Couper les trous de beigne restants en 2 pour faire 24 demi-sphères.

4 Transférer le gâteau refroidi à un plateau de service. Étaler le glaçage au chocolat sur les côtés et le dessus du gâteau ; faire des tourbillons doux à l'aide d'une spatule coudée ou le dos d'une cuillère (voir Glaçage à la cuillère, page 23). Presser les moitiés de trou de beigne dans le glaçage, côté coupé vers le bas, en espaçant régulièrement sur le dessus et les côtés du gâteau.

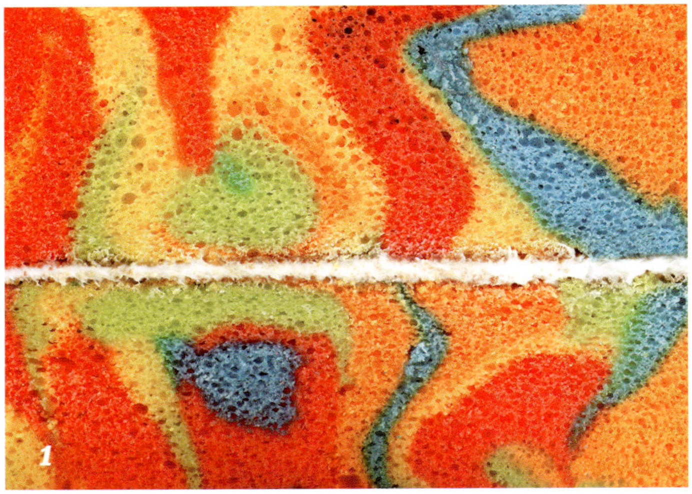

Surprise à l'intérieur !

Décorer l'intérieur d'un gâteau est peut-être de l'exagération, mais nous adorons les desserts qui nous font dire « Wow ! » deux fois.

1 DÉPOSER LA PÂTE

Des pâtes de couleurs différentes peuvent être déposées dans le moule par cuillérées. On a ainsi une certaine maîtrise sur les couleurs et motifs, mais ce qui est vraiment amusant est que chaque fois que cette technique est utilisée, le motif est différent. On ne sait jamais exactement ce qu'on va obtenir avant de trancher le gâteau. Pour le Gâteau Arc-en-ciel (page 83), nous utilisons 5 couleurs de pâte, déposées en alternant les couleurs en 2 couches.

2 FAIRE DES COUCHES DE PÂTE

Pour faire un gâteau zébré, ajouter la pâte au moule en couches fines et en alternant les couleurs. Étaler chaque couche jusqu'au bord sans remuer la pâte. Lorsque le gâteau cuit, les couches de pâte se plient et se déforment en motifs zébrés amusants. Pour créer le motif de notre Gâteau zébré (page 192), nous avons alterné des couches de gâteau au chocolat et à la vanille française.

3 DESSINER DES MOTIFS

On peut ajouter des motifs à la pâte lorsqu'elle est dans le moule. Mettre de la pâte d'une couleur de base dans le moule, puis utiliser un sac de type Ziploc rempli de pâte d'une couleur contrastante et dessiner un motif. Pour déposer le motif plus profondément dans

le gâteau, enfoncer le bout du sac plus loin dans la pâte et injecter le motif. Pour faire le Gâteau Sac à main en léopard (page 78), utiliser une pâte de base jaune et dessiner des cercles de pâte au chocolat avec des points de pâte orange au centre.

4 COLORER LES COUCHES

La pâte peut être divisée et chaque portion, colorée. Pour des couleurs nettes, utiliser un mélange pour gâteau blanc, comme vanille française. Les couleurs deviennent légèrement plus foncées lorsqu'elles sont cuites, donc faites une pâte légèrement moins foncée que la couleur finale désirée. Pour une apparence élégante, colorer chaque étage d'une couleur différente, comme les trois teintes de rose que nous avons utilisées pour le Gâteau Angora ombré (page 21).

5 AJOUTER DES INGRÉDIENTS

L'ajout de bonbons et de grignotines dans la pâte donne de la texture et de la couleur. Ne pas oublier que les bonbons sucrés ou fouettés, comme les bonbons tranche de fruits en gelée et les guimauves, fondent ; il faut donc éviter de trop en mettre. Pour notre Gâteau « Pop » (page 102), nous avons utilisé des carrés de gâteau coloré. Nous avons ajouté des trous de beigne à notre Gâteau à pois (page 47) et des bonbons à notre Gâteau Aspirateur (page 133).

6 REMPLIR LE GÂTEAU

Ajoutez une surprise entre les étages de gâteau. Les morceaux de biscuits Oreo ajoutés à la couche de crème glacée de l'Omelette norvégienne monstrueuse sans cuisson (page 87) rendent l'intérieur de ce gâteau aussi amusant que son extérieur.

Peu importe la coupe

Gâteaux en moules ronds

Les moules ronds sont peut-être ordinaires, mais ils sont exceptionnels lorsqu'il s'agit de gâteaux. C'est parce qu'il ne suffit que d'une coupe ou deux pour créer une multitude de formes. Coupez un gâteau rond en deux pour former un arc-en-ciel, taillez-le en formes pour une basse-cour pleine d'animaux, ou pressez-en deux ensemble pour faire un poisson rouge loufoque avec deux coupes rapides. Peu importe la coupe, les gâteaux ronds sont amusants.

Chèvre (page 58) faite d'une combinaison de glaçage teint en noir et en blanc.

GÂTEAU-MAÎTRE DE LA BASSE-COUR

Deux gâteaux ronds plus cinq coupes simples égalent une basse-cour remplie d'animaux. Nous utilisons les mêmes formes, mais les déplaçons pour créer de nouvelles créatures. Vous trouverez ici cinq membres de notre ménagerie, mais il y en a assurément davantage cachés dans les morceaux.

1 recette de Préparation pour gâteau parfait (page 289) fait du mélange pour gâteau précisé dans la recette, 500 ml (2 tasses) de pâte cuite dans un moule rond de 20 cm (8 po) et 750 ml (3 tasses) cuite dans un moule de 22,5 cm (9 po) de 23 à 29 minutes

125 ml (½ tasse) de glaçage à la vanille

1 Tapisser une plaque à pâtisserie de papier ciré. Mettre le gâteau de 20 cm (8 po) sur un plan de travail. En coupant en angle, retirer une tranche de 3,75 cm (1½ po) d'épaisseur d'un côté du gâteau. Retirer une autre tranche de 3,75 cm (1½ po) de l'autre côté du gâteau, en laissant 3,75 cm (1½ po) d'épaisseur du bout étroit du gâteau (voir l'illustration en haut à droite). Retirer une tranche de 3,75 cm (1½ po) d'épaisseur du bout étroit du gâteau pour faire le support pour la tête. Couper les 2 morceaux longs en 2 sur la largeur. Transférer les 6 morceaux à une plaque à pâtisserie et les recouvrir d'une fine couche de glaçage (voir Des miettes avec ça ?, page 16).

2 Mettre le gâteau de 22,5 cm (9 po) sur un carton coupé à sa taille. Mettre le gâteau et les morceaux recouverts de glaçage dans le congélateur pour refroidir, environ 30 minutes.

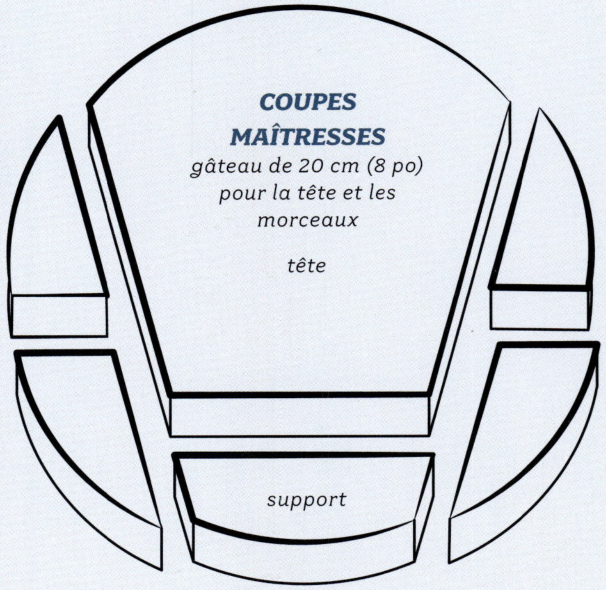

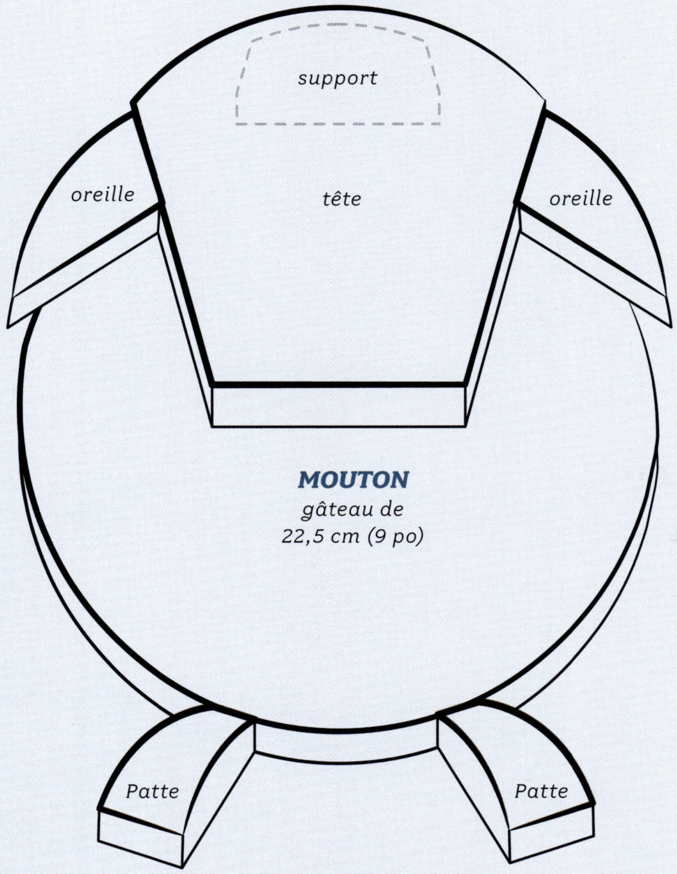

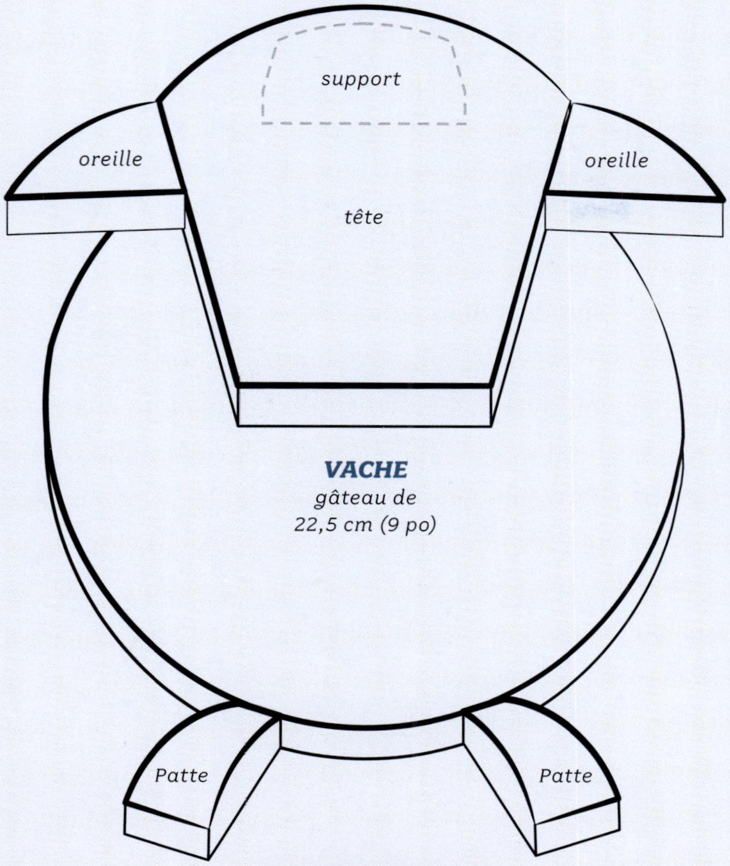
support
oreille
oreille
tête
VACHE
gâteau de
22,5 cm (9 po)
Patte
Patte

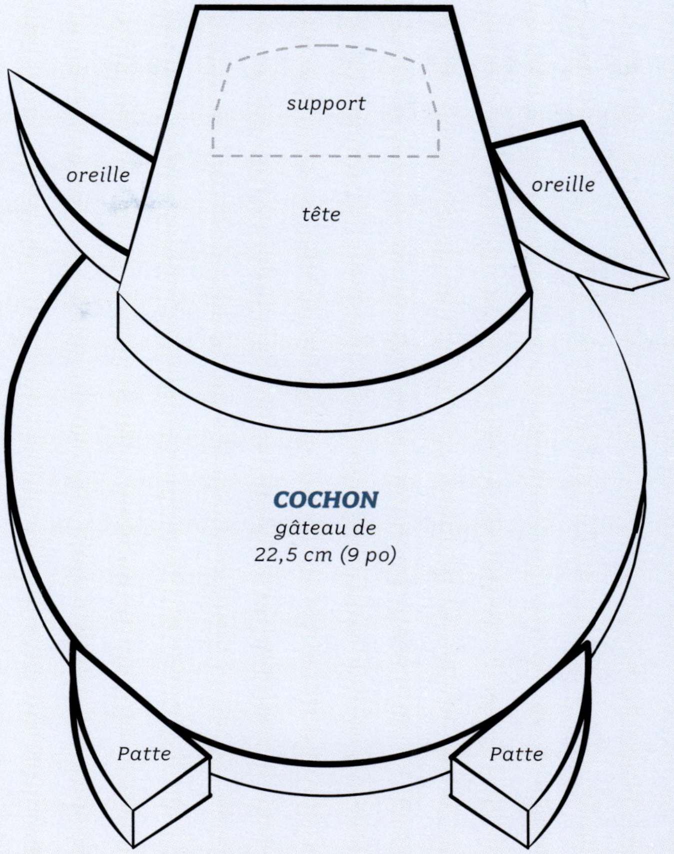
support
oreille
oreille
tête
COCHON
gâteau de
22,5 cm (9 po)
Patte
Patte

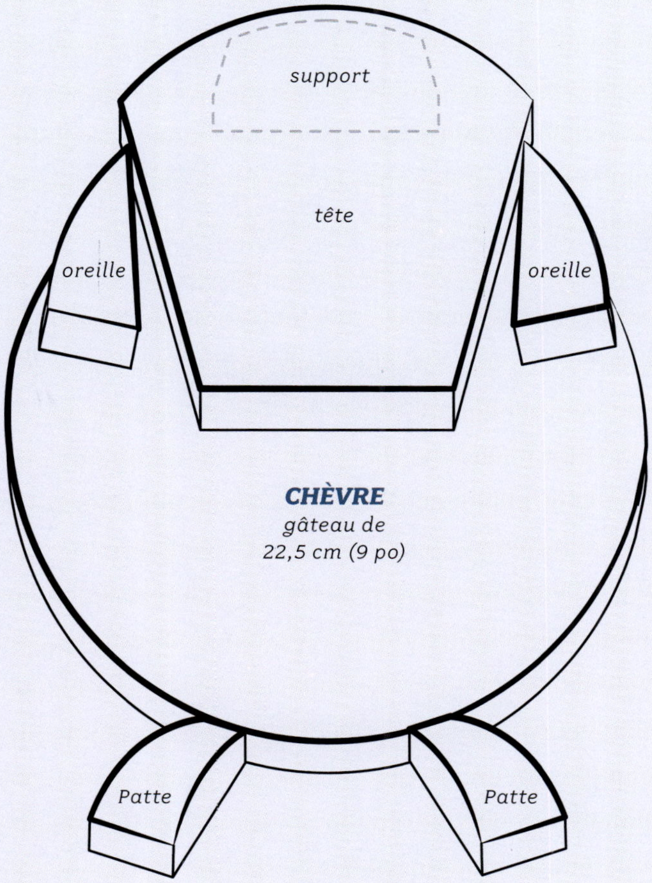
support
tête
oreille
oreille
CHÈVRE
gâteau de
22,5 cm (9 po)
Patte
Patte

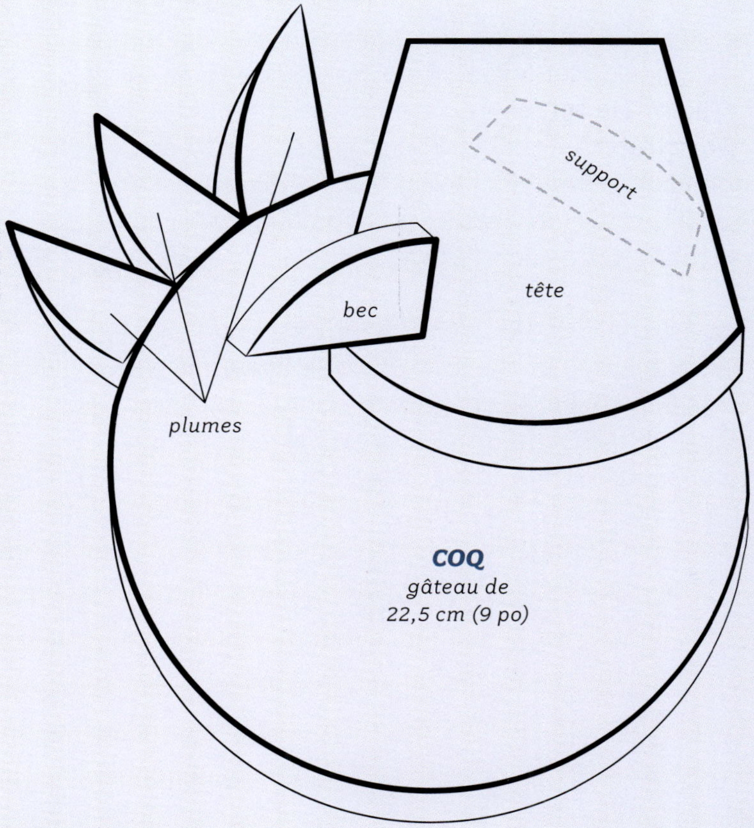
support
tête
bec
plumes
COQ
gâteau de
22,5 cm (9 po)

GÂTEAU MOUTON

DONNE 12 PORTIONS

1 Gâteau-maître de la basse-cour (page 52) fait de mélange pour gâteau au chocolat

1 boîte de 450 g (16 oz) de glaçage à la vanille

1 boîte de 450 g (16 oz) de glaçage au chocolat

1,25 l (5 tasses) de maïs soufflé à l'ancienne (Smartfood)

2 bonbons plats au chocolat (Necco)

2 menthes miniatures enrobées de chocolat (Junior Mints)

1 tube de 128 g (4,25 oz) de glaçage décoratif noir (Cake Mate)

1 bonbon mou aux fruits, rose (Laffy Taffy, Starburst)

2 biscuits sandwichs au chocolat remplis de crème (Oreo)

1 À l'aide d'une cuillère, mettre 125 ml (½ tasse) de glaçage à la vanille dans un sac de type Ziploc. Exprimer l'excédent d'air et sceller le sac.

2 Tapisser une plaque à pâtisserie de papier ciré. Y disposer les morceaux de gâteau refroidis en utilisant le schéma de mouton comme guide (voir l'illustration, page 52). Étaler le glaçage au chocolat sur le dessus et les côtés du gâteau ; lisser. Remettre les morceaux au congélateur jusqu'au moment de l'assemblage.

3 Mettre le gâteau de 22,5 cm (9 po) refroidi sur un plateau de service. Étaler le reste du glaçage à la vanille sur le gâteau pour le recouvrir. Placer le morceau de support de tête sur le plateau à une extrémité du gâteau.

4 Pour faire les pattes, tailler 2,5 cm (1 po) du bout pointu de 2 des 4 morceaux effilés de gâteau. Placer les pattes du côté opposé au support de tête du gâteau, côté arrondi vers le haut (voir l'illustration), et mettre le côté court contre le gâteau. Fixer avec du glaçage au chocolat, au besoin. Utiliser une spatule pour placer le morceau de tête sur le gâteau, côté large vers le haut et reposant sur le support. Ajouter les morceaux pour les oreilles de chaque côté de la tête, côté arrondi vers le haut, côté large contre la tête ; fixer avec du glaçage au chocolat, au besoin (voir l'illustration).

5 Couper un petit coin (0,3 cm [⅛ po]) du sac de glaçage à la vanille. Presser le maïs soufflé dans le corps recouvert de glaçage à la vanille pour recouvrir complètement et ajouter une poignée de maïs soufflé sur le dessus de la tête du mouton. Utiliser le sac de glaçage à la vanille pour fixer, au besoin.

6 Placer les bonbons plats au chocolat pour les yeux. Fixer les menthes au chocolat à l'aide d'un pois de glaçage à la vanille pour faire les pupilles. Dessiner une touche blanche sur chaque œil pour faire un reflet. Avec du glaçage décoratif noir, dessiner un demi-cercle et une petite ligne verticale pour faire le nez. Pour faire la langue, aplatir le bonbon rose et le former en petite larme. Presser un couteau au centre pour créer un pli. Insérer le bout pointu de la langue dans le côté inférieur de la tête, juste en dessous du nez. Fixer un biscuit sandwich au chocolat sur le bout de chaque patte à l'aide d'un pois de glaçage noir.

GÂTEAU VACHE

DONNE 12 PORTIONS

1 Gâteau-maître de la basse-cour (page 52) fait de mélange pour gâteau au chocolat

1 boîte de 450 g (16 oz) de glaçage à la vanille

6 biscuits sandwichs au chocolat remplis de crème (Oreo)

1 biscotti à l'anis (Stella D'oro)

6 bonbons mous aux fruits, roses (Laffy Taffy, Starburst)

2 bonbons haricot roses

4 bonbons réglisse pastel, roses (Jelly Belly)

2 bonbons plats blancs (Necco)

2 menthes miniatures enrobées de chocolat (Junior Mints)

1 tube de 128 g (4,25 oz) de glaçage décoratif noir (Cake Mate)

2 lacets de réglisse rouge (Pull'n'Peel de Twizzlers)

1 chocolat enrobé de bonbon rouge (M&M'S)

1 gros jujube jaune (Farley's)

1 À la cuillère, mettre 125 ml (½ tasse) de glaçage à la vanille dans un sac de type Ziploc. Exprimer l'excédent d'air et sceller le sac.

2 Étaler du glaçage à la vanille sur les 6 morceaux de gâteau et lisser. Remettre les morceaux au congélateur jusqu'au moment de l'assemblage.

3 Pour les taches, mettre 4 biscuits sandwichs au chocolat dans un sac de type Ziploc. Ne pas sceller le sac. Utiliser un rouleau à pâte pour écraser les biscuits dans le sac jusqu'à ce qu'ils soient moulus finement.

4 Pour les cornes, utiliser un petit couteau dentelé pour couper 5 cm (2 po) de chaque bout du biscotti à l'anis ; disposer du centre.

5 Pour le mufle et le pis, ramollir les bonbons aux fruits roses au four à micro-ondes de 2 à 3 secondes. Presser les bonbons ensemble et rouler sur un plan de travail pour former un ovale d'environ 0,3 cm (⅛ po) d'épaisseur. Utiliser un petit couteau ou des ciseaux pour couper le bonbon en un ovale de 5 cm × 7,5 cm (2 po × 3 po) et en un cercle de 3,75 cm (1½ po). Transférer les morceaux à une feuille de papier ciré.

6 Placer le gâteau de 22,5 cm (9 po) refroidi sur un plateau de service. Placer le morceau de support de tête sur le plateau à une extrémité du gâteau. Étaler le reste du glaçage à la vanille sur le gâteau pour recouvrir.

7 Pour faire les pattes, tailler 2,5 c m (1 po) du bout pointu de 2 des 4 morceaux effilés de gâteau. Placer les pattes du côté opposé au support de tête du gâteau, côté arrondi vers le haut (voir l'illustration, page 53), et mettre le côté court contre le gâteau. Fixer avec du glaçage, au besoin. Utiliser une spatule pour placer le morceau de tête sur le gâteau, côté large vers le haut et reposant sur le support. Ajouter les morceaux pour les oreilles de chaque côté de la tête ; fixer à l'aide de glaçage au besoin (voir l'illustration). Pour faire les taches, parsemer le gâteau des miettes de biscuit.

8 Couper un petit coin (0,3 cm [⅛ po]) du sac de glaçage à la vanille. Placer l'ovale en bonbon rose à la place du mufle de la vache. Déposer des gouttes de glaçage et fixer les bonbons haricots pour faire les narines. Insérer les bonbons réglisse pastels dans le cercle en bonbon rose et placer sur le côté du gâteau, entre les pattes, pour faire le pis ; fixer à l'aide de glaçage au besoin.

9 Presser les bouts coupés du biscotti à l'anis dans le gâteau, sur le dessus de la tête, pour former les cornes. Placer les bonbons plats blancs pour faire les yeux. À l'aide d'une goutte de glaçage à la vanille, fixer les menthes au chocolat pour faire les pupilles. Dessiner une touche blanche sur chaque œil pour faire un reflet. Avec du glaçage décoratif noir, dessiner des sourcils au-dessus des yeux. Presser les 2 lacets de réglisse rouge sous le menton de la vache pour faire son collier ; couper tout excédent. Pour faire la cloche, presser le petit bonbon rouge dans l'extrémité plate du jujube jaune et disposer sur le collier. Fixer un biscuit sandwich au chocolat sur le bout de chaque patte à l'aide d'un pois de glaçage noir.

GÂTEAU CHÈVRE

DONNE 12 PORTIONS

1 Gâteau-maître de la basse-cour (page 52) fait de mélange pour gâteau jaune

1 boîte de 450 g (16 oz) plus 250 ml (1 tasse) de glaçage à la vanille

3 bonbons plats, 1 rose et 2 orange (Necco)

3 biscottis à l'anis (Stella D'oro)

2 menthes miniatures enrobées de chocolat (Junior Mints)

1 morceau de 5 cm (2 po) de lacet de réglisse noire

2 bonbons haricot noir

2 biscuits sandwichs au chocolat remplis de crème (Oreo)

1 À la cuillère, mettre 125 ml (½ tasse) de glaçage à la vanille dans un sac de type Ziploc. Exprimer l'excédent d'air et sceller le sac.

2 Étaler du glaçage à la vanille sur les 6 morceaux de gâteau et lisser. Remettre les morceaux au congélateur jusqu'au moment de l'assemblage.

3 Pour la bouche, utiliser un petit couteau dentelé pour couper ⅓ du bonbon plat rose. Pour faire les cornes, couper 3,1 cm (1¼ po) d'une des extrémités courtes de 2 biscottis à l'anis; disposer. Insérer environ 2,5 cm (1 po) du bout pointu d'une brochette en bambou dans l'extrémité plate de chaque biscotti coupé. Couper le biscotti restant en 2, dans le sens de la longueur, pour faire la barbiche.

4 Placer le gâteau de 22,5 cm (9 po) refroidi sur un plateau de service. Placer le morceau de support de tête sur le plateau à une extrémité du gâteau. Pour faire les pattes, tailler 2,5 cm (1 po) du bout pointu de 2 des 4 morceaux effilés de gâteau. Placer les pattes du côté opposé au support de tête du gâteau, côté arrondi vers le haut (voir l'illustration, page 53), et mettre le côté court contre le gâteau. Fixer avec du glaçage, au besoin. Étaler le reste du glaçage à la vanille sur le gâteau pour recouvrir, y compris le glaçage supplémentaire sur les pattes.

5 Pour faire la laine de la chèvre, commencer au bas des pattes et utiliser une fourchette pour tirer le glaçage en un mouvement vers le bas et l'extérieur (voir Glaçage à la fourchette, page 53). Continuer le travail à la fourchette, dans la même direction, en faisant des rangées qui se chevauchent jusqu'au haut du gâteau. Utiliser une spatule pour placer le morceau de tête sur le gâteau, côté large vers le haut et reposant sur le support. Ajouter les morceaux pour les oreilles de chaque côté de la tête, côté arrondi vers l'extérieur et côté court contre le gâteau; fixer à l'aide de glaçage au besoin (voir l'illustration, page 53).

6 Couper un coin de 0,6 cm (¼ po) du sac de glaçage à la vanille. Pour faire la barbe, coller ensemble les côtés longs et droits des biscottis avec un pois de glaçage. Placer les côtés coupés contre l'extrémité étroite de la tête, côté plat vers le bas. Pour les cornes, insérer les bouts contenant la brochette des biscottis dans le dessus de la tête, à environ 5 cm (2 po) d'intervalle. Disposer les bonbons orange pour les yeux. Fixer les menthes au chocolat à l'aide d'un pois de glaçage à la vanille pour faire les pupilles. Dessiner une touche blanche sur chaque œil pour faire un reflet. Disposer le lacet de réglisse noire, les bonbons haricots noirs pour faire le nez et le bonbon plat rose coupé pour faire la bouche.

7 En commençant par le haut de la barbe, dessiner de longues lignes ondulées de glaçage pour recouvrir complètement les biscottis. Dessiner des touffes ondulées de glaçage devant les cornes. Dessiner une ligne ondulée de glaçage au-dessus de chaque œil pour les sourcils. Fixer un biscuit sandwich au chocolat en dessous de chaque patte à l'aide d'un pois de glaçage.

GÂTEAU COCHONNET

DONNE 12 PORTIONS

1 Gâteau-maître de la basse-cour (page 52) fait de mélange pour gâteau jaune

1 boîte de 450 g (16 oz) de glaçage à la vanille

Colorant alimentaire rouge (McCormick)

8 biscuits sandwichs au chocolat remplis de crème (Oreo)

7 bonbons mous aux fruits, roses (Laffy Taffy, Starburst)

2 bonbons haricot noirs

2 bonbons plats blancs (Necco)

2 menthes miniatures enrobées de chocolat (Junior Mints)

3 morceaux de 2,5 cm (1 po) de réglisse noire

30 ml (2 c. à soupe) de sirop au chocolat (Hershey's)

1 À la cuillère, mettre 30 ml (2 c. à soupe) de glaçage à la vanille dans un sac de type Ziploc. Exprimer l'excédent d'air et sceller le sac. Colorer le reste du glaçage en rose à l'aide du colorant alimentaire. À la cuillère, mettre 30 ml (2 c. à soupe) de glaçage rose dans un autre sac de type Ziploc. Exprimer l'excédent d'air et sceller le sac.

2 Tapisser une plaque à pâtisserie de papier ciré. Y disposer les morceaux de gâteau refroidis en utilisant le schéma de cochon comme guide (voir l'illustration, page 53). Étaler le glaçage rose sur le dessus et les côtés des 6 morceaux de gâteau et sur le gâteau de 22,5 cm (9 po); lisser. Remettre les gâteaux au congélateur jusqu'au moment de l'assemblage.

3 Pour faire la terre, mettre 2 biscuits sandwichs au chocolat dans un sac de type Ziploc; ne pas sceller le sac. Utiliser un rouleau à pâte pour écraser les biscuits dans le sac jusqu'à ce qu'ils soient moulus finement.

4 Pour faire le groin, ramollir les bonbons aux fruits roses au four à micro-ondes de 2 à 3 secondes. Presser les bonbons ensemble et rouler sur un plan de travail pour former un cercle d'environ 0,3 cm (⅛ po) d'épaisseur. Utiliser un petit couteau ou des ciseaux pour découper le bonbon en un cercle d'environ 8,75 cm (3½ po). Pour faire la queue, prendre les retailles et les rouler entre les mains pour former une corde d'environ 1 cm (½ po) d'épaisseur avec une extrémité effilée. Entortiller la corde en tire-bouchon d'environ 5 cm (2 po). Transférer les morceaux à une feuille de papier ciré.

5 Placer le gâteau de 22,5 cm (9 po) refroidi sur un plateau de service. Pour faire les pattes, mettre 2 des 4 morceaux de gâteau effilés de chaque côté du gâteau, côté plat contre le gâteau et côté arrondi vers l'extérieur (voir l'illustration, page 53). Placer le morceau de support de tête sur le plateau, au-dessus du gâteau. Utiliser une spatule pour placer le morceau de tête sur le gâteau, côté étroit vers le haut et reposant sur le support. Couper un petit coin (0,3 cm [⅛ po]) des sacs de glaçage blanc et rose. Fixer 2 biscuits sandwichs au chocolat ensemble avec un pois de glaçage à la vanille. Répéter pour faire 2 piles. Disposer les piles de biscuit près de l'extrémité supérieure du gâteau, de chaque côté de la tête, pour servir de support aux oreilles. Pour faire les oreilles, disposer les 2 morceaux de gâteau effilés de chaque côté de la tête (voir la photo ci-contre) en les reposant sur les supports en biscuits; fixer à l'aide de glaçage à la vanille.

6 Mettre en place le cercle de bonbon rose pour faire le groin du cochon. Déposer des pois de glaçage à la vanille et y fixer les bonbons haricot noirs pour faire les narines. Dessiner quelques touffes de glaçage rose sur le dessus de la tête. Disposer les bonbons plats blancs pour faire les yeux. Fixer les menthes au chocolat à l'aide d'un pois de glaçage à la vanille pour faire les pupilles. Dessiner une touche blanche sur chaque œil pour faire un reflet. Placer les lacets de réglisse noire pour faire les sourcils et la bouche. Fixer un biscuit sandwich au chocolat au bas de chaque patte à l'aide d'un pois de glaçage à la vanille.

7 Pour faire la boue, laisser couler le sirop au chocolat sur le ventre, les pattes et les oreilles du cochon. Pour faire la terre, parsemer de biscuits broyés. Disposer la queue rose en bonbon contre un côté du gâteau.

GÂTEAU COCORICO

DONNE 12 PORTIONS

1 Gâteau-maître de la basse-cour (page 52) fait de mélange pour gâteau jaune

250 ml (1 tasse) de glaçage au chocolat

1 boîte de 450 g (16 oz) de glaçage à la vanille

Colorant alimentaire jaune et rouge (McCormick)

1 boîte de 450 g (16 oz) de glaçage au chocolat

3 bonbons tranche de fruits en gelée rouge

1 bâtonnet de bretzel mince (Bachman)

6 bonbons durs jaunes en forme de banane (Runts)

6 bonbons guimauve en forme d'arachide orange

2 bonbons plats blancs (Necco)

2 menthes miniatures enrobées de chocolat (Junior Mints)

1 petit chocolat enrobé de bonbon, brun (M&M'S Minis)

1 À la cuillère, mettre le glaçage au chocolat dans un sac de type Ziploc. À la cuillère, mettre 15 ml (1 c. à soupe) de glaçage à la vanille dans un autre sac de type Ziploc. Exprimer l'excédent d'air et sceller les sacs. Colorer 60 ml (¼ tasse) de glaçage la vanille restant en jaune pâle à l'aide du colorant alimentaire. Ajouter 15 ml (1 c. à soupe) de glaçage au chocolat au glaçage à la vanille restant et colorer en orange brûlé à l'aide des colorants alimentaires jaune et rouge.

2 Pour la crête et la caroncule du coq, couper les bonbons tranche de fruits rouges en 2 sur la longueur pour obtenir 6 demi-cercles; disposer d'un. Insérer le bâtonnet de bretzel dans l'extrémité courte de l'un des bonbons.

3 Pour les pattes et griffes, insérer un bonbon en forme de banane environ à moitié dans une extrémité d'un bonbon en forme d'arachide. Répéter avec les autres bonbons banane et arachide. Pincer l'extrémité opposée d'un des bonbons en forme arachide pour donner un bout effilé. Presser 2 bonbons arachide non effilés de chaque côté du bonbon effilé et pincer ensemble les extrémités arrondies pour former une patte. Répéter avec les 3 bonbons arachide restants pour faire une autre patte. Transférer à une feuille de papier ciré.

4 Pour faire le bec, tapisser une plaque à pâtisserie de papier ciré. Y disposer un morceau de gâteau effilé en utilisant le schéma de coq comme guide (voir l'illustration, page 53). Étaler le glaçage jaune sur le dessus et les côtés du gâteau; lisser. Remettre le morceau au congélateur jusqu'au moment de l'assemblage.

5 Placer le gâteau de 22,5 cm (9 po) refroidi sur un plateau de service. Placer le morceau de support de tête sur le plateau près de l'extrémité supérieure droite du gâteau (voir l'illustration, page 53). Recouvrir le gâteau et le morceau de support de tête du glaçage au chocolat restant. En commençant au bas du gâteau, faire les plumes en utilisant une spatule coudée ou le dos d'une cuillère pour tirer le glaçage en l'éloignant du gâteau (voir Glaçage à la cuillère, page 23). Continuer de faire des plumes, en travaillant dans la même direction pour faire des rangées courbées légèrement chevauchées jusqu'au haut du gâteau.

6 Disposer les 3 morceaux de gâteau effilés à côté du gâteau, du côté supérieur gauche, côté courbé vers le bas (voir l'illustration, page 53). Couper un coin de 0,6 cm (¼ po) du sac de glaçage au chocolat. Recouvrir les morceaux de queue de lignes verticales de glaçage.

7 Étaler le glaçage orange brûlé sur le morceau de tête et lisser. En commençant par le bas du côté large de la tête, faire des plumes en utilisant le bout d'une spatule coudée ou le dos d'une petite cuillère pour tirer le glaçage en l'éloignant du gâteau. Continuer pour obtenir 2 ou 3 rangées chevauchées de plumes sur le cou. Utiliser une spatule pour placer le morceau de tête sur le gâteau, côté étroit vers le haut et reposant sur le support.

8 Couper un petit coin (0,3 cm [⅛ po]) du sac de glaçage à la vanille. Placer les bonbons plats blancs pour faire les yeux. À l'aide d'une goutte de glaçage à la vanille, fixer les menthes au chocolat pour faire les pupilles. Dessiner une touche blanche sur chaque œil pour faire un reflet.

9 Placer le bec jaune sous les yeux, côté arrondi vers le haut. Placer le petit bonbon brun en guise de narine. Insérer l'extrémité avec bretzel du bonbon tranche de fruit dans le haut de la tête. Disposer 2 autres tranches de chaque côté, dans la même direction, pour former la crête. Presser les 2 tranches de fruits restantes dans le glaçage sous le bec, dans la même direction, pour la caroncule. Disposer les pattes sur le bord inférieur gauche du gâteau.

GÂTEAU FROMAGE

DONNE 12 PORTIONS

Nous sommes si européens que nous avons transformé le fromage en dessert. Le suisse, le gouda et le brie se font donner un traitement à l'américaine à l'aide de caramel, de peinture de saveurs et d'une touche de sucre à glacer.

2 recettes de Préparation pour gâteau parfait (page 289) faites de mélange pour gâteau jaune, cuites dans 3 moules à gâteau ronds de 22,5 cm (9 po) de 35 à 40 minutes

2 boîtes de 450 g (16 oz) chacune plus 250 ml (1 tasse) de glaçage à la vanille

Colorant alimentaire jaune et rouge (McCormick)

30 ml (2 c. à soupe) de glaçage au chocolat

1 morceau de 12,5 cm (5 po) de rouleau aux fruits rouge (Fruit-O-Long)

56 caramels mous (Kraft)

30 ml (2 c. à soupe) de vodka ou d'extrait de vanille

10 ml (2 c. à thé) de poudre de cacao non sucré

60 ml (¼ tasse) de sucre à glacer

Biscuits au beurre nature (LU)

1 Colorer 250 ml (1 tasse) de glaçage à la vanille en jaune pâle avec le colorant alimentaire jaune. Colorer 45 ml (3 c. à soupe) en jaune plus foncé et mettre dans un sac de type Ziploc. Mettre 30 ml (2 c. à soupe) de glaçage à la vanille dans un autre sac de type Ziploc. Exprimer l'excédent d'air et sceller les sacs.

2 Tapisser une plaque à pâtisserie de papier ciré. Mettre 1 gâteau sur un plan de travail, dessous vers le haut. Étaler du glaçage à la vanille sur le dessus. Mettre un autre gâteau par-dessus, dessous vers le bas, et presser dans le glaçage pour le fixer. Pour la forme de fromage Gouda, utiliser un petit couteau dentelé pour tailler 1,8 cm (¾ po) des bords supérieur et inférieur du gâteau afin de l'arrondir. Disposer

des retailles. Transférer le gâteau sur un carton coupé à sa taille.

3 Pour le fromage suisse, tailler le dessus du gâteau restant pour l'égaliser (voir Égaliser, page 14). Couper le gâteau en 2 pour faire 2 demi-cercles. Étaler du glaçage à la vanille sur le dessus taillé d'un gâteau. Déposer l'autre gâteau, côté taillé vers le bas, par-dessus pour faire un demi-cercle à 2 étages ; presser pour fixer. Couper le gâteau en 2 une fois de plus pour obtenir 2 quartiers. Étaler du glaçage à la vanille sur un quartier et placer l'autre quartier par-dessus pour obtenir un quartier à 4 étages ; presser pour fixer. Retirer une part d'environ 3,75 cm (1½ po) et réserver pour faire le brie. Mettre le reste du gros quartier sur un carton coupé à sa taille. Étaler une fine couche de glaçage (voir Des miettes avec ça ?, page 16) sur les gâteaux en prenant soin de remplir toute fissure ; lisser. Mettre les gâteaux au congélateur jusqu'à ce qu'ils soient fermes, environ 30 minutes.

4 Mettre la part de 3,75 cm (1½ po) de gâteau dans un bol de taille moyenne et émietter. Bien mélanger les miettes avec 125 ml (½ tasse) du glaçage à la vanille restant. Former ce mélange en disque de 8,75 cm (3½ po) avec des côtés

droits, comme une rondelle de hockey (utiliser un récipient de cuisine à bords droits, comme une tasse à mesurer, pour atteindre cette forme). Mettre ce gâteau au congélateur jusqu'à ce qu'il soit ferme, environ 30 minutes.

5 Étaler une couche uniforme de glaçage jaune pâle sur le gâteau fromage suisse et lisser. Remettre le gâteau au congélateur 15 minutes pour refroidir le glaçage.

6 Couper 2 triangles de 1 × 6,25 × 6,25 cm (½ × 2½ × 2½ po) dans le rouleau aux fruits.

7 Ramollir 6 caramels au four à micro-ondes pendant 3 secondes. Presser les bonbons ensemble et rouler en un rectangle de 11,25 × 12,5 cm (4½ × 5 po) sur une feuille de papier ciré. En 2 fois, ramollir les 50 caramels restants au four à micro-ondes de 3 à 5 secondes. Arrêter et faire la rotation pour éviter d'avoir des zones trop chaudes. Remettre au four à micro-ondes de 3 à 5 secondes pour ramollir. Presser les bonbons ensemble et rouler en un cercle de 40 cm (16 po) sur une feuille de papier ciré.

8 Étaler une couche uniforme de glaçage à la vanille sur le gâteau rond gouda refroidi. Déposer le cercle de caramel sur le gâteau. Envelopper le gâteau entier de caramel, en lissant tout pli; rentrer les bords sous le gâteau. Tailler tout excédent de caramel à l'aide d'un petit couteau. Colorer 15 ml (1 c. à soupe) de vodka avec le colorant alimentaire rouge. À l'aide d'un petit pinceau à pâtisserie, peinturer le caramel avec le mélange de vodka en déplaçant le pinceau toujours dans la même direction (voir Peinture de saveurs, page 45).

9 Lorsque la peinture est sèche, transférer le gâteau à une feuille de papier sulfurisé posée sur un plateau à fromage. À l'aide d'un couteau bien tranchant, y découper délicatement une tranche de 6,25 cm (2½ po). Transférer la tranche sur un plat de service. Recouvrir les côtés coupés du gâteau exposé du glaçage jaune pâle restant et lisser. Insérer 3 pailles à des intervalles d'environ 2,5 cm (1 po) dans le dessus du gâteau gouda; pousser jusqu'au fond. Couper les pailles près du dessus du gâteau (elles supporteront le morceau de fromage suisse lors de l'assemblage). Réfrigérer les gâteaux jusqu'au moment de l'assemblage.

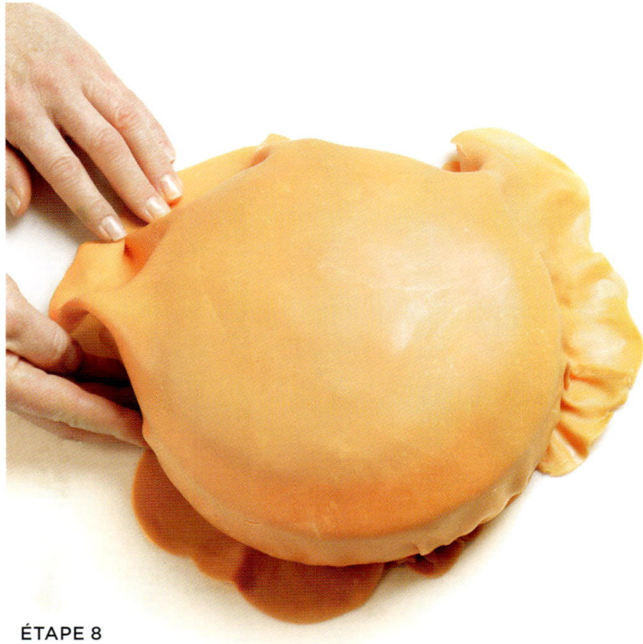

ÉTAPE 8

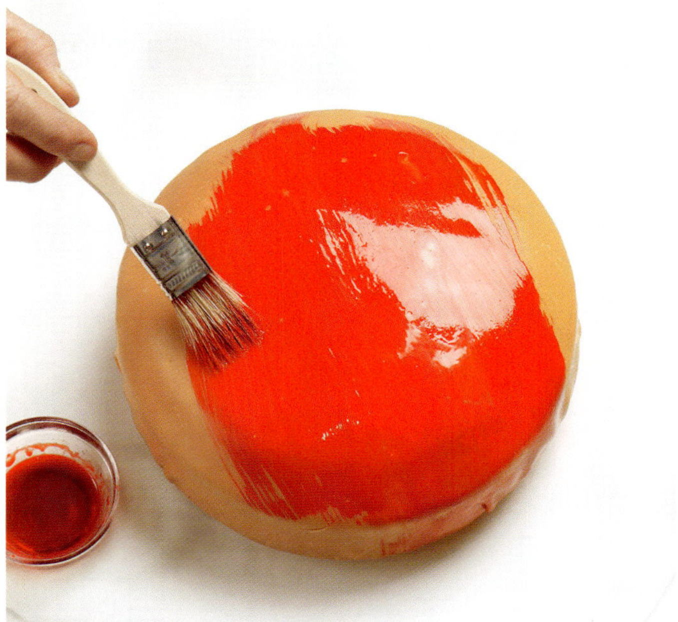

ÉTAPE 8

10 Pour le morceau de fromage suisse, utiliser une cuillère parisienne ou une petite cuillère et une paille pour faire des trous aléatoirement dans le côté large et plat du morceau refroidi. Couper un petit coin (0,3 cm [⅛ po]) du sac de glaçage jaune foncé et déposer du glaçage dans les trous. Étaler le glaçage dans les trous pour rendre le plus lisse possible. Colorer 5 ml (1 c. à thé) de la vodka restante en jaune avec le colorant alimentaire jaune. Peinturer les 2 petits bouts du morceau de gâteau en jaune. Presser le rectangle de caramel le long du dos arrondi du morceau, en dépassant le bord des 2 petites extrémités; tailler au besoin.

ÉTAPE 10

11 Combiner la poudre de cacao et les 10 ml (2 c. à thé) de vodka restants. À l'aide d'un petit pinceau à pâtisserie, peinturer le côté caramel du morceau de gâteau pour imiter la croûte du fromage. Disposer les 2 triangles de rouleau de fruit sur une petite extrémité du morceau de gâteau. Couper un très petit coin (0,1 cm [1/16 po]) du sac de glaçage au chocolat, dessiner une ligne ondulée à la base de chaque triangle et écrire «suisse» sur les triangles. Utiliser une spatule large pour transférer le morceau de fromage suisse, sur sa base en carton, au-dessus du fromage gouda en prenant soin de le poser sur les pailles pour avoir un support.

12 Pour le brie, enrober le disque de gâteau refroidi de sucre à glacer pour faire la croûte. Frotter pour enlever le sucre à quelques endroits sur le bord pour montrer le gâteau. Couper une petite tranche du gâteau et disposer. Mettre le gâteau sur le plateau à fromage, à côté des autres fromages. Ramollir le glaçage à la vanille dans le sac pendant 3 secondes au four à micro-ondes. Masser le sac, en couper un petit coin (0,3 cm [⅛ po]) et dessiner une ligne dégoulinante de glaçage juste en dessous des côtés coupés de la croûte du brie pour imiter un fromage mûr et coulant.

13 Disposer les biscuits au beurre à côté du gâteau pour représenter les craquelins qui accompagnent le fromage.

GÂTEAU BUBULLES, LE POISSON ROUGE

DONNE 12 PORTIONS

Bubulles pourrait être le premier gâteau de poisson que vos enfants mangeront sans se plaindre. Il est difficile à croire que deux petits gâteaux ronds et du glaçage formé à la cuillère peuvent procurer autant de plaisir. Pour rendre le tout encore plus simple, nous roulons des bonbons guimauve en forme d'arachide pour faire les nageoires et ajoutons des bonbons pour faire les écailles.

1 recette de Préparation pour gâteau parfait (page 289) faite de mélange pour gâteau jaune, cuit dans 2 moules à gâteau ronds de 20 cm (8 po) de 25 à 30 minutes

1 boîte de 450 g (16 oz) plus 125 ml (½ tasse) de glaçage à la vanille

Colorant alimentaire jaune et rouge (McCormick)

12 bonbons guimauve en forme d'arachide

5 bâtonnets de bretzel minces (Bachman)

2 guimauves jumbos

2 bonbons en gelée en anneau à saveur de pêche

Bonbons mous acidulés en forme de disque : 18 orange, 8 jaunes et 2 violets (Spree)

Grosses boules de gomme blanches perlées (SweetWorks ; facultatif)

1 À la cuillère, mettre 30 ml (2 c. à soupe) de glaçage à la vanille dans un sac de type Ziploc. Exprimer l'excédent d'air et sceller le sac. Colorer le reste du glaçage en orange vif à l'aide des colorants alimentaires jaune et rouge.

2 Tapisser une plaque à pâtisserie de papier ciré. Mettre 1 gâteau, dessous vers le haut, sur un plan de travail. Recouvrir le dessus de glaçage orange. Déposer l'autre gâteau par-dessus, dessous vers le bas, et presser pour fixer. Pour faire la queue, tailler un morceau de 6,25 cm (2½ po) d'un côté du gâteau. Mettre le gâteau taillé, côté coupé

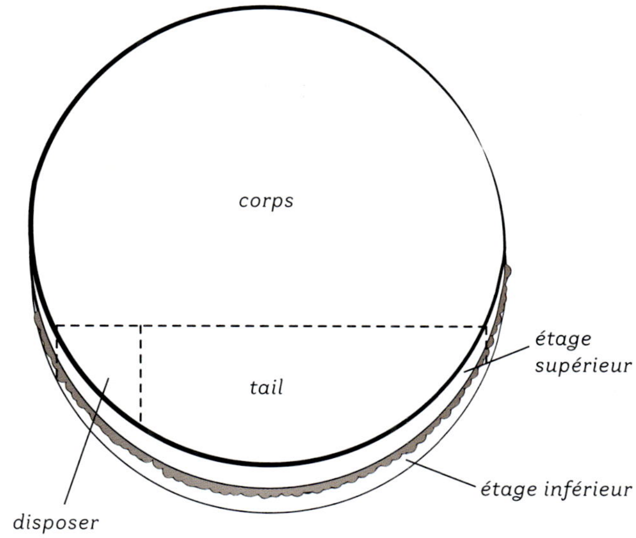

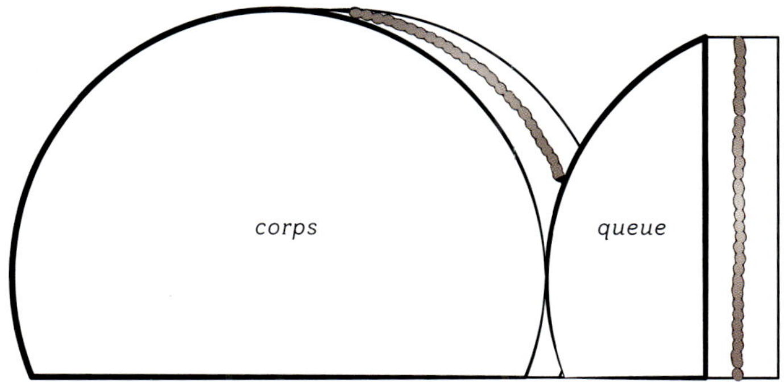

vers le bas, sur la plaque à pâtisserie. Tailler 5 cm (2 po) d'un bout effilé du morceau taillé et disposer. Fixer la queue au gâteau, côté court coupé vers le bas et côté arrondi près du gros gâteau ; utiliser du glaçage pour fixer. Transférer cet assemblage à un carton coupé à sa taille (voir À la base, page 14). Étaler une fine couche de glaçage orange pour les miettes (voir Des miettes avec ça ?, page 16) sur le gâteau. Mettre le gâteau au congélateur jusqu'à ce qu'il soit ferme, environ 30 minutes.

3 Pour faire les nageoires, rouler chaque bonbon arachide à une épaisseur de 0,3 cm (⅛ po). Couper chaque morceau en triangle de 2,5 × 8,75 × 8,75 cm (1 × 3½ × 3½ po). Couper le bord du côté de 2,5 cm (1 po) de chaque triangle à l'aide de ciseaux à denteler et faire des entailles verticales sur la surface avec le dos d'un petit couteau. Pour faire les 2 nageoires avant, pincer

le bout pointu de 2 nageoires autour du bout d'un bâtonnet de bretzel (1 bretzel par nageoire).

4 Pour faire les yeux, insérer un cure-dent dans un côté plat de chaque guimauve (comme un suçon). À la cuillère, déposer 125 ml (½ tasse) de glaçage orange dans un petit bol. Faire chauffer le glaçage au four à micro-ondes environ 7 secondes, en remuant quelques fois, jusqu'à l'obtention d'une texture de crème légèrement fouettée. Tenir chaque guimauve par le cure-dent et tremper dans le glaçage pour recouvrir complètement; laisser l'excédent s'égoutter dans le bol. Passer le côté plat de la guimauve sur le rebord du bol pour retirer tout excédent de glaçage; transférer sur une feuille de papier ciré, côté plat vers le bas. Réfrigérer environ 30 minutes pour faire durcir le glaçage.

5 Pour faire la bouche, presser le bout d'un bâtonnet de bretzel à travers un côté plat d'un bonbon mou à la pêche jusqu'à ce qu'environ 0,6 cm (¼ po) ressorte de l'autre côté. Placer le deuxième bonbon mou à la pêche directement par-dessus en appuyant sur le bout exposé du bâtonnet de bretzel afin de le fixer (le bâtonnet de bretzel ne doit pas être visible).

6 Étaler le reste du glaçage orange sur le gâteau refroidi et lisser. En travaillant à partir de l'arrière du gâteau qui forme le corps, et non de la queue, utiliser le bout d'une spatule coudée ou le dos d'une petite cuillère pour tirer le glaçage vers l'arrière en l'éloignant du gâteau pour faire des écailles en forme de cuillère (voir Glaçage à la cuillère, page 23); laisser la partie arrondie du gâteau lisse pour y faire le visage. Donner de grands coups parallèles dans le glaçage sur le gâteau de la queue. Ajouter des bonbons orange et jaunes sur certaines des marques d'écaille sur le corps en les espaçant par groupes à l'échelle du corps. Disposer les 10 nageoires plates sur le gâteau de queue, côté large et coupé vers l'extérieur, en les espaçant uniformément et en les pressant dans le glaçage pour les fixer.

7 Couper un petit coin (0,3 cm [⅛ po]) du sac de glaçage à la vanille. À l'aide d'une petite spatule, retirer délicatement des yeux en guimauve du papier ciré. En travaillant avec un œil à la fois, tenir la guimauve par le cure-dent et insérer un bâtonnet de bretzel dans le côté plat qui était sur le papier ciré (pousser sur le devant de l'œil, il sera recouvert de glaçage, mais faire attention de ne pas toucher les côtés). Fixer les yeux côte à côte au haut du visage en insérant les bouts de bâtonnets de bretzel; fixer avec un peu de glaçage à la vanille. Retirer délicatement les cure-dents. Dessiner un cercle de glaçage à la vanille sur chaque œil et mettre un bonbon violet au centre pour faire la pupille. Insérer le bout avec bretzel de la bouche en bonbon mou à la pêche sous les yeux. Insérer le bout avec bretzel d'une nageoire avant de chaque côté du gâteau, en pressant bien dans le glaçage pour fixer. Parsemer les boules de gomme blanches sur le plateau en guise de bulles, si désiré.

GÂTEAU GUITARE

DONNE 14 PORTIONS

Un gâteau en guitare ? C'est de la musique à nos oreilles. Nous utilisons de la peinture de saveurs pour procurer un fini chaleureux au corps, faisons des cordes en spaghettis glacés pour atteindre des notes parfaites et ajoutons un manche en barre de biscuit aux noix qui nous font chanter de plaisir.

1 recette de Préparation pour gâteau parfait (page 289) faite de mélange pour gâteau au chocolat, 750 ml (3 tasses) de pâte cuite dans un moule rond de 22,5 cm (9 po) pendant 23 à 29 minutes et 500 ml (2 tasses) de pâte cuite dans un moule rond de 20 cm (8 po) de 23 à 29 minutes

1 boîte de 450 g (16 oz) plus 250 ml (1 tasse) de glaçage à la vanille

125 ml (½ tasse) de glaçage au chocolat

1 biscuit Graham entier au chocolat

3 bâtonnets de blé minces au miel (Bâtonnets Pringles) ou longs bâtonnets de bretzel minces (Bachman)

Bonbons gélifiés : 1 violet et 6 jaunes

6 bonbons réglisse pastel violets (Jelly Belly)

49 bonbons moelleux au chocolat (Tootsie Roll)

10 ml (2 c. à thé) de vodka ou d'extrait de vanille

Colorant alimentaire jaune (McCormick)

5 ml (1 c. à thé) de poudre de cacao non sucré

1 barre de biscuits gaufrette recouverte de chocolat (Kit Kat)

2 boîtes de 360 g (12 oz) chacune de biscuits gaufrette au beurre d'arachide recouverts de chocolat (Little Debbie Nutty Bars)

7 gros bonbons décoratifs plats violets (Wilton)

6 spaghettis non cuits

6 bonbons perlés mauves

1 Tailler le dessus des gâteaux pour les niveler (voir Au niveau, page 14). Inverser un moule à gâteau de 20 cm (8 po) et le déposer sur le bord du gâteau de 22,5 cm (9 po) en le chevauchant de

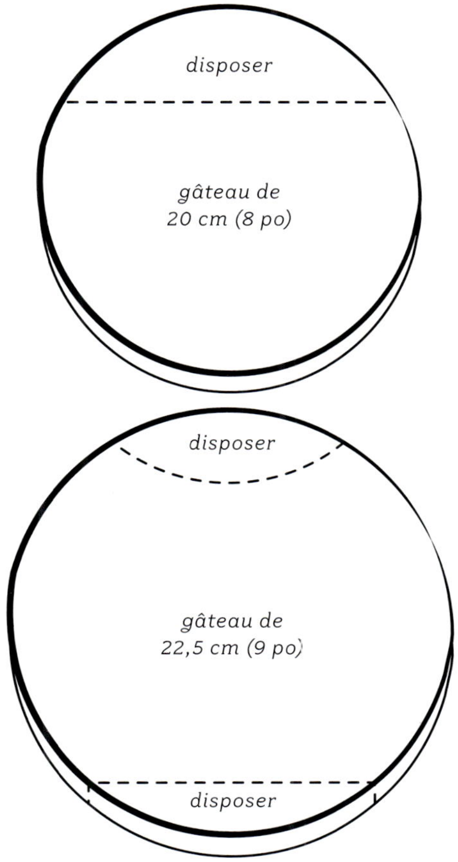

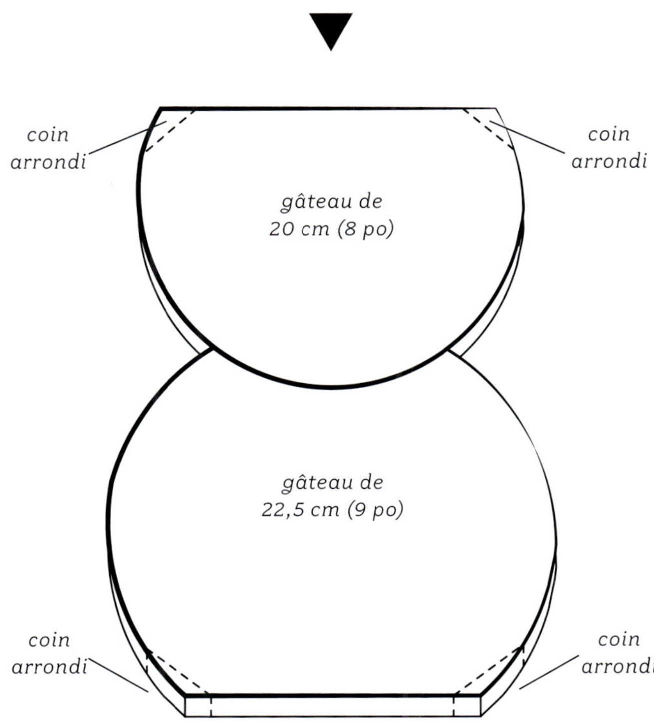

3,75 cm (1½ po). À l'aide d'un cure-dent, marquer le gâteau le long de la courbe (voir l'illustration du centre à droite). En suivant la marque, découper un morceau semi-circulaire du gâteau à l'aide d'un petit couteau; disposer. Insérer le gâteau de 20 cm (8 po) dans la coupure semi-circulaire du plus grand gâteau pour obtenir un 8. Tailler 5 cm (2 po) à partir du bord supérieur du petit gâteau, au haut du 8, et 2,5 cm (1 po) à partir du bord inférieur du grand gâteau, au bas du 8; disposer. Tailler les coins des 2 coupes afin de les arrondir et donner une courbe continue aux gâteaux. Transférer le gâteau assemblé, dessous vers le haut, à un carton coupé à sa taille (voir À la base, page 14). Étaler une fine couche de glaçage (voir Des miettes avec ça?, page 16) sur le dessus; lisser. Mettre le gâteau au congélateur jusqu'à ce qu'il soit ferme, environ 30 minutes.

2 À la cuillère, déposer du glaçage à la vanille dans 2 sacs de type Ziploc, 45 ml (3 c. à soupe) chacun. Colorer 30 ml (2 c. à soupe) du glaçage en brun clair en le mélangeant avec 5 ml (1 c. à thé) de glaçage au chocolat. À la cuillère, mettre le glaçage brun clair dans un autre sac de type Ziploc. À la cuillère, mettre le reste du glaçage au chocolat dans un dernier sac de type Ziploc. Exprimer l'air et sceller les sacs.

3 Tapisser une plaque à pâtisserie de papier ciré. Transférer les parties au papier ciré à mesure qu'elles sont assemblées. Pour faire la tête de manche, utiliser un petit couteau dentelé pour couper le biscuit Graham en 2 sur la largeur. Retirer un long triangle étroit (0,6 cm [¼ po]) de chaque côté court d'un des morceaux de biscuit Graham. Couper les bâtonnets de blé en morceaux de 10 cm (4 po). Presser le bout rond d'un bonbon gélifié jaune sur les 2 bouts de chaque bâtonnet pour faire les clés. Tailler le haut d'un bout de chaque bonbon réglisse pastel pour faire les chevilles.

4 Étaler le reste du glaçage à la vanille sur le gâteau refroidi en prenant soin de remplir toute fissure et en rendant le dessus aussi lisse que possible. Remettre le gâteau au congélateur 30 minutes pour refroidir le glaçage.

5 Pour faire la plaque de protection, ramollir 5 bonbons moelleux au chocolat au four à micro-ondes pendant 3 secondes. Presser les bonbons ramollis ensemble et rouler, sur une feuille de papier ciré, pour obtenir un rectangle de 6,25 × 12,5 cm (2½ × 5 po). Tailler le bonbon pour obtenir un rectangle arrondi de 6,25 × 10,6 cm (2½ × 4¼ po). Utiliser un emporte-pièce de 10 cm (4 po) ou le rebord d'un verre pour retirer un demi-cercle d'un des coins (pour l'ouverture de la rosace). Pour le médiator, couper un triangle aux coins arrondis avec des côtés de 2,5 cm (1 po) à partir des retailles.

6 Pour faire les côtés de la guitare, ramollir 22 bonbons moelleux au chocolat au four à micro-ondes pendant 3 à 5 secondes. Presser les bonbons ramollis ensemble et rouler, sur une feuille de papier ciré, pour obtenir une bande rectangulaire d'environ 6,8 × 52,5 cm (2¾ × 21 po). Répéter avec les 22 bonbons restants pour faire une deuxième bande. Utiliser une règle pour mesurer la hauteur du gâteau assemblé. Tailler les bords de chaque bande de bonbons pour les rendre droits et tailler la largeur pour qu'elle soit légèrement inférieure à la hauteur du gâteau (le bonbon ne doit pas dépasser les bords du gâteau).

7 Colorer la vodka en jaune à l'aide du colorant alimentaire. Utiliser un petit pinceau à pâtisserie pour peinturer le mélange de vodka, sur le sens de la longueur et toujours dans la même direction, sur le dessus du gâteau refroidi (voir Peinture de saveurs, page 45). Ajouter de la poudre de cacao au mélange et continuer à peinturer (voir la photo, page ci-contre), en insistant davantage sur certaines zones pour créer le grain du bois. Remettre le gâteau au congélateur 15 minutes.

8 Pour faire la rosace, utiliser un emporte-pièce rond de 6,8 cm (2¾ po) pour faire une marque

à 7,5 cm (3 po) du haut du petit gâteau, à une distance égale des 2 côtés. Utiliser un couteau pour retirer le cercle de gâteau, en coupant à une profondeur d'environ 1,8 cm (¾ po) (faire attention de ne pas mettre de miettes sur le gâteau ni de marquer le glaçage du côté coupé). Utiliser le rebord d'un verre de 10 cm (4 po) pour faire une marque autour du bord du trou.

9 En commençant par le bas de la guitare, presser délicatement une bande de chocolat sur le côté du gâteau en suivant sa courbe; presser pour rendre lisse et uniforme (voir la photo ci-dessus). Continuer avec la deuxième bande en commençant vis-à-vis de la première bande pour complètement envelopper les côtés du gâteau; tailler le bout pour arriver vis-à-vis du premier morceau.

10 Placer la plaque de protection sur le gâteau, à la droite de la rosace, côté recourbé contre la marque entaillée. Ajouter la barre gaufrette de chocolat (Kit Kat), sur la largeur, pour créer le chevalet, environ 7,5 cm (3 po) sous la rosace.

11 Couper un très petit coin (0,1 cm [1⁄16 po]) du sac contenant le glaçage au chocolat. Dessiner une ligne de glaçage autour du dessus du gâteau au complet, à environ 0,6 cm (¼ po) du rebord extérieur, et sur la marque entaillée autour de la rosace.

12 Pour créer un support pour le manche, étager 2 ou 3 biscuits (selon la hauteur du gâteau) jusqu'au niveau du dessus du gâteau. Utiliser le glaçage au chocolat pour coller les biscuits ensemble (voir la photo ci-dessus). Répéter pour faire une deuxième pile. Placer les piles côte à côte en les orientant pour accommoder la hauteur, sur le plat de service au haut de la guitare. Répéter ce processus pour prolonger le support sur 2 longueurs de biscuit à partir de la guitare. Dessiner une ligne généreuse de glaçage au chocolat sur le dessus du support au complet. Pour assembler le manche, mettre 2 moitiés de biscuit, côté plat vers le bas et côtés longs ensemble à l'extrémité supérieure du gâteau, extrémités coupées alignées avec le bord. Continuer l'assemblage du manche et plaçant 2 biscuits entiers, côte à côte et côté plat vers le bas, contre l'extrémité des 2 moitiés de biscuit et sur le support; presser dans le glaçage pour fixer. Répéter avec 2 autres biscuits pour terminer le manche.

13 Pour créer un support pour la tête, couper 2 des biscuits restants en 2 sur la largeur. Mettre en sandwich les côtés longs pour faire une pile de 2 biscuits en largeur et 2 biscuits en hauteur; fixer avec du glaçage au chocolat. Placer sur le plat de service, côté plat vers le bas, à 2,5 cm (1 po) de la fin du support de manche, côtés courts face au support de manche (voir la photo, page précédente). Dessiner une ligne de glaçage sur le dessus des biscuits et placer les 3 clés en bâtonnet de blé par-dessus, sur le sens de la largeur. Déposer du glaçage sur les bâtonnets de blé et y fixer la tête de manche en biscuit Graham, côté étroit touchant le manche de la guitare.

14 Mettre le sac de glaçage contenant le reste du glaçage au chocolat dans un bol, coin coupé vers le haut pour l'empêcher de couler, et faire chauffer au four à micro-ondes en pétrissant le sac toutes les quelques secondes, jusqu'à ce que le glaçage soit ramolli. Dessiner soigneusement une ligne de glaçage fondu dans la rosace sur le dessus gâteau, en quantité suffisante pour couvrir seulement le fond du trou.

15 Couper un très petit coin (0,1 cm [1⁄16 po]) des sacs contenant le glaçage brun clair et le glaçage à la vanille. Pour faire les frettes, dessiner des lignes de glaçage brun clair, en travers et sur toute la longueur du manche de la guitare commençant à environ 2,5 cm (1 po) de la tête et en les espaçant à des intervalles plus petits en approchant du corps de la guitare. Mettre les bonbons décoratifs plats entre les lignes de frettes.

16 Pour les cordes, mesurer la distance entre le chevalet (Kit Kat) et le début des biscuits du manche; couper les morceaux de spaghetti légèrement plus long. Déposer 6 pois de glaçage à la vanille sur le chevalet.

17 Pour enrober les spaghettis, tapisser une plaque à pâtisserie de papier ciré. Faire chauffer le sac restant de glaçage à la vanille au four à micro-ondes pendant 5 secondes. Masser le sac pour défaire tout grumeau. Couper un petit coin (0,3 cm [1⁄8 po]) du sac et déposer une mare de glaçage sur le papier ciré. Pour enrober les morceaux de spaghetti, les passer dans le glaçage et laisser durcir 5 minutes. Presser une extrémité de chaque morceau de spaghetti dans un pois de glaçage sur le chevalet et déposer l'autre extrémité sur le biscuit du manche. Prendre le sac de glaçage à la vanille non fondu et en commençant à l'extrémité de chaque morceau de spaghetti, dessiner une ligne continue de glaçage le long du manche en terminant par un pois de glaçage sur la tête de manche en biscuit Graham (prendre note que les 2 cordes extérieures sont les plus courtes et les 2 cordes intérieures sont les plus longues).

18 Pour les chevilles, presser l'extrémité coupée des 6 bonbons réglisse pastel dans les pois de glaçage sur le biscuit Graham. Ajouter les 6 bonbons perlés sur les pois de glaçage sur le chevalet. À l'aide d'un couteau, retirer le dessus arrondi du bonbon gélifié violet et en disposer. Presser l'extrémité coupée du morceau restant contre le bas de la guitare en guise d'attache-courroie. Mettre le médiator en bonbon moelleux en chocolat sur le plateau à côté de la guitare.

GÂTEAU SAC À MAIN EN LÉOPARD

Surprise à l'intérieur !

DONNE 12 PORTIONS

On dit que les léopards ne peuvent changer leurs taches, mais n'importe quel chat rusé peut dessiner des taches en glaçage orange, les entourer de cercles en chocolat et les écraser avec du sucre. La surprise est que vous pouvez ajouter des taches de couleur à la pâte aussi !

1 recette de Préparation pour gâteau parfait (page 289) faite de mélange pour gâteau jaune

Colorant alimentaire jaune et rouge (McCormick)

15 ml (1 c. à soupe) de poudre de cacao non sucré

1 boîte de 450 g (16 oz) plus 250 ml (1 tasse) de glaçage à la vanille

190 ml (¾ tasse) de glaçage au chocolat

27 bonbons moelleux au chocolat (Tootsie Roll)

2 bâtonnets de bretzel minces (Bachman)

1 grosse boule de gomme jaune perlée (SweetWorks)

375 ml (1½ tasse) de sucre décoratif blanc à gros cristaux (Wilton)

4 chocolats ronds enrobés de bonbon jaune perlé (Sixlets)

1 Préchauffer le four à 180 °C (350 °F) et préparer 2 moules ronds de 20 cm (8 po) (voir Libérez-moi, page 12). À la cuillère, déposer la pâte dans 2 petits bols, 125 ml (½ tasse) chacun. Colorer un bol en orange en y déposant 15 gouttes de colorant alimentaire jaune et 9 gouttes de colorant alimentaire rouge. Colorer l'autre bol en brun avec la poudre de cacao. À la cuillère, déposer chaque pâte colorée dans un sac de type Ziploc différent. Exprimer l'excédent d'air et sceller les sacs.

2 Couper un petit coin (0,3 cm [⅛ po]) de chaque sac de pâte colorée. En commençant par la pâte brune, dessiner plusieurs cercles irréguliers de 1 à 1,8 cm (½ à ¾ po) dans le fond des 2 moules préparés. Déposer un pois de pâte orange au centre de chacun des cercles bruns. En prenant soin de ne pas abîmer les taches, déposer à la cuillère ¼ de la pâte à la vanille restante dans chaque moule. Étaler délicatement la pâte jusqu'au bord et lisser le dessus. Faire une deuxième couche de taches brunes et orange dans chaque moule (voir les photos ci-dessus) et déposer la moitié de la pâte à la vanille restante dans chaque moule. Étaler la pâte jusqu'au bord et lisser. Faire quelques taches sur le dessus avec le reste de la pâte brune et de la pâte orange.

3 Cuire jusqu'à ce que le gâteau soit doré et qu'un cure-dent inséré au centre en ressorte propre, 30 à 35 minutes. Transférer les gâteaux sur une grille en métal et laisser refroidir 10 minutes. Retourner, retirer les moules et laisser refroidir complètement.

4 Mettre 1 gâteau, dessous vers le haut, sur un plan de travail. Étaler du glaçage à la vanille sur le dessus. Mettre l'autre gâteau par-dessus, dessous vers le bas. Pour faire la forme de sac à main, tailler 3,75 cm (1½ po) d'un côté du gâteau assemblé. Tailler 1 cm (½ po) du côté opposé. Disposer des morceaux taillés. Mettre le gâteau, grand côté coupé vers le bas, sur un carton coupé à sa taille (voir À la base, page 14). Étaler une fine couche de glaçage à la vanille pour les miettes (voir Des miettes avec ça ?, page 16) sur le dessus en prenant soin de remplir toute fissure ; lisser. Mettre le gâteau au congélateur jusqu'à ce qu'il soit ferme, environ 30 minutes.

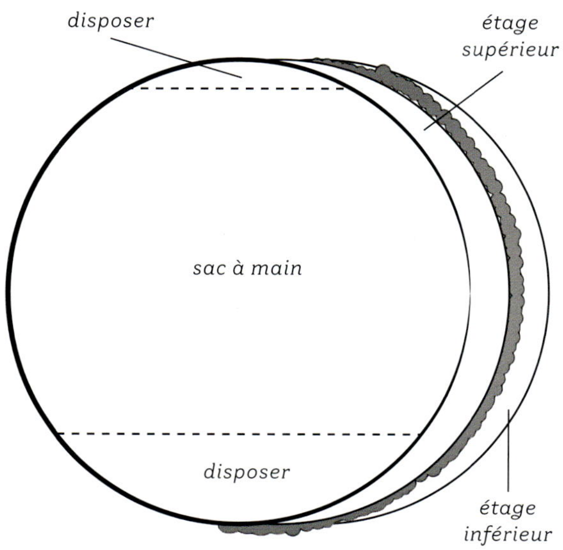

5 À la cuillère, mettre le glaçage au chocolat dans un sac de type Ziploc. Colorer 60 ml (¼ tasse) du glaçage à la vanille restant en orange avec les colorants alimentaires jaune et rouge. Mettre le glaçage orange dans un autre sac de type Ziploc. Exprimer l'excédent d'air et sceller les sacs. Colorer le reste du glaçage à la vanille en jaune pâle avec le colorant alimentaire jaune et couvrir de pellicule plastique jusqu'au moment d'utiliser.

ÉTAPE 6

6 Pour faire les morceaux en cuir, tapisser une plaque à pâtisserie de papier ciré. Déposer les morceaux sur la plaque à mesure qu'ils sont assemblés. Pour le rabat avant, ramollir 8 bonbons moelleux au chocolat au four à micro-ondes pendant 3 secondes. Presser les bonbons ensemble et rouler sur une feuille de papier ciré pour obtenir un rectangle de 12,5 × 15 cm (5 × 6 po). Tailler les 2 côtés longs et 1 des côtés courts pour les rendre droits. Arrondir le côté court restant pour créer le rabat avant du sac à main. Pour faire les détails des coins, ramollir 5 bonbons moelleux au chocolat. Travailler avec 1 bonbon à la fois et rouler sur une feuille de papier ciré pour obtenir un cercle de 5 cm (2 po). Découper un cercle de 4,4 cm (1¾ po) dans 4 des bonbons aplatis. Tailler 0,6 cm (¼ po) d'un côté de chaque cercle pour faire les coins. Découper un cercle de 3,1 cm (1¼ po) du bonbon aplati restant pour faire le fermoir. Pour la courroie, ramollir 7 bonbons moelleux au chocolat au four à micro-ondes pendant 3 à 5 secondes. Presser les bonbons ensemble et rouler à la main pour faire une corde de 50 cm (20 po) de longueur et d'environ 0,6 cm (¼ po) d'épaisseur. Répéter avec les 7 bonbons moelleux restants. Entortiller les 2 cordes. Pincer les 2 extrémités des cordes pour en faire une seule et insérer le bout d'un bâtonnet de bretzel dans chaque extrémité de la corde, perpendiculaire à la longueur de la corde.

7 Pour le fermoir, utiliser un couteau dentelé et un mouvement de va-et-vient pour couper la boule de gomme en 2 ; disposer d'une moitié. Humecter le côté coupé de la boule de gomme avec une goutte d'eau et presser contre le fermoir en bonbon.

ÉTAPE 8

ÉTAPE 8

8 Mettre le sucre décoratif dans un grand bol. Étaler le glaçage jaune sur le gâteau refroidi ; lisser. Couper un petit coin (0,3 cm [⅛ po]) des sacs de glaçage au chocolat et de glaçage orange. Dessiner des lignes minces et courbées ainsi que des cercles ouverts irréguliers de glaçage au chocolat sur toute la surface du gâteau. Prendre le glaçage orange et dessiner des taches irrégulières (d'un maximum de 0,6 à 1 cm [¼ à ½ po], car elles deviennent plus grandes lorsqu'elles sont écrasées) à l'intérieur des lignes courbées en glaçage au chocolat. Presser délicatement des poignées de sucre décoratif sur toute la surface du gâteau (voir Sucre écrasé, page 37). Utiliser un pinceau à pâtisserie pour retirer l'excédent de sucre du gâteau. Utiliser le dos d'une spatule pour délicatement presser le sucre dans le glaçage et le rendre uniforme. Transférer le gâteau à un plateau de service.

9 Utiliser du glaçage au chocolat pour fixer le rabat en bonbon moelleux au chocolat sur le dessus du gâteau ; laisser reposer le bord arrondi sur le devant du gâteau. Mettre un pois de glaçage au centre du bord arrondi et y presser le fermoir en boule de gomme dans le glaçage pour le fixer. Plier les 4 bonbons coupés pour faire les coins en 2 sur le côté droit. À l'aide de glaçage, fixer un bonbon de coin à chaque coin du gâteau, côté droit contre le plateau.

10 En pressant le sac de glaçage au chocolat, déplacer le glaçage à l'autre coin du sac. Refermer le coin coupé à l'aide de ruban adhésif. Couper un très petit coin (0,1 cm [1⁄16 po]) du sac. Pour les coutures, dessiner de petites lignes d'environ 0,6 cm (¼ po) sur les bords du rabat avant et sur le fermoir. Pour les coins, dessiner de petites lignes sur les bords courbés et sur le centre, là où le morceau se plie autour du coin.

11 Juste avant de servir, insérer l'extrémité des bretzels de la courroie dans le dessus du gâteau, un de chaque côté du rabat avant. Mettre un pois de glaçage au chocolat de chaque côté de chaque extrémité de la courroie et ajouter un bonbon jaune perlé sur chaque pois.

GÂTEAU ARC-EN-CIEL

Surprise à l'intérieur !

DONNE 12 PORTIONS

Vous flotterez au-dessus de l'arc-en-ciel lorsque vous verrez comment des rangées colorées de bonbons peuvent transformer un simple gâteau rond. Son intérieur contient encore plus de couleurs de l'arc-en-ciel !

1 recette de Préparation pour gâteau parfait (page 289) faite de mélange pour gâteau vanille française

Colorant alimentaire jaune, vert, rouge, bleu néon et rose néon (McCormick)

1 boîte de 450 g (16 oz) de glaçage à la vanille

125 ml (½ tasse) chacun de bonbons durs en forme d'étoile bleu pâle, vert pâle, jaunes, orange et rouges

250 ml (1 tasse) de guimauves miniatures

1 Préchauffer le four à 180 °C (350 °F) et préparer un moule rond de 22,5 cm (9 po) de 5 cm (2 po) de profondeur (voir Libérez-moi, page 12). Répartir la pâte en parts égales dans 5 bols (environ 250 ml [1 tasse] de pâte par bol). Colorer un bol en orange (mélanger les colorants jaune et rouge), un bol en vert acide (mélanger les colorants jaune et vert), un bol en jaune, un bol en rose néon et un bol en bleu néon. Mettre chaque pâte dans un sac de type Ziploc séparé. Exprimer l'excédent d'air et sceller les sacs.

2 Couper un coin de 0,6 cm (¼ po) dans les sacs de pâte. Déposer des pois de 3,75 à 5 cm (1½ à 2 po) dans le fond du moule préparé (voir la photo, page suivante). Répéter en faisant des couches de pâte le plus égales possible jusqu'à ce qu'il ne reste plus de pâte. Frapper doucement le moule contre le plan de travail pour égaliser la pâte.

3 Cuire au four jusqu'à ce que le gâteau soit doré et qu'un cure-dent inséré au centre en ressorte propre, 40 à 45 minutes. Transférer le gâteau à une grille en métal et laisser refroidir

10 minutes. Renverser, retirer le moule et laisser refroidir complètement.

4 Mettre 45 ml (3 c. à soupe) de glaçage à la vanille dans un sac de type Ziploc. Exprimer l'excédent d'air et sceller le sac.

5 Couper le gâteau en 2 sur la largeur pour faire 2 demi-cercles. Coller le bas des 2 demi-cercles ensemble à l'aide de glaçage à la vanille. Étaler une fine couche de glaçage (voir Des miettes avec ça?, page 16) sur le dessus en prenant soin de remplir toute fissure; lisser. Transférer le gâteau sur un carton coupé à sa taille (voir À la base, page 14). Mettre au congélateur environ 30 minutes pour le refroidir.

6 Transférer le gâteau refroidi à un plateau de service. Étaler le reste du glaçage à la vanille sur le gâteau et lisser. Utiliser le bout d'une spatule coudée ou le dos d'une petite cuillère pour faire des tourbillons doux sur le devant et l'arrière du gâteau (voir Glaçage en tourbillons classique, page 23).

7 En travaillant rapidement, presser les bonbons étoile, très près l'un de l'autre dans le glaçage en faisant des rangées de 2 bonbons de la même couleur; suivre la courbe du gâteau et commencer par le bleu pâle, puis le vert, suivi du jaune, orange et rouge (voir la photo, page ci-contre). Si le glaçage commence à sécher, couper un petit coin (0,3 cm [⅛ po]) du sac de glaçage à la vanille et faire des pois de glaçage pour coller les bonbons.

8 Déposer des pois de glaçage sur les guimauves miniatures. Coller ensemble des groupes de guimauves pour faire des nuages. Disposer les nuages à chaque bout de l'arc-en-ciel.

OMELETTE NORVÉGIENNE MONSTRUEUSE SANS CUISSON

Surprise à l'intérieur !

DONNE 16 PORTIONS

Il s'agit peut-être d'un monstre, mais il ne manque qu'un peu de chaleur pour faire fondre son cœur si froid à la crème glacée ! Cette délicieuse variante de l'omelette norvégienne comporte du glaçage sept minutes pour la fourrure et une couche surprise de crème glacée et de morceaux de biscuit Oreo à l'intérieur.

1 recette de Préparation pour gâteau parfait (page 289) faite de mélange pour gâteau au chocolat, cuit dans 2 moules ronds de 20 cm (8 po) de 25 à 30 minutes

1 l (4 tasses) de crème glacée à la vanille

10 biscuits sandwichs au chocolat remplis de crème (Oreo), hachés grossièrement

45 ml (3 c. à soupe) de sucre décoratif violet (Wilton)

10 bonbons gélifiés violets

1 guimauve

8 bâtonnets de gomme à mâcher bleue (Winterfresh)

125 ml (½ tasse) de glaçage au chocolat

1 recette de Glaçage cuit (voir la page 291)

2 menthes miniatures enrobées de chocolat (Junior Mints)

10 bonbons durs bleus en forme de banane (SweetWorks)

10 ml (2 c. à thé) de sucre décoratif bleu (Cake Mate)

1 Laisser la crème glacée ramollir 10 minutes à la température ambiante. Tapisser le bas et les côtés d'un moule rond de 20 cm (8 po) de pellicule plastique. Combiner la crème glacée ramollie et les biscuits sandwichs au chocolat hachés dans un grand bol. Transférer le mélange à la crème

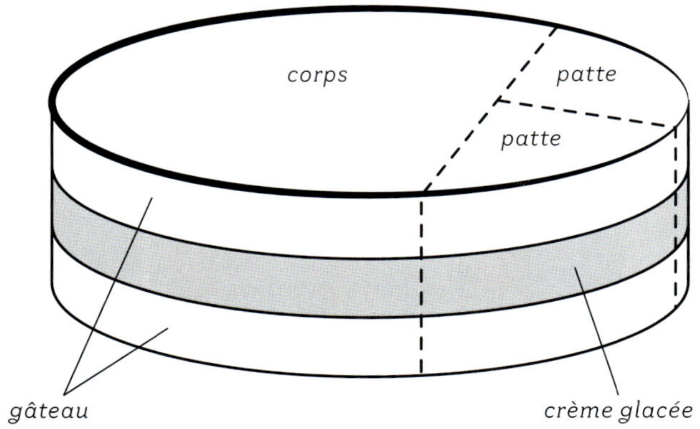

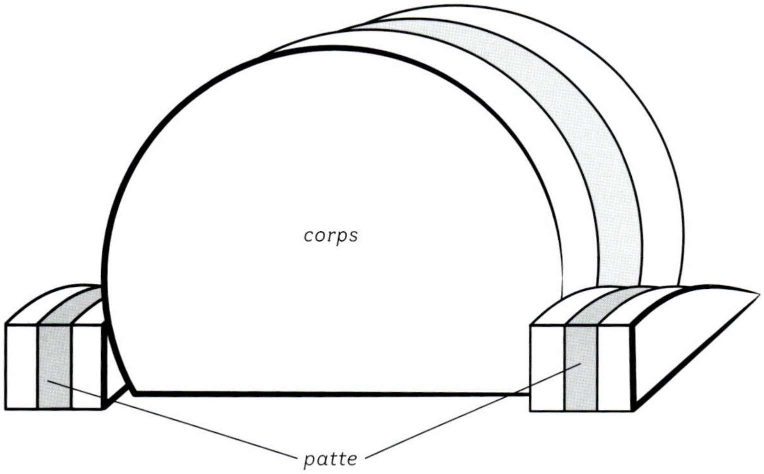

glacée dans le moule préparé, couvrir de pellicule plastique et presser pour niveler. Remettre au congélateur pour solidifier, au moins 1 heure.

2 Tapisser une plaque à pâtisserie de papier ciré. Mettre 1 gâteau, dessous vers le haut, sur un plan de travail. Retirer la pellicule de la crème glacée et disposer cette dernière sur le gâteau. Mettre le gâteau restant sur la crème glacée, dessous vers le bas, et appuyer légèrement pour fixer. Couper 5 cm (2 po) d'un côté du gâteau assemblé (voir l'illustration). Couper la section de 5 cm (2 po) en 2 transversalement pour faire les pattes. Transférer le gros morceau de gâteau, côté coupé vers le bas, à la plaque à pâtisserie. Disposer les 2 petits morceaux de gâteau, côté coupé long vers le bas et côté coupé court vers l'avant, de chaque côté du gâteau. Remettre au congélateur jusqu'à ce que le gâteau soit bien pris, au moins 2 heures.

3 Tapisser une plaque à pâtisserie de papier ciré. Transférer les morceaux à la plaque à pâtisserie à mesure qu'ils sont assemblés. Pour faire les yeux, saupoudrer un plan de travail de sucre décoratif violet. Presser ensemble les bonbons gélifiés violets et les rouler, en rajoutant du sucre décoratif violet pour les empêcher de coller, pour obtenir un ovale de 10 × 17,5 cm (4 × 7 po). Tailler 0,6 cm (¼ po) de chaque côté plat de la guimauve; disposer du centre. Pour faire les dents, utiliser des ciseaux pour couper chaque bâtonnet de gomme en 2 sur la longueur. Couper chaque moitié pour faire des triangles de formes et de tailles variées.

4 Transférer le gâteau refroidi à un plateau de service. Étaler le glaçage au chocolat sur le devant du gâteau et lisser (le devant du gâteau a le côté coupé court des pattes vers l'avant). Fixer l'ovale en bonbon violet à l'horizontale sur le tiers supérieur du devant du gâteau. Pour faire la bouche, utiliser un cure-dent pour marquer un ovale de 6,25 × 15 cm (2½ × 6 po), à l'horizontale, dans le glaçage au chocolat du tiers inférieur du gâteau. Remettre le gâteau au congélateur.

5 Diviser le glaçage cuit dans 2 sacs de type Ziploc. Exprimer l'excédent d'air et sceller les sacs.

6 Couper un coin de 1 cm (½ po) dans les sacs de glaçage cuit. En commençant par le bord inférieur du gâteau, sous la bouche, faire des pics de glaçage en utilisant une technique « presser, arrêter et tirer » ; continuer tout le tour de la bouche. Continuer à faire des rangées près l'une de l'autre sur le reste du gâteau, y compris les 2 petits gâteaux qui forment les pattes. Éviter l'ovale en bonbon violet ; laisser un masque en forme de huit pour y mettre les yeux.

7 Utiliser un pois de glaçage pour coller les morceaux de guimauve pour les yeux. Ajouter un pois de glaçage et fixer les menthes enrobées de chocolat pour faire les pupilles. Insérer les triangles de gomme à mâcher autour de l'ouverture de la bouche pour faire les dents. Ajouter 5 bonbons bleus en forme de banane, côté recourbé vers le haut, sur le devant de chaque patte pour faire les griffes. Saupoudrer le gâteau du sucre bleu. Remettre le gâteau au congélateur jusqu'au moment de servir.

Gâteaux moulés de tous les jours

Gâteaux en moules rectangulaires, à pain et à gâteau roulé

Ouvrez cette armoire en coin et sortez ces moules de tous les jours parce que dans notre univers, plus de formes égalent plus de plaisir. Votre moule à pain n'attend que de créer un aspirateur-traîneau à l'ancienne avec un boyau fait de biscuits. Votre moule à gâteau roulé est parfait pour cuire un mince gâteau à rouler en forme de souche. Et ce moule de 22,5 × 32,5 cm (9 × 13 po) ? C'est pour la maison de Gaston. Des formes ordinaires font des gâteaux extraordinaires !

GÂTEAU-MAÎTRE MODÈLE DE MAISON

Alerte aux bricoleurs : ces rénovations commencent par un plan, mais vous pouvez le personnaliser. La maison de base est formée de deux gâteaux et d'ajouts, comme le revêtement, le bardeau, les portes, les fenêtres et la cheminée. Le potentiel de revente est très élevé !

2 recettes de Préparation pour gâteau parfait (page 289) faites du mélange pour gâteau précisé dans la recette, cuit dans 2 moules de 22,5 × 32,5 po (9 × 13 po) de 25 à 30 minutes

1 boîte de 450 g (16 oz) plus 125 ml (½ tasse) de glaçage à la vanille

1 Tailler le dessus des gâteaux pour les niveler (voir Au niveau, page 14). Tapisser une plaque à pâtisserie de papier ciré. Mettre 1 gâteau, côté taillé vers le haut, sur un plan de travail. Étaler 190 ml (¾ tasse) de glaçage à la vanille sur le dessus. Mettre l'autre gâteau par-dessus, côté taillé vers le bas, et presser dans le glaçage. Couper les gâteaux empilés en 2 sur la largeur. Recouvrir le dessus d'une pile de 125 ml (½ tasse) de glaçage à la vanille. Déposer l'autre pile par-dessus. Étaler une fine couche de glaçage (voir Des miettes avec ça ?, page 16) sur le dessus en prenant soin de remplir toute fissure ; lisser. Mettre le gâteau au congélateur jusqu'à ce qu'il soit refroidi, environ 30 minutes.

2 Insérer 2 rangées de cure-dents sur la longueur de dessus du gâteau en laissant 7,5 cm (3 po) entre les rangées. Insérer une ligne de cure-dents sur la longueur de chaque côté long du gâteau, à 3,75 cm (1½ po) du bord supérieur. En utilisant les cure-dents comme guide, tenir un long couteau dentelé en angle et couper à travers les 2 côtés du gâteau. Placer chaque côté taillé sur sa longueur sur le dessus du gâteau, côté glacé contre côté glacé, pour créer le toit (voir l'illustration à droite). En utilisant la rangée de cure-dents du côté comme guide, biseauter les 2 côtés du gâteau en coupant en angle depuis les cure-dents jusqu'à 1 cm (½ po) à l'intérieur de la base du gâteau. Disposer des retailles sauf indication contraire. Retirer les cure-dents et transférer le gâteau à un carton coupé à sa taille (voir À la base, page 14). Étaler une fine couche de glaçage sur le gâteau et lisser. Pousser 4 pailles à travers la pile de gâteaux au centre du toit pour faire un soutien. Couper les pailles près du dessus du gâteau. Mettre le gâteau au congélateur jusqu'à ce qu'il soit ferme, environ 30 minutes.

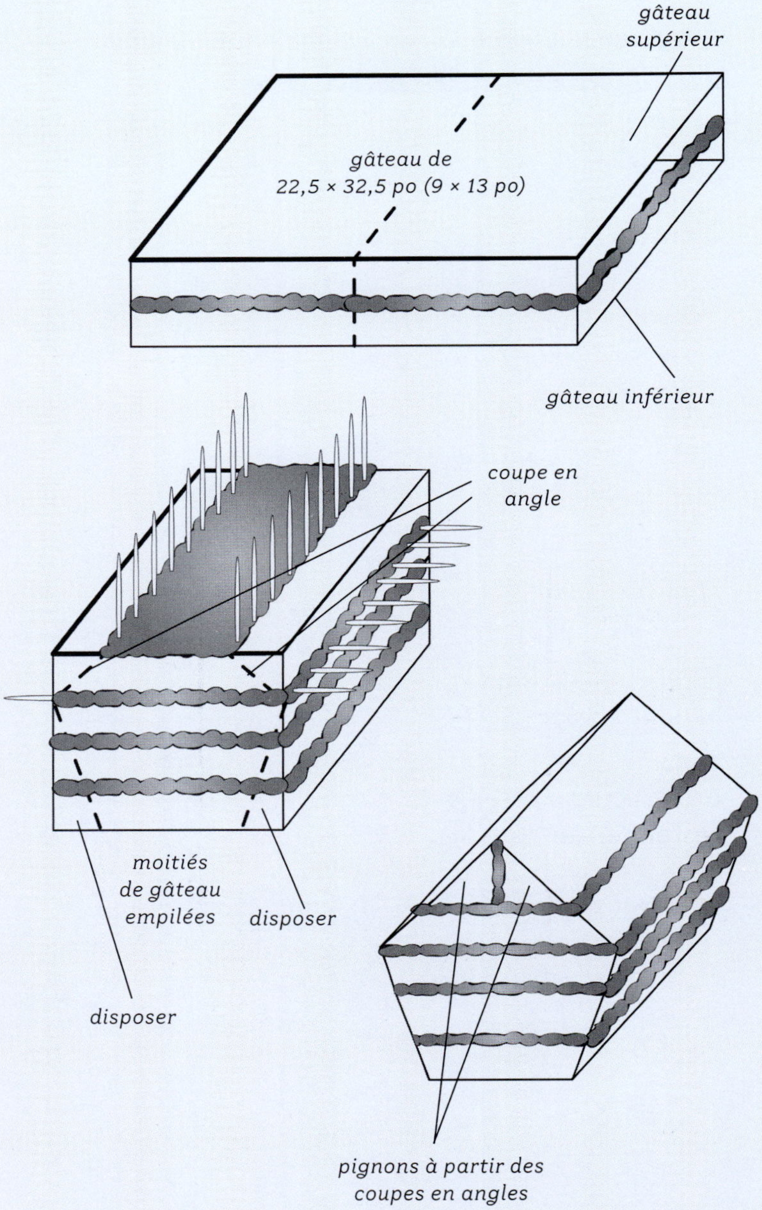

GÂTEAU MAISON DE GASTON

DONNE 24 PORTIONS

1 Gâteau-maître modèle de maison (page 92) fait de mélange pour gâteau jaune (réserver les retailles)

1 boîte de 450 g (16 oz) plus 250 ml (1 tasse) de glaçage à la vanille

125 ml (½ tasse) de glaçage au chocolat

Colorant alimentaire jaune et vert (McCormick)

8 gaufrettes au sucre roses

5 réglisses torsadées bleues (Twizzlers Arc-en-ciel)

2 biscuits sandwichs au chocolat remplis de crème (Oreo)

15 ml (1 c. à soupe) de vodka ou d'extrait de citron (McCormick)

10 ml (2 c. à thé) de poudre de cacao non sucré

52 biscuits minces enrobés de chocolat noir (Bahlsen Afrika)

2 petits chocolats enrobés de bonbon, bleus (M&M'S Minis)

12 bonbons mous aux fruits miniatures, orange (Starburst Minis)

250 ml (1 tasse) de noix de coco sucrée en flocons, hachée

1 À la cuillère, mettre 60 ml (¼ tasse) de glaçage à la vanille et tout le glaçage au chocolat dans des sacs de type Ziploc séparés. Exprimer l'excédent d'air et sceller les sacs. Mettre 125 ml (½ tasse) de glaçage à la vanille dans un petit bol et recouvrir de pellicule plastique. Colorer le glaçage à la vanille restant en jaune avec le colorant alimentaire.

2 Mettre le gâteau refroidi sur un plateau de service. Étaler le glaçage jaune sur le gâteau. Rendre les côtés du gâteau le plus lisse possible. Remettre le gâteau au congélateur 15 minutes pour refroidir le glaçage.

3 Tapisser une plaque à pâtisserie de papier ciré. Transférer les parties à la plaque à pâtisserie à mesure qu'elles sont assemblées. Couper un petit coin (0,3 cm [⅛ po]) du sac de glaçage à la vanille. Pour faire les portes et la cheminée, dessiner une ligne de glaçage sur l'un des côtés longs de 4 gaufrettes au sucre et presser chacune contre le côté long d'une des gaufrettes restantes pour faire une largeur double. Déposer du glaçage à la vanille sur l'une des paires de gaufrettes et presser une autre paire par-dessus pour créer une double épaisseur pour la cheminée. Utiliser un petit couteau dentelé pour effiler chaque côté long de la cheminée et les 2 portes. Pour faire les cadres de porte, couper une des réglisses torsadées bleues en 2 sur la longueur et couper la réglisse en morceaux pour faire le contour des 2 portes en gaufrettes au sucre.

4 Pour faire les fenêtres, retirer un côté biscuit de chacun des biscuits sandwichs au chocolat et garder le côté avec la garniture de crème. Couper un petit coin (0,3 cm [⅛ po]) du sac de glaçage au chocolat. Dessiner des lignes sur le côté en crème des biscuits pour faire les carreaux. Dessiner une ligne de glaçage autour de l'extérieur de la crème.

5 Colorer la vodka avec le colorant alimentaire jaune (voir Peinture de saveurs, page 45). Utiliser un pinceau à pâtisserie de 2,5 cm (1 po) pour appliquer le mélange de vodka en mouvements horizontaux sur les 4 côtés du gâteau refroidi (pas sur le toit). Continuer à appliquer pour lisser toute strie dans le glaçage. Ajouter la poudre de cacao dans le reste du mélange de vodka. À l'aide d'un petit pinceau d'artisanat, peinturer de fines lignes horizontales et des points autour du gâteau pour recréer le grain du bois et les trous des nœuds.

6 Pour le toit, couper 4 des biscuits enrobés de chocolat en 2 sur la largeur. Presser une rangée de biscuits entiers, près l'un de l'autre, sur le bord inférieur du toit des 2 côtés, en laissant dépasser le bord d'environ 1 cm (½ po). Ajouter une autre rangée de biscuits, en commençant et terminant par un demi-biscuit; utiliser du glaçage

au chocolat pour fixer les biscuits. Répéter pour faire 2 rangées supplémentaires de biscuits. Ajouter une rangée finale de biscuits pour former le faîte du toit.

7 Retirer 1 des biscuits enrobés de chocolat du toit et insérer l'extrémité étroite de la cheminée en gaufrette au sucre rose dans le glaçage. Tailler le biscuit, au besoin, pour l'installer à côté de la cheminée ; fixer avec du glaçage au chocolat.

8 Dessiner une ligne de glaçage sur le devant du gâteau, juste en dessous du bardeau du pignon. Presser une réglisse torsadée bleue dans le glaçage ; tailler à la bonne longueur. Mettre un pois de glaçage à la vanille près de la partie la plus haute et fixer une fenêtre en biscuit. Répéter pour fixer le pignon et la fenêtre à l'arrière du gâteau.

9 Fixer une porte en gaufrettes au sucre rose sur le devant et à l'arrière du gâteau à l'aide d'un pois de glaçage à la vanille. Presser pour fixer les morceaux coupés de réglisse bleue pour faire les cadres de porte. Déposer un pois de glaçage à la vanille sur chaque porte et y mettre un bonbon bleu pour faire la poignée. Ajouter 6 bonbons orange pour faire l'allée devant chaque porte.

10 Pour faire les buissons, émietter les retailles de gâteau réservées dans un bol de taille moyenne. Ajouter les 125 ml (½ tasse) de glaçage à la vanille réservé aux miettes et bien mélanger. Former en petites boules de gâteau d'un diamètre de 1,8 à 3,75 cm (¾ à 1½ po). Mettre les boules de gâteau au congélateur 30 minutes pour refroidir. Mettre la noix de coco, 5 ml (1 c. à thé) d'eau chaude et plusieurs gouttes de colorant alimentaire vert et jaune dans un sac de type Ziploc. Sceller le sac et secouer vigoureusement jusqu'à ce que la noix de coco soit colorée uniformément d'un vert gazon. Juste avant de servir, rouler les boules de gâteau refroidies dans la noix de coco colorée pour les enrober. Disposer les boules de gâteau autour de la maison en guise de buissons ; en étager pour faire des buissons plus hauts.

GÂTEAU MAISON DES BONBONS

DONNE 24 PORTIONS

1 Gâteau-maître modèle de maison (page 92) fait de mélange pour gâteau jaune

1 boîte de 450 g (16 oz) plus 250 ml (1 tasse) de glaçage à la vanille

Colorant alimentaire jaune (McCormick)

125 ml (½ tasse) de glaçage au chocolat

8 grosses gaufrettes au sucre roses (Diana Pic-nic)

32 bonbons mous miniatures aux fruits jaunes (Starburst Minis)

120 petits bonbons perlés roses (SweetWorks)

72 petits bonbons perlés vert pâle (SweetWorks)

2 bonbons jaunes en forme de cœur

12 bâtonnets de gomme à mâcher vert pâle (Doublemint)

2 suçons roses et 4 suçons vert pâle

13 bonbons plats (Necco)

28 biscuits plats à la cassonade (Lotus Biscoff)

90 biscuits miniatures à la vanille (Mini Nilla)

4 bâtonnets de guimauve torsadés de couleurs pastel (Marpoles)

16 bonbons durs jaunes en forme de banane (Runts)

15 ml (1 c. à soupe) de confettis décoratifs (Cake Mate)

6 gros bonbons gélifiés (3 blancs et 3 jaunes)

36 bonbons mous miniatures aux fruits roses (Starburst Minis)

10 amandes enrobées de chocolat

16 biscuits meringue blancs

1 Colorer 125 ml (½ tasse) du glaçage à la vanille en jaune avec le colorant alimentaire. Mettre le glaçage jaune et 125 ml (½ tasse) de glaçage à la vanille dans des sacs de type Ziploc séparés. Exprimer l'excédent d'air et sceller les sacs. Ajouter le glaçage au chocolat au reste du glaçage à la vanille pour obtenir un brun pâle; bien mélanger. Mettre 125 ml (½ tasse) du glaçage brun pâle dans un autre sac de type Ziploc. Exprimer l'excédent d'air et sceller le sac. Recouvrir le reste du glaçage de pellicule plastique pour l'empêcher de sécher.

2 Tapisser une plaque à pâtisserie de papier ciré. Transférer les parties à la plaque à pâtisserie à mesure qu'elles sont assemblées. Pour faire les fenêtres, utiliser un petit couteau dentelé pour couper 2 gaufrettes au sucre en carrés de 3,75 cm (1½ po) et 4 gaufrettes au sucre en rectangles de 3,75 × 7,5 cm (1½ × 3 po). Pour faire les portes, couper les 2 gaufrettes au sucre restantes en rectangles de 5 × 8,75 cm (2 × 3½ po) et arrondir les coins d'un côté court de chaque gaufrette au sucre.

3 Couper un petit coin (0,3 cm [⅛ po]) du sac de glaçage à la vanille. Dessiner 6 carreaux sur chacune des gaufrettes au sucre rectangulaires et 4 carreaux sur chacune des gaufrettes au sucre carrées. Fixer un bonbon mou jaune avec un pois de glaçage à la vanille pour faire les carreaux. Dessiner une ligne de glaçage à la vanille sur le bord de chaque porte en gaufrette et presser des bonbons perlés roses dans le glaçage en les rapprochant. À l'aide d'un pois de glaçage, fixer un bonbon perlé vert à chaque porte en guise de poignée et ajouter un cœur jaune près du haut de la porte.

4 Couper les bâtonnets de gomme à mâcher sur la largeur afin d'obtenir 12 morceaux de 3,75 cm (1½ po) pour faire les volets. Réserver les petits bouts de la gomme pour faire l'allée devant les portes.

5 Dessiner une spirale de glaçage sur un côté de chaque suçon.

6 Mettre le gâteau refroidi sur un plateau de service. Étaler le reste du glaçage brun pâle sur le gâteau. Lisser les côtés du gâteau le plus possible. Presser les fenêtres et portes en gaufrette dans le glaçage pour les fixer (voir les photos, page suivante). Dessiner une ligne de glaçage à la vanille sur le bord supérieur de chacune des grandes fenêtres. Fixer un bonbon plat rose près du pignon du toit sur le devant et l'arrière de la

maison pour faire de petites fenêtres. Utiliser une pince à sourcils pour fixer les bonbons perlés verts comme contour de ces fenêtres. Presser une rangée de bonbons perlés verts sur le bord supérieur de chacune des fenêtres carrées.

7 Couper un petit coin (0,3 cm [⅛ po]) du sac de glaçage brun pâle. En travaillant sur un côté du toit à la fois, presser une rangée de biscuits à la cassonade, près l'un de l'autre, côté court dirigé vers le bas, sur le bord inférieur du toit; laisser environ 1,8 cm (¾ po) dépasser du bord. Ajouter une autre rangée de biscuits en chevauchant la première rangée d'environ 2,5 cm (1 po); utiliser du glaçage brun pâle pour fixer. Ajouter 4 rangées de biscuits miniatures à la vanille, près l'un de l'autre et se chevauchant comme des écailles de poisson, pour couvrir le reste du toit du gâteau.

8 Tailler les torsades de guimauve pour les ajuster à la longueur du coin de la maison; presser dans le glaçage pour fixer.

9 Disposer 8 des bonbons en forme de banane en guise de feston sous la ligne du toit du devant de la maison. Mettre un pois de glaçage à la vanille à chaque extrémité et à l'endroit où les bonbons jaunes se rencontrent et ajouter un bonbon perlé rose. Répéter sur l'arrière de la maison en utilisant les 8 bonbons en forme de banane restants.

10 Mettre 3 pois de glaçage à la vanille, alignés verticalement, sur chaque biscuit de la rangée inférieure de bardeau en biscuits. Ajouter un bonbon perlé rose sur chaque pois. Mettre 2 pois de glaçage sur les biscuits de la rangée suivante et ajouter un bonbon perlé vert sur chaque pois.

11 Presser un volet en gomme à mâcher verte dans le glaçage de chaque côté des 6 fenêtres. Dessiner une ligne décorative de glaçage à la vanille sur le bord de chaque volet, là où il rencontre la fenêtre, pour le fixer.

12 Ramollir le glaçage jaune au four à micro-ondes pendant 3 secondes; pétrir le sac. Couper un coin de 0,6 cm (¼ po) du sac et dessiner des lignes ondulées sur le bord supérieur du toit. Utiliser une spatule coudée pour étaler le glaçage sur les 2 premières rangées de bardeaux en gardant un bord ondulé. Parsemer les confettis sur le glaçage. Insérer les 11 bonbons plats debout dans le glaçage le long du pignon du toit.

13 Couper une mince tranche du côté plat des 6 gros bonbons gélifiés; disposer. Placer les bonbons gélifiés, côté coupé vers le bas, près de la maison sur le plateau de service. Insérer le bâton d'un suçon dans chaque bonbon gélifié. Parsemer les bonbons mous roses et les amandes enrobées de chocolat autour de la maison. Disposer les biscuits meringue autour de la maison. Mettre les morceaux de gomme à mâcher réservés devant chacune des portes en gaufrettes au sucre en guise d'allée.

GÂTEAU MAISON HANTÉE

DONNE 24 PORTIONS

1 Gâteau-maître modèle de maison (page 92) fait de mélange pour gâteau au chocolat

2 boîtes de 450 g (16 oz) chacune de glaçage au chocolat

Colorant alimentaire noir (McCormick)

60 ml (¼ tasse) de glaçage à la vanille

30 ml (2 c. à soupe) de sucre décoratif jaune (Cake Mate)

11 biscuits sandwichs au chocolat à double garniture de crème (Oreo Double crème)

125 ml (½ tasse) de sucre décoratif noir (Wilton)

3 cornets gaufrés (Joy, Keebler)

2 biscuits Graham au chocolat entiers

20 petits bonbons perlés orange (SweetWorks)

750 ml (3 tasses) de bonbons Candy Corn (Jelly Belly)

250 ml (1 tasse) de chocolats ronds enrobés de bonbon noir (Sixlets)

60 ml (¼ tasse) de pastilles à fondre au chocolat foncé (Wilton)

125 ml (½ tasse) de miettes de biscuit au chocolat (environ 5 Oreo)

1 Colorer 60 ml (¼ tasse) du glaçage au chocolat en noir avec le colorant alimentaire. Mettre le glaçage noir et le glaçage blanc dans 2 sacs de type Ziploc séparés. Exprimer l'excédent d'air et sceller les sacs. Mettre 125 ml (½ tasse) du glaçage au chocolat dans un autre sac de type Ziploc. Exprimer l'excédent d'air et sceller le sac.

2 Tapisser une plaque à pâtisserie de papier ciré. Transférer les parties à la plaque à pâtisserie à mesure qu'elles sont assemblées. Pour faire les fenêtres, mettre le sucre jaune dans un bol peu profond. Enlever un côté biscuit de 4 des biscuits sandwichs au chocolat (réserver les 4 côtés de biscuit pour faire les volets). Presser le côté crème des biscuits dans le sucre jaune pour bien enrober. Pour faire le bardeau du toit, séparer les 7 biscuits sandwichs au chocolat restants. Gratter

ÉTAPE 3

pour retirer la garniture de crème ; disposer et couper les côtés de biscuit en 2 à l'aide d'un petit couteau dentelé pour faire 28 demi-cercles.

3 Mettre le sucre noir dans un bol de taille moyenne. À l'aide d'un petit couteau dentelé, tailler l'extrémité large du cornet gaufré aux côtés opposés afin de créer une ouverture permettant au cornet de se tenir sur le pignon du toit (voir la photo, ci-dessus). Étaler du glaçage au chocolat sur la longueur du cornet, en mouvements dans la même direction ; lisser. Tenir le cornet glacé au-dessus du bol et saupoudrer de sucre noir pour enrober. Recouvrir les 2 cornets restants de glaçage et les saupoudrer de sucre.

4 Pour faire les portes doubles irrégulières, utiliser un petit couteau dentelé pour couper un triangle de 2,5 cm (1 po) d'un des côtés étroits de chaque biscuit Graham. Couper un triangle de 1,8 cm (¾ po) d'un des côtés longs. Couper les biscuits Graham en 2 sur la longueur pour créer 2 portes doubles.

5 Mettre le gâteau refroidi sur un plateau de service. Étaler le reste du glaçage au chocolat sur le gâteau ; rendre les côtés du gâteau le plus lisse possible.

6 Couper un petit coin (0,3 cm [⅛ po]) de chacun des 3 sacs de glaçage. Pour faire les toiles d'araignée, dessiner plusieurs demi-cercles concentriques avec le glaçage à la vanille sur les bords du gâteau (pas sur le toit). Passer légèrement

un cure-dent dans le glaçage à la vanille en créant des lignes qui partent du centre de chaque toile.

7 Pour faire les portes, presser un ensemble de portes doubles en biscuit Graham sur le devant et l'arrière de la maison. Dessiner une ligne de glaçage noir autour du bord extérieur de chaque porte. Pour faire les poignées, mettre 2 pois de glaçage à la vanille sur chaque porte en biscuit et y fixer 2 bonbons perlés orange.

8 Presser le cornet taillé sur le centre du toit de manière à ce qu'il tienne. Presser les 2 autres cornets dans le glaçage de chaque côté du toit, en les positionnant de manière à ce qu'ils restent droits pour faire des flèches.

9 En travaillant sur un côté du toit à la fois, presser 5 demi-cercles de biscuit. Côté coupé vers le haut et rapprochés l'un de l'autre dans le glaçage du bord inférieur du toit; laisser dépasser du toit d'environ 1 cm (½ po). Au-dessus de cette rangée, ajouter une rangée de bonbons Candy Corn, couchés sur le côté et extrémité pointue vers le haut, en chevauchant légèrement les biscuits. Continuer d'ajouter des rangées de bonbons

Candy Corn, en chevauchant légèrement la rangée précédente; laisser le 2,5 cm (1 po) supérieur du toit à découvert (utiliser du glaçage au chocolat, au besoin, pour fixer les bonbons).

10 Presser une rangée de demi-cercles de biscuit, rapprochés l'un de l'autre et côté coupé vers le haut le long du haut du toit; tailler pour ajuster au besoin. Recouvrir le faîte du toit de demi-cercles de biscuit en les fixant avec du glaçage au chocolat. Utiliser une rangée de bonbons Candy Corn, extrémité pointue vers le haut, le long du faîte.

11 Fixer les petits bonbons ronds noirs autour de la base des flèches à l'aide de glaçage noir.

12 Pour les fenêtres à volets, dessiner 2 lignes croisées de glaçage noir sur chacun des biscuits trempés dans le sucre jaune pour représenter les carreaux. Couper les 4 côtés de biscuit réservés en 2 pour faire 8 demi-cercles. Mettre les pastilles à fondre dans un sac de type Ziploc; ne pas sceller le sac. Ramollir au four à micro-ondes 10 secondes, pétrir le sac, remettre au four à micro-ondes et répéter le processus jusqu'à ce que le chocolat ait une consistance onctueuse. Exprimer l'excédent d'air et sceller le sac. Couper un petit coin (0,3 cm [⅛ po]) du sac. Mettre des gouttes de chocolat fondu de chaque côté d'une fenêtre en biscuit et y fixer le côté coupé de 2 des demi-cercles de biscuit en guise de volets. Répéter avec les 3 fenêtres en biscuit et réfrigérer jusqu'à ce que le chocolat ait durci, environ 5 minutes.

13 Mettre du chocolat fondu sur le dos des fenêtres refroidies et fixer 2 fenêtres de chaque côté du toit; tenir la fenêtre en place jusqu'à ce que le chocolat ait durci, environ 1 minute.

14 Mettre une goutte de bonbon fondu sur le dessus de chaque flèche; ajouter un bonbon rond noir au sommet et un cercle de bonbons perlés orange en dessous.

15 Parsemer le plateau des miettes de biscuit au chocolat.

GÂTEAU « POP »

Surprise à l'intérieur !

DONNE 24 PORTIONS

Donnez à votre gâteau cette allure « pop » qui rappelle les bandes dessinées des années 60 ! Le motif vivement coloré en gelée fondue et l'intérieur cubiste font de ce gâteau une vraie œuvre d'art !

1 recette de Préparation pour gâteau parfait (page 289) faite de mélange pour gâteau vanille française

Colorant alimentaire jaune, rose néon, bleu néon, noir et rouge (McCormick)

1 recette de Préparation pour gâteau parfait (page 289) faite de mélange pour gâteau au chocolat

1 boîte de 450 g (16 oz) de glaçage au chocolat

1 boîte de 450 g (16 oz) de glaçage à la vanille

500 ml (2 tasses) de gelée de pommes

1 Préchauffer le four à 180 °C (350 °F) et préparer 3 moules à gâteau ronds de 20 cm (8 po) (voir Libérez-moi, page 12). Répartir la pâte à la vanille française en parts égales dans 3 bols. Colorer 1 bol jaune vif, 1 bol rose néon et 1 bol bleu néon. Brasser la pâte dans chaque bol pour bien répartir la couleur.

2 Mettre 1 couleur de pâte dans chacun des 3 moules préparés. Pousser la pâte jusqu'au bord et lisser le dessus. Cuire au four jusqu'à ce que les gâteaux soient dorés et qu'un cure-dent inséré au centre en ressorte propre, 18 à 20 minutes.

3 Transférer les gâteaux à une grille en métal et laisser refroidir 10 minutes. Renverser, retirer les moules et laisser refroidir complètement. Mettre les gâteaux au congélateur pour les refroidir, environ 30 minutes.

ÉTAPE 4

ÉTAPE 6

ÉTAPE 6

cake!

4 Tapisser une plaque à pâtisserie de papier ciré. Tailler chaque gâteau refroidi en carré en retirant les bords recourbés brunis (voir la photo, page 102). Couper les gâteaux en cubes de 2,5 cm (1 po) et transférer à la plaque à pâtisserie. Mettre les cubes de gâteau au congélateur jusqu'au moment de les utiliser.

5 Préchauffer le four à 180 °C (350 °F) et préparer un moule de 22,5 × 32,5 cm (9 × 13 po).

6 Mettre la moitié de la pâte à gâteau au chocolat dans le moule préparé. Étaler la pâte jusqu'aux bords du moule et lisser. Disposer les cubes de gâteau refroidi par-dessus en alternant les couleurs ; presser légèrement dans la pâte (voir la photo, page 102). Verser le reste de la pâte à gâteau au chocolat sur les cubes pour les recouvrir. Étaler la pâte jusqu'aux bords du moule et lisser le dessus.

7 Cuire au four jusqu'à ce qu'un cure-dent inséré au centre en ressorte propre, 35 à 45 minutes. Transférer le gâteau à une grille en métal et laisser refroidir 10 minutes. Renverser, enlever le moule et laisser refroidir complètement.

8 Tailler le dessus du gâteau pour le niveler (voir Au niveau, page 14). Déposer le gâteau, côté taillé vers le bas, sur un carton coupé à sa taille (voir À la base, page 14). Étaler une fine couche de glaçage au chocolat (voir Des miettes avec ça ?, page 16) sur les côtés du gâteau et une fine couche de glaçage à la vanille sur le dessus du

gâteau ; lisser. Mettre le gâteau au congélateur jusqu'à ce qu'il soit ferme, environ 30 minutes.

9 Colorer 190 ml (¾ tasse) de glaçage au chocolat en noir avec le colorant alimentaire noir. Mettre le glaçage noir dans un sac de type Ziploc. Exprimer l'excédent d'air et sceller le sac. Étaler le reste du glaçage à la vanille sur le dessus du gâteau refroidi et rendre le plus lisse possible. Étaler le reste du glaçage au chocolat sur les côtés du gâteau et lisser. Mettre le gâteau au congélateur jusqu'à ce qu'il soit ferme, environ 30 minutes.

10 Faire une copie du modèle sur la page ci-contre et l'agrandir à 200 %. Mettre le gâteau refroidi sur un plateau de service. À l'aide d'un cure-dent, marquer le motif du modèle dans le glaçage sur le dessus du gâteau (voir Peinture à la gelée, page 107).

11 Mettre la gelée de pommes dans 3 bols allant au four à micro-ondes, 125 ml (½ tasse) par bol. Avec le colorant alimentaire, colorer le contenu de 1 bol en rouge, 1 en jaune vif et 1 en bleu clair néon. Répartir les 125 ml (½ tasse) restants de gelée de pommes dans 2 bols allant au four à micro-ondes; laisser le contenu d'un des bols nature et colorer l'autre en jaune foncé.

12 Couper un petit coin (0,3 cm [⅛ po]) du sac de glaçage noir. En suivant les marques de cure-dent, dessiner le contour des formes sur le dessus du gâteau (les détails seront ajoutés plus tard).

13 En travaillant avec une couleur de gelée à la fois, faire fondre la gelée dans son bol au four à micro-ondes; remuer toutes les 5 secondes jusqu'à ce qu'elle ait une consistance lisse, environ 20 secondes. Si la gelée fondue comporte encore des morceaux solides, la presser à travers une passoire fine afin qu'elle ait une consistance lisse. Mettre la gelée fondue dans un sac de type Ziploc. Exprimer l'excédent d'air et sceller le sac. Couper un très petit coin (0,1 cm [1/16 po]) du sac. Exprimer doucement de la gelée fondue à l'intérieur du contour à remplir (voir les photos, page ci-contre, comme référence pour les couleurs); utiliser un cure-dent ou un petit pinceau d'artisanat pour pousser la gelée dans les petites zones. Répéter le processus avec les autres gelées. Réfrigérer le gâteau pour raffermir la gelée, environ 15 minutes.

14 Prendre le glaçage noir pour dessiner le reste des détails, points, lignes et zones solides, y compris le point d'exclamation.

1

2

3

Peinture à la gelée

Peinturer à la gelée ressemble à l'inondation avec le glaçage (voir Versage et inondation, page 41), sauf que vous utilisez de la gelée de pommes au lieu du glaçage. Lorsque la gelée colorée fige, elle procure un fini coloré qui rappelle les vitraux.

4

5

6

1 Mettre du glaçage sur le dessus du gâteau et lisser. Faire une copie du modèle et l'agrandir pour qu'il convienne à la taille du gâteau.

2 Couper le premier ensemble de formes du modèle et utiliser un cure-dent pour marquer le contour dans le glaçage. Découper le modèle en étapes successives pour révéler chaque ensemble de formes et continuer de marquer le contour des formes dans le glaçage à l'aide d'un cure-dent.

3 Couper un petit coin (0,3 cm [1/8 po]) d'un sac de type Ziploc contenant du glaçage. Dessiner un contour tout autour du gâteau pour créer une barrière pour la gelée fondue.

4 Colorer la gelée de pommes de la couleur voulue dans un petit bol allant au four à micro-ondes. Faire chauffer la gelée selon les instructions de la recette. Passer la gelée dans une passoire fine pour retirer tout morceau non fondu, au besoin.

5 Mettre la gelée fondue dans un sac de type Ziploc. Exprimer l'excédent d'air et sceller le sac. Couper un très petit coin (0,1 cm [1/16 po]) du sac. Exprimer la gelée à l'intérieur de la zone délimitée par le contour en prenant soin de ne pas trop la remplir.

6 Utiliser un cure-dent ou un petit pinceau d'artisanat pour pousser la gelée dans les petites zones du motif.

GÂTEAU FLEURS EN FOLIE

DONNE 12 PORTIONS

Ce gâteau atteint sa pleine fleuraison lorsque le sucre est écrasé dans le motif vivement coloré.

1 recette de Préparation pour gâteau parfait (page 289) faite de mélange pour gâteau jaune, cuit dans un moule de 22,5 × 32,5 cm (9 × 13 po) de 25 à 30 minutes

1 boîte de 450 g (16 oz) plus 250 ml (1 tasse) de glaçage à la vanille

Colorant alimentaire rouge, jaune et vert (McCormick)

500 ml (2 tasses) de sucre décoratif blanc à gros cristaux (Wilton)

33 à 36 petits bonbons perlés verts (SweetWorks)

1 Tailler le dessus du gâteau pour le niveler (voir Au niveau, page 14). Couper le gâteau en 2 sur la largeur pour obtenir 2 petits gâteaux rectangulaires. Mettre 1 gâteau sur un carton coupé à sa taille, côté taillé vers le haut. Étaler du glaçage à la vanille sur le dessus du gâteau. Mettre l'autre gâteau par-dessus, côté taillé vers le bas; presser dans le glaçage. Étaler une fine couche de glaçage sur le gâteau en remplissant toute fissure, et lisser (voir Des miettes avec ça?, page 16). Mettre le gâteau au congélateur jusqu'à ce qu'il soit ferme, environ 30 minutes.

2 Répartir le reste du glaçage à la vanille en parts égales entre 4 bols. Colorer le glaçage de chaque bol d'une couleur différente à l'aide du colorant alimentaire : rose (avec le rouge), orange (avec le jaune et le rouge), jaune, et vert vif (avec le jaune et le vert). Mettre chaque couleur dans un sac de type Ziploc. Exprimer l'excédent d'air et sceller les sacs.

3 Tapisser une plaque à pâtisserie de papier ciré. Mettre le sucre décoratif dans un grand bol. Mettre le gâteau refroidi sur la plaque à pâtisserie. Faire une copie du modèle (page 39) et l'agrandir à 200 %. À l'aide d'un cure-dent, suivre le modèle pour marquer les formes de fleurs qui se chevauchent dans le glaçage sur l'ensemble du gâteau. Couper un petit coin (0,3 cm [⅛ po]) de chacun des 4 sacs de glaçage coloré. En travaillant sur un côté du gâteau à la fois, dessiner le contour de chaque fleur avec la couleur de glaçage désirée, rose, jaune ou orange. Remplir les contours de glaçage. Remplir les zones vides de glaçage vert.

4 Presser délicatement des poignées de sucre sur le côté glacé du gâteau pour le recouvrir (voir Sucre écrasé, page 37). Utiliser un pinceau pour retirer tout excédent de sucre du gâteau. Dessiner les motifs sur un autre côté du gâteau, remplir les contours et presser le sucre. Continuer jusqu'à ce que les 4 côtés et le dessus du gâteau soient complètement recouverts.

5 À l'aide d'une spatule coudée, presser délicatement le sucre dans le glaçage pour le rendre lisse. Transférer le gâteau à un plateau de service.

6 Mettre 3 bonbons perlés verts dans le centre de chacune des fleurs sucrées. Déposer 3 gouttes de glaçage vert près des bonbons; tirer le sac de glaçage vers le haut en l'éloignant pour créer un point minuscule.

GÂTEAU GRILLE-PAIN

DONNE 12 PORTIONS

Vous ne croirez pas à quel point il est facile de transformer un gâteau simple en électroménager rétro. L'apparence rétro est créée grâce au glaçage versé pour l'émail rouge et aux biscuits au chocolat pour les poignées en bakélite.

1 recette de Préparation pour gâteau parfait (page 289) faite de mélange pour gâteau jaune, cuit dans un moule de 22,5 × 32,5 cm (9 × 13 po) de 25 à 30 minutes

3 beignes nature (Entenmann's)

2 boîtes de 450 g (16 oz) chacune de glaçage à la vanille

125 ml (½ tasse) de glaçage au chocolat

Colorant alimentaire rouge en pâte (Wilton)

4 biscuits à la menthe enrobés de chocolat (Keebler Grasshopper)

2 lacets de réglisse noire

5 gros bonbons gélifiés noirs

2 rectangles de gomme à mâcher à la menthe (Chiclets, Orbit White)

1 bonbon gélifié à la réglisse noire (Crows)

1 petit bonbon perlé rouge (SweetWorks)

1 tube de 128 g (4,5 oz) de glaçage décoratif noir (Cake Mate)

1 bonbon plat blanc (Necco)

9 bâtonnets de biscuit enrobés de fondant au chocolat (Keebler Fudge Sticks)

2 bâtonnets de bretzel minces (Bachman)

2,5 ml (½ c. à thé) de sucre décoratif vert (Cake Mate)

1 bâtonnet de gomme à mâcher blanche (Extra)

1 Pour faire les bagels, préchauffer le gril. Couper les beignes en 2 à l'horizontale. Mettre les morceaux, côté coupé vers le haut, sur une plaque à pâtisserie. Faire griller les beignes sous le gril jusqu'à ce que les bords soient légèrement dorés.

2 Mettre le gâteau sur un plan de travail, dessous vers le haut, et couper en 2 sur la largeur pour obtenir 2 gâteaux rectangulaires plus petits. Étaler du glaçage à la vanille sur le bas d'un gâteau et placer l'autre gâteau par-dessus, dessous vers le bas et côtés coupés adjacents l'un à l'autre, en pressant dans le glaçage. Mettre le gâteau, côté coupé vers le bas, sur un carton coupé à sa taille (voir À la base, page 14). Utiliser un couteau dentelé pour arrondir les coins du dessus du gâteau. Étaler une fine couche de glaçage (voir Des miettes avec ça ?, page 16) sur le dessus en prenant soin de remplir toute fissure ; lisser. Mettre le gâteau au congélateur jusqu'à ce qu'il soit ferme, environ 30 minutes.

3 Mettre le glaçage au chocolat dans un sac de type Ziploc. Exprimer l'excédent d'air et sceller le sac. Mettre 80 ml (⅓ tasse) de glaçage à la vanille dans un petit plat et recouvrir de pellicule plastique. Mettre le reste du glaçage à la vanille dans une tasse à mesurer en verre et colorer en rouge avec le colorant alimentaire en pâte. Recouvrir de pellicule plastique pour empêcher de sécher.

4 Tapisser une plaque à pâtisserie de papier ciré. Transférer les parties au papier ciré à mesure qu'elles sont assemblées. Pour faire les poignées, couper 1 cm (½ po) d'un bord de chacun des 4 biscuits menthe et chocolat. Couper un petit coin (0,3 cm [⅛ po]) du sac de glaçage au chocolat. Mettre une goutte de glaçage sur le côté plat d'un biscuit et presser un autre biscuit par-dessus, côtés plats ensemble et bords coupés alignés. Répéter avec les 2 biscuits restants.

5 Pour faire le cordon électrique, entortiller les 2 lacets de réglisse pour faire un fil double. Insérer une extrémité des lacets dans le bout rond d'un bonbon gélifié noir. À l'aide d'un petit couteau, couper 2 fentes parallèles dans le côté plat du bonbon gélifié. Insérer le petit bout d'un rectangle de gomme blanche dans chaque fente.

6 Pour faire le cadran de contrôle, couper une tranche de 0,3 cm (⅛ po) du bout plat du bonbon gélifié à la réglisse noire. Presser le bonbon

perlé rouge dans le côté coupé de la tranche pour faire le bouton. Dessiner des lignes de glaçage décoratif noir sur le bonbon plat blanc et fixer le bonbon gélifié à la réglisse noire en guise de cadran.

7 Tapisser une plaque à pâtisserie de papier ciré et y poser une grille en métal. Mettre le gâteau refroidi sur la grille en métal. Réchauffer le glaçage rouge dans la tasse à mesurer en verre au four à micro-ondes, en remuant toutes les 5 secondes, jusqu'à l'obtention d'une texture de crème légèrement fouettée, soit environ 25 secondes. Verser le glaçage fondu sur le gâteau pour le recouvrir complètement ; laisser l'excédent s'égoutter sur la plaque à pâtisserie. Mettre le gâteau au réfrigérateur pour raffermir le glaçage, environ 30 minutes.

8 Utiliser une grande spatule pour transférer le gâteau à un plateau de service. Pour faire les fentes du grille-pain, utiliser un cure-dent pour marquer 2 rectangles de 1,8 × 10 cm (¾ × 4 po), l'un à côté de l'autre sur le dessus du gâteau. Utiliser un petit couteau pour retirer environ 2,5 cm (1 po) sur la longueur de chaque rectangle.

9 Dessiner une ligne de glaçage au chocolat le long de la base du gâteau. Presser les bâtonnets de biscuit au chocolat dans le glaçage ; tailler au besoin.

10 En commençant environ au milieu de la hauteur du gâteau à partir de la base, dessiner une ligne verticale de 5 cm (2 po) sur les 2 côtés courts du gâteau. Presser le bout coupé des biscuits menthe et chocolat dans le gâteau, sur la largeur, pour former les poignées. Insérer un bâtonnet de bretzel mince sous les biscuits en guise de support.

11 Presser les bonbons gélifiés à la réglisse noire sur un côté long du gâteau pour faire le bouton et le cadran. Insérer le bout réglisse du cordon électrique près du bas d'une extrémité du gâteau. Pour faire les bagels grillés, mettre un point de glaçage au chocolat sur un bord de 2 des tranches de beigne. Insérer le côté glacé dans les fentes du grille-pain de manière à ce que les tranches tiennent debout.

12 Parsemer le sucre décoratif vert sur le glaçage à la vanille réservé dans le petit plat pour représenter le fromage à la crème.

13 Pour faire le couteau, couper le bâtonnet de gomme en forme d'arachide longue. Tailler 0,3 cm (⅛ po) de chaque côté plat des 4 bonbons gélifiés noirs ; disposer des retailles. Presser les côtés coupés ensemble pour faire 2 boules. Tailler un côté arrondi de chaque boule et presser les côtés coupés ensemble pour faire la poignée. À l'aide d'un petit couteau, faire une fente dans une extrémité arrondie de la poignée et y insérer le bâtonnet de gomme à mâcher en guise de lame. Servir accompagné des 4 tranches de beigne grillées restantes.

GÂTEAU PRINCESSE AU PETIT POIS

Surprise à l'intérieur!

DONNE 24 PORTIONS

Mettez votre princesse intérieure au défi avec un lit fait de sept matelas en gâteau et un petit pois en bonbon. Les draps peinturés à la vodka et la couette moelleuse en caramel cachent une surprise à l'intérieur : chaque couche de matelas est teinte d'une couleur assortie à son drap.

2 recettes de Préparation pour gâteau parfait (page 289) faites de mélange pour gâteau vanille française

Colorant alimentaire jaune, rouge, bleu néon et vert (McCormick)

3 boîtes de 450 g (16 oz) chacune de glaçage à la vanille

125 ml (½ tasse) de pastilles à fondre blanches (Wilton)

14 biscuits sandwichs à la vanille remplis de crème (Oreo Dorés)

2 bâtonnets de 23,75 cm (9½ po) de pain nature (Stella D'oro)

2 grosses boules de gomme vertes (SweetWorks)

1 biscuit Graham entier

15 ml (1 c. à soupe) de sucre décoratif jaune (Cake Mate)

20 caramels mous (Kraft)

45 ml (3 c. à soupe) de vodka, ou d'extrait d'orange ou de citron (McCormick)

1 bonbon rond dur vert (Runts) plus (facultatif) 70 bonbons ronds verts durs pour accompagner (SweetWorks)

2 guimauves

Crème fouettée pour accompagner (facultatif)

1 Préchauffer le four à 180 °C (350 °F) et préparer 4 moules de 22,5 × 32,5 cm (9 × 13 po) (voir Libérez-moi, page 12). Répartir la pâte en parts égales dans 4 bols. Colorer le contenu de chaque bol d'une couleur différente à l'aide des colorants alimentaires : orange (avec le rouge et le jaune), jaune, bleu néon et vert lime (avec le jaune et le vert). Brasser la pâte dans chaque bol pour bien mélanger les couleurs.

2 Mettre chaque couleur de pâte dans l'un des moules préparés. Étaler la pâte jusqu'au bord du moule et lisser le dessus. Cuire au four jusqu'à ce que le dessus des gâteaux soit doré et qu'un cure-dent inséré au centre en ressorte propre, de 15 à 17 minutes. Mettre les gâteaux sur une grille en métal et laisser refroidir 10 minutes. Renverser, retirer les moules et laisser refroidir complètement.

3 Mettre 250 ml (1 tasse) de glaçage à la vanille dans un sac de type Ziploc et 125 ml (½ tasse) de glaçage dans un autre sac de type Ziploc. Exprimer l'excédent d'air et sceller les sacs.

4 Tapisser plusieurs plaques à pâtisserie de papier ciré. Tailler le dessus de chaque gâteau pour l'égaliser (voir Égaliser, page 14). Couper chaque gâteau en 2 sur la largeur pour obtenir 8 gâteaux rectangulaires de 22,5 × 16,5 cm (9 × 6½ po). Étaler une fine couche de glaçage (voir Des miettes avec ça?, page 16) sur les gâteaux en prenant soin de remplir toute fissure; lisser. Mettre les gâteaux sur les plaques à pâtisserie préparées et mettre au congélateur pour raffermir, environ 30 minutes.

5 Étaler le reste du glaçage à la vanille sur les gâteaux refroidis et lisser. Remettre les gâteaux au congélateur pour refroidir le glaçage, environ 30 minutes.

6 Transférer les parties au papier ciré à mesure qu'elles sont assemblées. Mettre les pastilles à fondre blanches dans un sac de type Ziploc; ne pas sceller le sac. Ramollir au four à micro-ondes 10 secondes. Masser le chocolat dans le sac, remettre au four à micro-ondes et répéter le processus jusqu'à ce que les pastilles soient fondues et de consistance onctueuse. Exprimer l'excédent d'air et sceller le sac.

7 Pour faire les supports du matelas, mettre 7 biscuits sandwichs à la vanille sur l'une des plaques à pâtisserie. Couper un petit coin 0,3 cm (⅛ po) du sac de chocolat fondu et en mettre un peu sur chaque biscuit. Mettre un deuxième biscuit directement sur chaque biscuit en pressant pour faire coller afin de créer 7 supports.

8 Pour les poteaux de lit, utiliser un petit couteau dentelé pour retirer une extrémité arrondie de chaque bâtonnet de pain. Mettre une petite quantité de chocolat fondu sur l'extrémité taillée et y fixer une boule de gomme verte. Mettre au réfrigérateur jusqu'à ce qu'elle soit figée, environ 5 minutes.

9 Pour la tête de lit, mettre le biscuit Graham sur un plan de travail. À l'aide d'un petit couteau dentelé, couper un demi-cercle de 12,5 cm (5 po) de largeur à partir du biscuit Graham. Étaler du chocolat fondu sur un côté du biscuit Graham et saupoudrer du sucre décoratif jaune pour le recouvrir. Réfrigérer jusqu'à ce qu'il soit ferme, environ 5 minutes.

10 Pour faire la couette, ramollir les caramels au four à micro-ondes de 3 à 4 secondes. Presser les caramels ensemble et rouler sur un morceau de papier ciré pour former un carré de 20 cm (8 po). Utiliser un petit couteau ou des ciseaux pour faire un bord ondulé tout autour du carré en caramel.

11 Retirer un des gâteaux jaunes du congélateur. Couper le gâteau en 2 rectangles de 5 × 6 cm (2 × 2½ po) pour faire les oreillers et 6 carrés de 3,75 cm (1½ po). Disposer des retailles. Remettre les morceaux au congélateur.

12 Retirer 2 gâteaux orange du congélateur. Mettre 1 gâteau sur un carton coupé à sa taille. Mettre 10 ml (2 c. à thé) de vodka dans un petit bol et le colorer en orange à l'aide des colorants alimentaires jaune et rouge. Utiliser un petit pinceau à pâtisserie pour peinturer les côtés des 2 gâteaux en dépassant un peu sur le dessus (voir Peinture de saveurs, page 45). Couper un coin de 0,6 cm (¼ po) du sac contenant 250 ml (1 tasse) de glaçage à la vanille. Dessiner une ligne de glaçage sur chaque côté long du gâteau, à environ 3,75 cm (1½ po) du bord. Remettre les 2 gâteaux au congélateur. Répéter le processus avec 30 ml (6 c. à thé) de vodka, les colorants alimentaires et les 5 gâteaux restants; faire des couleurs assorties, dessiner les lignes de glaçage sur le dessus et remettre les gâteaux au congélateur.

13 Disposer les 7 supports de matelas en biscuit sur un plateau de service; mettre 1 pile à chaque coin du lit et 3 piles au centre. Mettre une goutte de glaçage à la vanille sur chaque pile. À l'aide d'une grande spatule, transférer le gâteau orange du carton et le déposer sur les supports en biscuit. Ajuster les piles de biscuit au besoin pour supporter le gâteau. Mettre 1 bonbon vert rond sur le bord d'un des côtés longs du gâteau pour représenter le petit pois dans le matelas.

14 Transférer un gâteau bleu directement par-dessus le gâteau orange; s'assurer que le bonbon vert reste exposé. Transférer un gâteau orange sur le gâteau bleu. Répéter le processus avec les gâteaux vert, jaune, bleu et vert restants (voir la photo, page ci-contre).

15 Insérer une paille à travers chaque coin de la pile de gâteaux pour un support supplémentaire; couper les pailles près du le gâteau. Déposer une cuillérée de glaçage à la vanille sur

les 2 oreillers en gâteau ; lisser. Placer les oreillers, côte à côte, à l'une des extrémités courtes du gâteau. Poser les 6 carrés de gâteau de 3,75 cm (1½ po) sur l'étage supérieur de gâteau vert à des intervalles d'environ 1 cm (½ po).

16 Pour faire les motifs sur les draps, couper un très petit coin 0,1 cm (1⁄16 po) du sac de 125 ml (½ tasse) de glaçage à la vanille. Dessiner des pois, des lignes ou des X sur les côtés des étages de gâteau. Mettre la tête de lit en biscuit Graham derrière les oreillers, côté sucré face au lit ; fixer avec une ligne de glaçage à la vanille. Dessiner une ligne de glaçage à la vanille sur le dessus de la tête de lit et ajouter une rangée de bonbons perlés orange. Dessiner une frange décorative sur le côté extérieur de chaque oreiller.

17 Pour faire la couette, couper les guimauves en 2 sur la longueur. Disposer les morceaux en les espaçant régulièrement, en rangée sur un côté du carré de caramel à environ 5 cm (2 po) du bord. Pour faire le rabat, replier ce bord du caramel sur les guimauves pour les recouvrir. Placer le duvet en caramel sur le gâteau, côté guimauve contre le bord des oreillers, et presser doucement le caramel pour le mouler aux 6 carrés de gâteau.

18 Mettre les 5 ml (1 c. à thé) de vodka restants dans un petit bol et la colorer orange à l'aide des colorants alimentaires rouge et jaune. Badigeonner légèrement le dessus du caramel avec la peinture de vodka orange pour lui donner une teinte orangée. Lorsque la peinture est sèche, dessiner une bordure décorative le long du bord du rabat et dessiner des rangées pointillées pour faire les coutures autour des carrés de gâteau. Dessiner plusieurs petites lignes à partir du point où les rangées de coutures se croisent et ajouter un bonbon perlé orange au centre de chacune.

19 Pour faire les poteaux de lit, mettre du glaçage à la vanille sur un côté de la moitié inférieure de chaque bâtonnet de pain et presser dans le gâteau de chaque côté de la tête de lit.

20 Au goût, ajouter une cuillérée de crème fouettée et plusieurs bonbons perlés verts à chaque assiette lors du service.

GÂTEAU TONDEUSE *CLIPPER*

DONNE 12 PORTIONS

Lorsque c'est la fête de papa, rappelez-lui à quel point vous avez besoin de lui... pour tondre le gazon ! Notre modèle Clipper *est enrobé de sucre rouge et est garni de beignes au chocolat et d'une poignée en bâtonnets de pain pour aider à la propulser dans le gazon en noix de coco le plus épais qui soit.*

1 recette de Préparation pour gâteau parfait (page 289) faite de mélange pour gâteau jaune, cuit dans un moule de 22,5 × 32,5 cm (9 × 13 po) de 25 à 30 minutes

1 boîte de 450 g (16 oz) de glaçage à la vanille

Colorant alimentaire rouge, noir, vert et jaune (McCormick)

250 ml (1 tasse) de glaçage au chocolat

500 ml (2 tasses) de noix de coco sucrée en flocons

12 biscuits sandwichs au chocolat à double garniture de crème (Oreo Double crème)

60 ml (¼ tasse) de grains de chocolat blanc

4 bâtonnets de 23,75 cm (9½ po) de pain nature (Stella D'oro)

2 bâtonnets de bretzel minces (Bachman)

1 gros bonbon gélifié noir

1 biscuit Graham au chocolat entier

5 beignes enrobés de chocolat (Entenmann's)

375 ml (1½ tasse) de sucre décoratif rouge (Cake Mate)

1 bombe de 45 g (1½ oz) de colorant alimentaire en aérosol argenté

1 Tapisser une plaque à pâtisserie de papier ciré. Tailler le dessus du gâteau pour l'égaliser (voir Au niveau, page 14). Mettre le gâteau, dessous vers le haut, sur un plan de travail. Couper un morceau de gâteau de 10 cm (4 po) à partir d'un des côtés courts du gâteau. Couper ce morceau en 2 carrés de 10 cm (4 po). Pour faire les insertions pour les

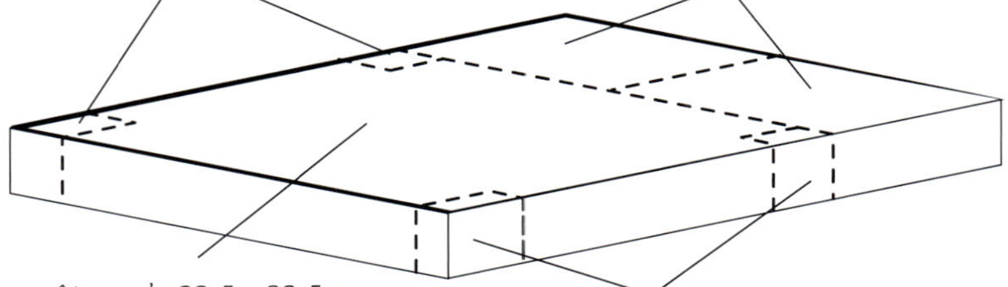

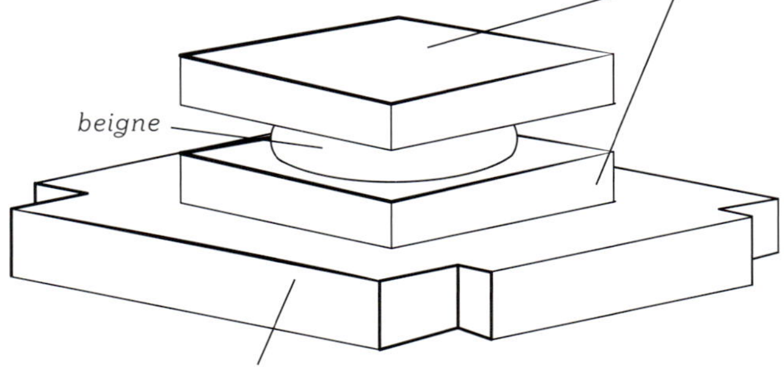

roues, retirer un morceau de 1,8 × 5 cm (¾ × 2 po) de chaque coin du gâteau carré de 22,5 cm (9 po); disposer de ces retailles. Ces ouvertures doivent être orientées dans la même direction sur le gâteau (voir l'illustration). Mettre les 3 morceaux de gâteau taillés sur des cartons coupés à leur taille (voir À la base, page 14) et transférer à la plaque à pâtisserie. Mettre les gâteaux au congélateur 30 minutes pour les refroidir.

2 Mettre 45 ml (3 c. à soupe) de glaçage à la vanille dans un sac de type Ziploc. Exprimer l'excédent d'air et sceller le sac. Colorer le reste du glaçage à la vanille en rouge à l'aide du colorant alimentaire (ne pas s'inquiéter si le rouge n'est pas très rouge, car le sucre décoratif intensifiera la couleur). Recouvrir le glaçage de pellicule plastique jusqu'au moment de l'utilisation. Colorer le glaçage au chocolat en noir à l'aide du colorant alimentaire. Mettre 60 ml (¼ tasse) de glaçage noir dans un sac de type Ziploc. Exprimer l'excédent d'air et sceller le sac.

CLIPPER

3 Mettre la noix de coco, 5 ml (1 c. à thé) d'eau tiède et quelques gouttes de colorant alimentaire vert et jaune dans un sac de type Ziploc. Sceller le sac et secouer vigoureusement jusqu'à ce que la noix de coco soit uniformément colorée d'un vert gazon.

4 À l'aide d'un couteau dentelé, couper 1 biscuit sandwich au chocolat en 2 pour faire la poignée du lance moteur; disposer d'une moitié. Retirer un côté biscuit de chacun des 4 biscuits sandwichs restants; réserver les côtés avec crème pour faire les couverts de roue et les côtés biscuits pour faire le bouchon du réservoir à essence.

5 Tapisser une plaque à pâtisserie de papier ciré. Mettre les grains de chocolat blanc dans un sac de type Ziploc; ne pas sceller le sac. Ramollir au four à micro-ondes pendant 10 secondes. Masser les grains dans le sac, remettre au four à micro-ondes et répéter le processus jusqu'à ce que le chocolat blanc soit fondu et de consistance lisse. Exprimer l'excédent d'air et sceller le sac.

6 Pour faire la poignée de la tondeuse, couper un petit coin (0,3 cm [⅛ po]) du sac de chocolat blanc fondu. Mettre 2 bâtonnets de pain sur la plaque à pâtisserie en parallèle et séparés par moins que la longueur d'un bâtonnet de pain. Mettre du chocolat fondu près du côté supérieur de chaque bâtonnet de pain. Disposer un autre bâtonnet de pain par-dessus en travers en pressant les extrémités dans le chocolat fondu. Couper le bâtonnet de pain restant en 2 morceaux de 8,75 cm (3½ po); mettre de côté pour faire les supports de poignée. Pour faire la poignée du lance moteur, mettre la moitié de biscuit sandwich sur la plaque à pâtisserie. Y déposer du chocolat fondu et mettre l'extrémité d'un bâtonnet de bretzel dans le chocolat pour l'enrober; laisser le bretzel dépasser le bord arrondi. Pour faire le bouchon du réservoir à essence, mettre une goutte de chocolat fondu sur un côté de 1 des 4 biscuits sandwichs entiers et mettre un autre côté de biscuit par-dessus. Répéter le processus afin d'obtenir une pile de 4 côtés de biscuit. Réfrigérer jusqu'à ce que le chocolat soit ferme, environ 5 minutes.

ÉTAPE 6

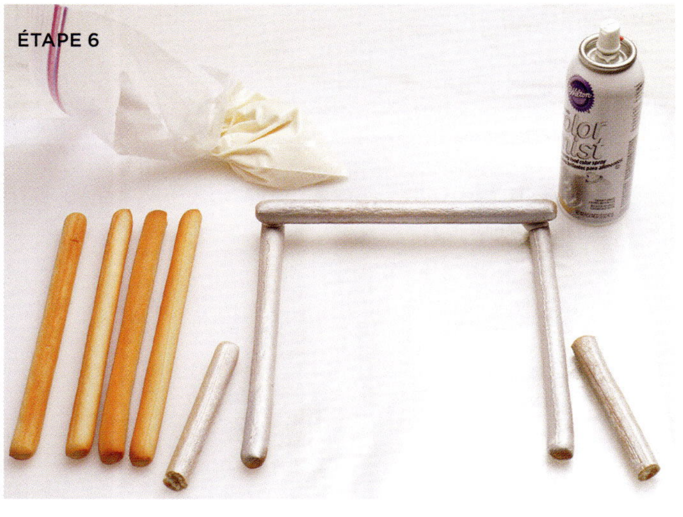

7 Presser le bout d'un bâtonnet de bretzel dans le côté plat du bonbon gélifié noir.

8 Pour faire la plaque du nom, mettre le biscuit Graham sur un plan de travail et y couper un morceau d'une largeur de 2,5 cm (1 po), sur la largeur, à l'aide d'un couteau dentelé. Couper un petit coin 0,3 cm (⅛ po) du sac de glaçage à la vanille et tracer le mot *Clipper* sur le petit morceau de biscuit Graham. Pour faire la chute à gazon, couper un triangle de 1 cm (½ po) de chaque côté long du morceau restant de biscuit Graham.

9 Étaler le glaçage noir sur l'un des petits carrés de gâteau; lisser. Mettre un beigne enrobé de chocolat, côté plat au centre du gâteau. Insérer le bout en bretzel du bonbon gélifié dans le côté du gâteau. Remettre le gâteau au congélateur.

10 Disposer les 7 biscuits sandwichs sur un plateau de service, 1 pour supporter chaque coin encavé du gros gâteau et 3 au centre en guise de support.

11 Mettre le sucre rouge dans un grand bol. Étaler du glaçage rouge sur le grand gâteau

refroidi; lisser. Presser délicatement des poignées de sucre sur les côtés et le dessus du gâteau afin de le recouvrir complètement. À l'aide d'un pinceau à pâtisserie, retirer tout sucre excédentaire du dessus du gâteau. Transférer le gâteau garni de sucre sur le carton au-dessus des supports en biscuit sur le plateau de service. Insérer 4 pailles dans un carré de 7,5 cm (3 po) au centre du gâteau garni de sucre pour supporter les 2 autres petits gâteaux. Couper les pailles près du dessus du gâteau. Étaler le reste du glaçage rouge sur le petit gâteau restant; lisser. Répéter le processus d'application de sucre rouge. Pour faire la poignée du lance moteur, insérer le bout avec bretzel de la moitié de biscuit sandwich dans un côté du petit gâteau garni de sucre, côté avec bretzel vers le bas. Remettre le gâteau au congélateur.

12 Pour faire les enjoliveurs, couper un petit coin (0,3 cm [⅛ po]) du sac de glaçage noir. Mettre un peu de glaçage noir sur le côté biscuit des 4 moitiés de biscuit sandwich réservées. Presser 1 biscuit sur le côté lisse de chacun des 4 beignes enrobés de chocolat restants de manière à recouvrir le trou. Réfrigérer environ 10 minutes.

13 Pour faire la poignée de la tondeuse, vaporiser les bâtonnets de pain avec le colorant alimentaire argenté; bien recouvrir tous les côtés.

14 Étaler du glaçage noir sur les 4 indentations pour les roues et y presser les roues en beigne refroidies, côté crème vers l'extérieur.

15 Utiliser une spatule pour transférer le petit gâteau glacé en noir, bonbon gélifié sur le côté, au centre du grand gâteau rouge en le posant sur les supports en paille. Mettre le petit gâteau rouge garni de sucre, lance moteur en biscuit vers l'arrière, sur le beigne. Pour faire le bouchon du réservoir à essence, mettre la pile de 4 biscuits sur le petit gâteau rouge garni de sucre; appuyer légèrement pour fixer.

16 À l'aide d'un cure-dent, faire 2 trous en les espaçant de la largeur de la poignée de la tondeuse près du côté arrière du dessus du grand gâteau rouge. Insérer délicatement en angle les extrémités de la poignée assemblée. Supporter chaque côté de la poignée (avec une boîte de conserve ou autre boîte) et mettre une goutte de chocolat blanc fondu sur l'extrémité coupée d'un des morceaux de bâtonnet de pain de 8,75 cm (3½ po) réservés. Mettre le bâtonnet sous la poignée pour la supporter, goutte de chocolat contre la poignée (voir la photo). Mettre une goutte de chocolat sur la base de bâtonnet de pain pour une plus grande stabilité. Répéter de l'autre côté avec le bâtonnet de pain de 8,75 cm (3½ po) restant. Laisser les supports durcir avant de retirer la boîte de conserve ou la boîte.

17 Faire un petit tas de noix de coco verte d'un côté de la tondeuse sur le plateau. Presser l'extrémité étroite de la chute à gazon dans le même côté du gâteau en utilisant le tas comme support. Parsemer le plateau de la noix de coco restante; en mettre un peu sous la tondeuse. Fixer la plaque de nom sur le devant de la tondeuse à l'aide du glaçage à la vanille.

LUCKY
777

GÂTEAU MACHINE À SOUS

DONNE 24 PORTIONS

Une machine à sous « chaude » est payante à tout coup ; la nôtre est payante à chaque bouchée ! Elle est formée d'étages de gâteau recouverts de sucre scintillant et de bonbons gélifiés roulés. Ce bandit manchot crache le gros lot chaque fois.

2 recettes de Préparation pour gâteau parfait (page 289) faites de mélange pour gâteau jaune, cuites dans 2 moules de 22,5 × 32,5 cm (9 × 13 po) de 25 à 30 minutes

3 boîtes de 450 g (16 oz) chacune plus 250 ml (1 tasse) de glaçage à la vanille

Colorant alimentaire noir (McCormick)

1 bâtonnet de 23,75 cm (9½ po) de pain nature (Stella D'oro)

1 bombe de 45 g (1½ oz) de colorant alimentaire en aérosol argenté

2 biscuits Graham entiers

125 ml (½ tasse) de pastilles à fondre blanches (Wilton)

4 bâtonnets de bretzel minces (Bachman)

2 grosses boules de gomme rouges (SweetWorks)

125 ml (½ tasse) de sucre décoratif jaune (Cake Mate)

310 ml (1¼ tasse) de sucre décoratif rouge (Cake Mate)

3 sacs de 270 g (9 oz) de tranches de fruits en gelée ou 60 bonbons gélifiés rouges

Bonbons gélifiés : 18 jaunes, 12 blancs, 6 violets

125 ml (½ tasse) de sucre granulé

60 ml (¼ tasse) chacun de petits bonbons perlés rouges et jaunes (SweetWorks)

3 bonbons plats acidulés vert pâle (Spree)

Pièces de monnaie en chocolat recouvert de papier métallisé (voir Adresses utiles, page 296)

1 Tailler le dessus des gâteaux pour les niveler (voir Au niveau, page 14). Couper chaque étage

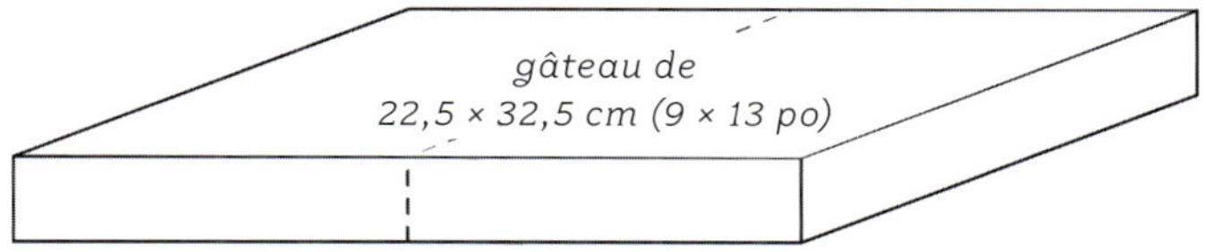

ÉTAPE 1

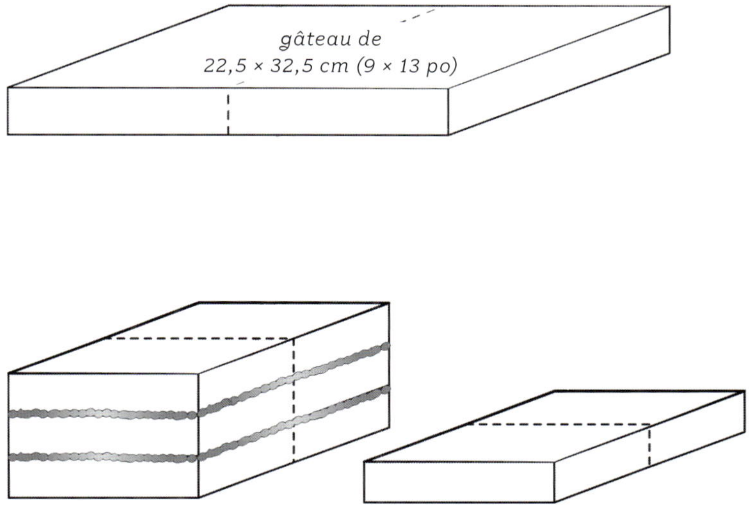

ÉTAPE 2

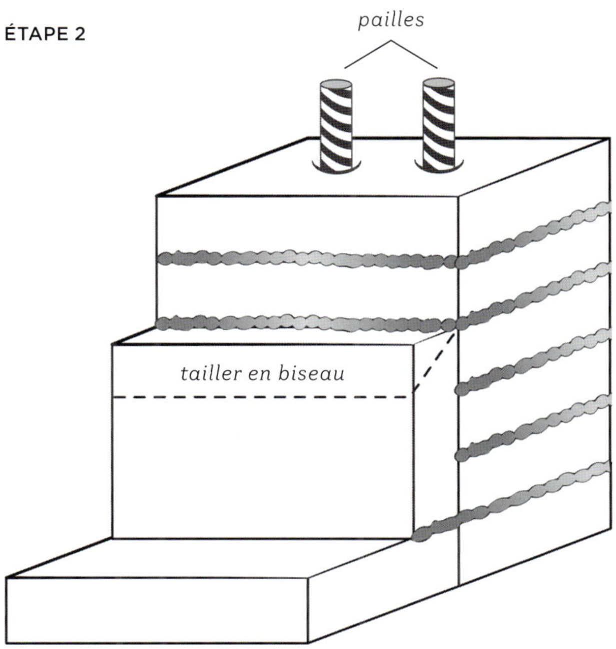

ÉTAPE 3

en 2 sur la largeur pour obtenir 4 gâteaux de 16,25 × 22,5 cm (6½ × 9 po).

2 Tapisser une plaque à pâtisserie de papier ciré. Mettre 1 morceau de gâteau, côté taillé vers le haut, sur un plan de travail. Étaler 125 ml (½ tasse) de glaçage à la vanille sur le dessus du gâteau. Placer un autre morceau de gâteau par-dessus, côté taillé vers le bas, et presser dans le glaçage. Étaler 125 ml (½ tasse) de glaçage à la vanille sur le dessus de la pile. Mettre un autre morceau de gâteau par-dessus, côté taillé vers le bas, pour obtenir un gâteau à 3 étages. Transférer tous les gâteaux au congélateur pour les refroidir, environ 30 minutes.

3 Couper le gâteau à 3 étages en 2 sur la largeur pour obtenir 2 gâteaux étagés de 11 × 16,25 cm (4½ × 6½ po). Étaler 80 ml (⅓ tasse) de glaçage à la vanille sur le dessus d'un des gâteaux étagés. Déposer l'autre gâteau étagé par-dessus pour obtenir un gâteau à 6 étages. Couper le gâteau refroidi de 16,25 × 22,5 cm (6½ × 9 po) restant en 2 sur la largeur. Aligner le côté long d'un des gâteaux avec le côté long du gâteau à 6 étages, dessous vers le haut (pour former le devant). Placer le morceau restant en le déposant sur son côté long sur le morceau du devant, reposant contre le gâteau à 6 étages ; utiliser du glaçage pour le fixer. Utiliser un petit couteau dentelé pour couper en biseau le bord supérieur (voir l'illustration, page précédente). Mettre le gâteau assemblé sur un carton coupé à sa taille. Insérer 2 pailles à travers la pile de 6 gâteaux, à environ 5 cm (2 po) d'intervalle pour un support supplémentaire ; couper les pailles près du gâteau. Étaler une fine couche de glaçage sur le gâteau en prenant soin de remplir toute fissure ; lisser. Mettre le gâteau au congélateur pour le refroidir, environ 30 minutes.

4 Mettre 125 ml (½ tasse) du glaçage à la vanille restant dans un sac de type Ziploc. Exprimer l'excédent d'air et sceller le sac. Colorer le reste du glaçage à la vanille en gris avec 1 goutte ou 2 du colorant alimentaire noir.

5 Tapisser une plaque à pâtisserie de papier ciré. Transférer les parties au papier ciré à mesure qu'elles sont assemblées. Pour faire la poignée, couper le bâtonnet de pain pour obtenir une longueur de 11 cm (4½ po). Mettre le bâtonnet de pain sur une feuille de papier ciré et vaporiser de colorant alimentaire argenté en prenant soin de recouvrir tous les côtés ; laisser sécher.

6 Placer les biscuits Graham sur un plan de travail. Utiliser un petit couteau dentelé pour couper un demi-cercle de 12,5 cm (5 po) de largeur à partir de chaque biscuit Graham.

7 Mettre les pastilles à fondre dans un sac de type Ziploc ; ne pas sceller le sac. Faire chauffer les pastilles au four à micro-ondes en pétrissant le sac toutes les 10 secondes, jusqu'à ce que le chocolat soit fondu et de consistance onctueuse. Couper un petit coin de 0,3 cm (⅛ po) du sac. Dessiner 4 lignes de chocolat fondu à intervalles réguliers sur 1 des demi-cercles de biscuit Graham, perpendiculaires au bord droit. Mettre les 4 bâtonnets de bretzel sur le demi-cercle, perpendiculaires au bord droit ; presser dans le chocolat fondu en laissant dépasser d'environ 5 cm (2 po). Mettre l'autre demi-cercle sur les bretzels en l'alignant sur le demi-cercle du bas ; presser dans le chocolat fondu pour fixer. Mettre une goutte de chocolat fondu sur l'extrémité coupée du bâtonnet de pain argenté ; y presser une boule de gomme rouge pour la fixer. Transférer les morceaux au réfrigérateur pour les raffermir, environ 5 minutes.

8 Étaler le chocolat fondu (le réchauffer au besoin) des 2 côtés de l'assemblage refroidi de biscuits Graham ; saupoudrer du sucre à décorer jaune pour recouvrir. Remettre au réfrigérateur pour raffermir.

9 Pour faire les panneaux rouges, parsemer le plan de travail de sucre rouge. Presser les tranches de fruit d'un des sacs, ou 20 bonbons gélifiés rouges, ensemble et mettre sur le plan saupoudré de sucre. Saupoudrer de sucre supplémentaire et rouler les bonbons à une grandeur d'environ 15 × 17,5 cm (6 × 7 po) ; saupoudrer de sucre supplémentaire au besoin pour empêcher de coller. Répéter pour faire 2 rectangles rouges de plus. Pour faire le panneau jaune, utiliser les bonbons gélifiés et le sucre jaunes, et les rouler en un carré de 15 cm (6 po). Pour faire les panneaux blancs, utiliser les bonbons gélifiés blancs et du sucre granulé ; rouler en un rectangle d'environ 6,25 × 12,5 cm (2½ × 5 po). Pour faire les 7 violets, utiliser les bonbons gélifiés violets et le reste du sucre granulé ; rouler pour faire 3 carrés d'environ 5 cm (2 po).

ÉTAPE 9

ÉTAPE 10

10 Tapisser une autre plaque à pâtisserie de papier ciré. Couper un rectangle de 13,75 × 15 cm (5½ × 6 po) de 2 des rectangles rouges. Tailler chaque rectangle à la même forme que les côtés de la machine à sous en laissant un bord de 2,5 cm (1 po) exposé tout autour. Couper le rectangle rouge restant comme suit : 1 morceau chacun de 7,5 × 12,5 cm (3 × 5 po), 3,75 × 12,5 cm (1½ × 5 po) et 2,5 × 12,5 cm (1 × 5 po) ; 2 morceaux de 2,5 × 5 cm (1 × 2 po). Tailler le carré jaune en carré de 12,5 cm (5 po). Couper le rectangle blanc en 3 rectangles de 3,1 × 5 cm (1¼ × 2 po). À l'aide d'un emporte-pièce ou d'un petit couteau, découper chaque carré violet en chiffre 7 d'une hauteur de 3,75 cm (1½ po). Transférer les morceaux à la plaque à pâtisserie.

11 Mettre le gâteau refroidi sur un plateau de service. Pour garder le plateau propre, mettre des feuilles de papier ciré près de la base du gâteau. Étaler le glaçage gris pâle sur le gâteau en une couche uniforme en le lissant le plus possible. Vaporiser le gâteau de colorant alimentaire argenté pour lui donner une allure métallisée. Retirer le papier ciré et nettoyer tout colorant qui pourrait se trouver sur le plateau.

12 Couper un petit coin 0,3 cm (⅛ po) du sac de glaçage à la vanille et écrire « *lucky* » ou « chance » sur le panneau rouge de 3,75 × 12,5 cm (1½ × 5 po). Utiliser une goutte de glaçage pour coller un 7 violet à chacun des panneaux blancs ; presser pour fixer. Mettre du glaçage sur l'arrière des panneaux rouges, jaunes et blancs et fixer au gâteau en utilisant la photo comme guide (le panneau rouge de 7,5 × 12,5 cm [3 × 5 po] va sur le dessus).

14 Pour faire la lumière clignotante, dessiner une ligne de glaçage à la vanille sur le bord droit d'un côté du demi-cercle en biscuit Graham jaune. Ensuite, dessiner 5 lignes en rayons à partir du centre du côté droit jusqu'au bord courbé. À l'aide d'un cure-dent, faire 4 trous dans le panneau rouge sur le dessus du gâteau aux mêmes

endroits que les bâtonnets de bretzels sur le demi-cercle. Insérer les extrémités des bretzels dans le gâteau pour les fixer. Mettre des gouttes de glaçage à la vanille sur le bord courbé du demi-cercle et ajouter les petits bonbons perlés rouges ; mettre la grosse boule de gomme rouge au centre.

15 Pour la poignée, insérer l'extrémité pointue de 2 brochettes de 15 cm (6 po) à 5 cm (2 po) d'écart près du bout non coloré du bâtonnet de pain. Tenir le bâtonnet de pain à la verticale, boule de gomme vers le haut, et insérer les brochettes dans le côté droit du gâteau.

16 À l'aide d'un petit couteau, faire une fente dans la courbe du gâteau du côté droit et y insérer une pièce de monnaie en chocolat enveloppé de papier métallisé. Disposer d'autres pièces de monnaie en chocolat sur le gâteau et autour.

LUCKY

GÂTEAU SOUCHE

Surprise à l'intérieur !

DONNE 12 PORTIONS

Ne laissez pas l'écorce et les anneaux du tronc vous leurrer ! Cette variante amusante de la bûche de Noël obtient son apparence de bois grâce aux copeaux de chocolat à l'extérieur, à la peinture de saveurs sur le dessus et à la une roulade au chocolat au grain de bois à l'intérieur.

60 ml (¼ tasse) de sucre à glacer

1 recette de Préparation pour gâteau parfait (page 289) faite de mélange pour gâteau vanille française

15 + 10 ml (1 c. à soupe + 2 c. à thé) de poudre de cacao non sucré

250 ml (1 tasse) de pastilles à fondre de chocolat foncé (Wilton)

15 ml (1 c. à soupe) de shortening végétal

1 boîte de 450 g (16 oz) de glaçage au chocolat

1 boîte de 450 g (16 oz) de glaçage à la vanille

15 ml (1 c. à soupe) de vodka ou d'extrait au café (McCormick)

20 biscuits miniatures à la vanille (Mini Nilla)

20 Kisses au chocolat (Hershey's)

1 Préchauffer le four à 180 °C (350 °F) et préparer un moule à gâteau roulé de 27,5 × 37,5 cm (11 × 15 po) (voir Libérez-moi, page 12).

2 Mettre 125 ml (½ tasse) de pâte dans un petit bol. Colorer la pâte en brun avec 15 ml (1 c. à soupe) de poudre de cacao. Mettre la pâte au cacao dans un sac de type Ziploc. Exprimer l'excédent d'air et sceller le sac.

3 Mettre le reste de la pâte à la vanille dans le moule préparé. Étaler la pâte jusqu'aux bords et lisser le dessus.

4 Couper un petit coin (0,3 cm [⅛ po]) du sac de pâte au cacao. Dessiner des lignes horizontales minces sur la largeur de la pâte à la vanille pour créer l'effet de grain de bois.

5 Cuire au four jusqu'à ce que le gâteau soit doré et qu'un cure-dent inséré au centre en ressorte propre, 15 à 17 minutes.

6 Transférer le gâteau à une grille en métal et laisser refroidir 5 minutes. Saupoudrer une feuille de papier ciré de sucre à glacer. Renverser le gâteau sur le papier ciré préparé. Retirer le moule et peler délicatement le papier ciré du dessous du gâteau. Utiliser un couteau dentelé pour couper le gâteau chaud en 4 sur la longueur. Pendant que le gâteau est encore chaud, commencer

ÉTAPE 6

ÉTAPE 9

ÉTAPE 11

par l'extrémité courte d'une lanière de gâteau et l'enrouler dans un torchon à vaisselle. Transférer le rouleau et les autres morceaux à une grille en métal et laisser refroidir complètement.

7 Mettre les pastilles à fondre et le shortening dans un bol de taille moyenne et réchauffer au four à micro-ondes, en remuant toutes les 10 secondes, jusqu'à ce qu'elles soient fondues et de consistance onctueuse. Verser le chocolat fondu dans un récipient rectangulaire en aluminium de 5 × 10 cm (2 × 4 po); réfrigérer jusqu'à ce qu'il soit ferme, au moins 30 minutes.

8 Mettre 30 ml (2 c. à soupe) du glaçage au chocolat dans un sac de type Ziploc. Exprimer l'excédent d'air et sceller le sac.

9 Dérouler le gâteau (il pourrait casser, mais le glaçage le recollera). Étaler une couche uniforme de glaçage au chocolat sur le morceau de gâteau déroulé. Rouler le gâteau, glaçage au chocolat vers l'intérieur (voir la photo, page précédente) et transférer au centre d'un cercle en carton de 20 cm (8 po) ou d'un plateau de service (voir À la base, page 14). Étaler du glaçage sur une autre lanière et l'enrouler autour de la première lanière en commençant à la fin de celle-ci. Répéter avec les 2 lanières de gâteau restantes, en poursuivant toujours à la fin de la dernière lanière. Presser les côtés du gâteau pour le former en cercle.

ÉTAPE 13

ÉTAPE 13

ÉTAPE 13

10 Étaler une fine couche de glaçage à la vanille (voir Des miettes avec ça ?, page 16) sur le gâteau roulé en prenant soin de remplir toute fissure ; lisser. Mettre le gâteau au congélateur pour le raffermir, environ 30 minutes.

11 Tapisser une plaque à pâtisserie de papier ciré. Démouler la brique de chocolat. Tenir la brique avec une serviette en papier pour l'empêcher de réchauffer. Passer un économe sur le côté long et plat du chocolat et laisser les copeaux tomber sur la plaque (voir la photo, page ci-contre). Si le chocolat devient trop mou, remettre au réfrigérateur 15 minutes et ensuite continuer à faire des copeaux. Réfrigérer les copeaux jusqu'au moment de l'utilisation.

12 Étaler le reste du glaçage à la vanille sur le dessus du gâteau refroidi ; lisser. Remettre le gâteau au congélateur 15 minutes pour raffermir le glaçage.

13 Colorer la vodka avec les 5 ml (1 c. à thé) de cacao restants. Utiliser un petit pinceau à pâtisserie pour appliquer le mélange de vodka en cercles concentriques sur le dessus du gâteau (voir Peinture de saveurs, page 45). Poursuivre la peinture pour lisser toute strie dans le glaçage. Colorer le reste du mélange de vodka avec les derniers 5 ml (1 c. à thé) de poudre de cacao pour le rendre plus foncé. Utiliser un petit pinceau d'artisanat pour donner l'effet de grain de bois en faisant des cercles concentriques (voir la photo, page ci-contre).

14 Étaler le reste du glaçage au chocolat sur les côtés du gâteau. Y presser délicatement les copeaux de chocolat pour faire l'écorce.

15 Pour faire les glands, couper un petit coin (0,3 cm [⅛ po]) du sac de glaçage au chocolat. Mettre une goutte de glaçage sur le côté plat d'un biscuit à la vanille. Y presser le côté plat d'un Kisses au chocolat. Mettre une petite goutte de glaçage sur le biscuit pour faire la tige du gland. Répéter avec le reste des biscuits à la vanille et des Kisses au chocolat. Disposer les glands sur le gâteau et sur le plateau.

SWEET-O-LUX

GÂTEAU ASPIRATEUR-TRAÎNEAU

Surprise à l'intérieur !

DONNE 16 PORTIONS

Notre aspirateur-traîneau Sweet-O-Lux utilise la puissance des bonbons pour vous aspirer ! Il est fait d'un gâteau en moule à pain décoré de peinture de saveurs, est doté d'un boyau flexible fait de biscuits Oreo Dorés et de roues en beignes miniatures. Aucun sac nécessaire, car les « déchets » de bonbon et de biscuit sont cuits à l'intérieur !

1 recette de Préparation pour quatre-quarts parfait (page 290), variante Aspirateur-traîneau

1 boîte de 450 g (16 oz) de glaçage à la vanille

Colorant alimentaire bleu néon (McCormick)

2 carrés de gâteau à la vanille format collation (Entenmann's Mini Pound Cakes)

125 ml (½ tasse) de pastilles à fondre blanches (Wilton)

26 biscuits sandwichs à la vanille remplis de crème (Oreo Dorés)

1 bâtonnet de gomme à mâcher blanche (Extra)

1 gros bonbon gélifié noir

2 lacets de réglisse noire

15 ml (1 c. à soupe) de vodka ou d'extrait de citron (McCormick)

2 lanières de bonbon acidulé bleues (Sour Power)

8 chocolats enrobés de bonbon bleu (M&M'S)

1 biscuit « margherite » à la vanille (Stella D'oro)

4 beignes au sucre miniatures

Petits bonbons assortis et miettes de biscuit

1 Tailler 0,6 cm (¼ po) des 4 bords supérieurs du gâteau pour l'arrondir. Mettre le gâteau taillé, côté arrondi vers le haut, sur un carton coupé à sa taille (voir À la base, page 14). Étaler une fine couche de glaçage (voir Des miettes avec ça ?, page 16) sur le dessus en prenant soin de remplir toute fissure ; lisser. Mettre le gâteau au

congélateur jusqu'à ce qu'il soit ferme, environ 30 minutes.

2 Mettre 190 ml (¾ tasse) de glaçage à la vanille dans un sac de type Ziploc. Exprimer l'excédent d'air et sceller le sac.

3 Colorer le reste du glaçage à la vanille d'un bleu très pâle à l'aide du colorant alimentaire. Recouvrir le glaçage de pellicule plastique jusqu'au moment de l'utilisation.

4 Tapisser une plaque à pâtisserie de papier ciré. Tailler 3,75 cm (1½ po) d'un des côtés longs d'un des gâteaux format collation; disposer. Mettre le morceau taillé et le gâteau format collation entier au congélateur 30 minutes pour les refroidir.

5 Étaler du glaçage bleu sur le gâteau format collation taillé; ne pas glacer le côté coupé. Étaler le reste du glaçage bleu sur le quatre-quarts refroidi; lisser. Remettre les gâteaux au congélateur 15 minutes pour refroidir le glaçage.

6 Mettre les pastilles à fondre dans un sac de type Ziploc; ne pas sceller le sac. Ramollir au four à micro-ondes 10 secondes. Masser le chocolat dans le sac, remettre au four à micro-ondes et répéter le processus jusqu'à ce que le chocolat soit de consistance onctueuse. Exprimer l'excédent d'air et sceller le sac.

7 Pour faire les supports du gâteau, mettre 5 des biscuits sandwichs sur une plaque à pâtisserie. Couper un petit coin (0,3 cm [⅛ po]) du sac de chocolat fondu et mettre un peu de chocolat fondu sur chacun des biscuits. Mettre un autre biscuit directement par-dessus; presser pour fixer. Répéter pour obtenir 5 piles de 3 biscuits. Pour faire le boyau, mettre 5 biscuits sandwichs sur la plaque à pâtisserie. Ajouter un pois de glaçage près du bord de chaque biscuit. Mettre un deuxième biscuit sur la goutte de chocolat en le laissant dépasser de 1 cm (½ po) du bord du premier biscuit, afin d'obtenir 5 paires de biscuits (voir la photo à droite). Réfrigérer les piles de biscuits jusqu'à ce que le chocolat soit ferme, environ 5 minutes. Réserver le biscuit restant.

8 Mettre l'une des paires de biscuits refroidis sur le côté. Y fixer une deuxième paire de biscuits à l'aide d'une goutte de chocolat fondu en décalant de 1 cm (½ po). Répéter avec une troisième paire de biscuits pour obtenir une rangée de 6 biscuits, chaque paire décalée de 1 cm (½ po). Tenir l'assemblage de biscuits jusqu'à ce qu'il soit ferme, environ 3 minutes.

9 Pour faire la fiche de l'aspirateur, couper un morceau de 1,8 cm (¾ po) sur la largeur du bâtonnet de gomme à mâcher. Couper le petit morceau en 2 sur la longueur; réserver le reste du bâtonnet. Faire 2 fentes dans la partie plate du bonbon gélifié. Insérer un des petits morceaux de gomme coupée dans chacune des fentes. Pour faire le cordon, faire un trou dans la partie courbée du bonbon gélifié et y insérer le bout d'un des lacets de réglisse. Couper le lacet de réglisse restant en 16 morceaux d'environ 1,8 cm (¾ po).

10 Pour faire l'interrupteur, couper le morceau de gomme à mâcher restant sur la longueur pour obtenir une lanière de 1 cm (½ po). Presser le côté non tranchant d'un petit couteau dans la gomme, sur la largeur, pour marquer la moitié. Plier légèrement la gomme sur le pli.

11 Disposer les 5 supports en biscuit sur un plateau de service approximativement aux 4 coins et au centre du gâteau aspirateur. Couper un petit coin (0,3 cm [⅛ po]) du sac de glaçage à la vanille. Mettre

ÉTAPE 7

une goutte de glaçage à la vanille sur le dessus de chaque support en biscuit. À l'aide d'une grande spatule, transférer le quatre-quarts afin qu'il repose sur les supports ; ajuster les supports au besoin.

12 Combiner la vodka et une goutte de colorant alimentaire bleu néon. Utiliser un petit pinceau pour appliquer le mélange de vodka en traits horizontaux sur le quatre-quarts et le gâteau format collation (voir Peinture de saveurs, page 45). Continuer d'appliquer pour lisser toute strie dans le glaçage. Ajouter un peu de colorant alimentaire bleu au mélange de vodka pour intensifier la couleur. Utiliser un petit pinceau d'artisanat pour appliquer des lignes regroupées bleues sur les 2 gâteaux. Insérer les 16 morceaux de réglisse, en 2 rangées, dans le côté coupé du gâteau format collation glacé pour faire la brosse.

13 Couper chaque lanière de bonbon acidulé bleue en longueurs de 12,5 cm (5 po). Presser une lanière acidulée, sur le sens de la longueur, sur chaque côté long du quatre-quarts. Écrire « SWEET-O-LUX » ou « SUCRE-O-LUX » en glaçage blanc sur chaque lanière. Dessiner 5 lignes de glaçage à la vanille à 0,6 cm (¼ po) d'intervalle sur la largeur du dessus d'une extrémité courte du quatre-quarts ; continuer les lignes jusqu'à la moitié de la hauteur du gâteau. Dessiner une petite ligne horizontale pour joindre les bouts des 5 lignes. Insérer le bout en réglisse de la fiche en bonbon près du bas du même côté du gâteau. Mettre du glaçage à la vanille sur le côté opposé du gâteau et y fixer le gâteau format collation entier non glacé, dessous contre le gâteau. Insérer une paille dans le centre du gâteau format collation et jusque dans le quatre-quarts en guise de support ; la tailler près du gâteau format collation. Dessiner un bord décoratif en glaçage à la vanille autour du gâteau format collation. Pour supporter la poignée en biscuit, presser 2 bonbons bleus côte à côte sur le dessus du gâteau et 2 autres bonbons bleus côte à côte 7,5 cm (3 po) plus loin. Mettre une goutte de glaçage à la vanille sur le dessus de chaque bonbon et y fixer le côté plat du biscuit « margherite ». Mettre le commutateur en gomme à mâcher, sur le sens

de la largeur, sur le dessus du gâteau, à mi-chemin entre la poignée et le gâteau format collation ; en tracer le contour en glaçage à la vanille.

14 Fixer les roues en beigne sur les côtés du gâteau, à côté des supports en biscuit. Mettre une goutte de glaçage à la vanille au centre de chaque beigne et y fixer l'un des 4 bonbons bleus restants.

15 Fixer l'assemblage de boyau à 6 biscuits au gâteau format collation non glacé à l'aide de glaçage à la vanille ; placer le boyau en équilibre entre le gâteau format collation et le plateau. Disposer le biscuit restant et les 2 paires de biscuits au bout de l'assemblage de boyau afin de donner l'illusion d'un boyau flexible ; les fixer à l'aide de glaçage à la vanille. Mettre une goutte de glaçage à la vanille sur le dernier biscuit de l'assemblage et y fixer le gâteau format collation en forme de brosse. Dessiner un bord décoratif autour du bout avec soies de la brosse. Parsemer les bonbons assortis et les miettes de biscuit devant la brosse.

GÂTEAU ANANAS

DONNE 12 PORTIONS

Pour vérifier la maturité de cet ananas, vous n'avez qu'à tirer sur l'une des feuilles de croustille enrobée de bonbon ou humer sa peau marbrée en glaçage jaune et brun.

1 recette de Préparation pour quatre-quarts parfait (page 290), variante Ananas

1 cornet au sucre (Joy, Keebler)

35 croustilles Pringles

375 ml (1½ tasse) de pastilles à fondre vertes (Wilton)

15 ml (1 c. à soupe) de shortening végétal

1 boîte de 450 g (16 oz) de glaçage à la vanille

Colorant alimentaire jaune (McCormick)

1 boîte de 450 g (16 oz) de glaçage au chocolat

1 embout décoratif de 2,5 cm (1 po) en forme d'étoile (Wilton no 2D, Ateco no 845)

1 Utiliser un petit couteau dentelé pour couper 3,75 cm (1½ po) du bout pointu du cornet au sucre. Disposer du bout.

2 Tapisser 2 plaques à pâtisserie de papier ciré. Casser les croustilles en 2 sur le sens de la longueur en tenant chaque côté long pour les casser (elles seront irrégulières).

3 Mettre les pastilles à fondre vertes et le shortening végétal dans un bol de taille moyenne et faire fondre au four au micro-ondes en remuant toutes les 10 secondes jusqu'à ce qu'elles soient complètement fondues et de consistance onctueuse.

4 Tremper une croustille dans le chocolat fondu pour la recouvrir (voir la photo ci-dessous). Laisser l'excédent de chocolat s'égoutter dans le bol. Transférer la croustille sur une des plaques à pâtisserie. Répéter avec le reste des croustilles; réchauffer le chocolat quelques secondes s'il épaissit trop. Réfrigérer les croustilles enrobées jusqu'à ce que le chocolat soit ferme, environ 5 minutes.

5 Mettre le reste du chocolat fondu dans un sac de type Ziploc; ne pas sceller le sac. Réchauffer le chocolat au four à micro-ondes en pétrissant le sac toutes les 5 secondes jusqu'à l'obtention d'une consistance onctueuse. Exprimer l'excédent d'air et sceller le sac.

6 Couper un petit coin (0,3 cm [⅛ po]) du sac. Mettre le cornet coupé, ouverture large vers le bas, sur la deuxième plaque à pâtisserie. Couper

ÉTAPE 4

ÉTAPE 6

ÉTAPE 8

ÉTAPE 8

un morceau de 30 cm (12 po) de papier d'aluminium et le plier en 2 sur la longueur. Le chiffonner légèrement et former en anneau autour de la base du cornet (pour former le support pour la première rangée de croustilles vertes). Mettre du chocolat fondu autour de la base du cornet. Fixer une rangée de croustilles vertes, dirigées vers le haut, côté arrondi contre le cornet, en utilisant le papier d'aluminium pour supporter les croustilles (voir la photo, page 136). Mettre au réfrigérateur environ 5 minutes pour permettre de raffermir. Continuer d'ajouter des rangées de croustilles vertes le long des côtés du cornet pour le couvrir; réchauffer le chocolat au besoin et laisser raffermir après chaque rangée. Disposer 3 croustilles debout dans l'ouverture supérieure du cornet. Réfrigérer jusqu'à l'utilisation. Réserver tout excédent de feuilles pour le plateau.

7 Mettre le quatre-quarts sur un plan de travail. À l'aide d'un couteau dentelé, tailler 0,6 cm (¼ po) de chaque côté court pour les rendre droits. Mettre le gâteau debout sur un côté coupé et tailler 1 cm (½ po) des 4 coins pour arrondir le haut du gâteau (voir la photo, page ci-contre). Transférer le gâteau, en position debout, à un plateau de service et mettre au congélateur 30 minutes pour le refroidir.

8 Colorer le glaçage à la vanille en jaune avec le colorant alimentaire. Fixer l'embout en forme d'étoile (si utilisé) sur un grand sac de type Ziploc. Tenir le sac à l'envers dans la main et à l'aide d'une spatule, mettre la moitié du glaçage jaune en ligne épaisse sur un côté du sac. Mettre la moitié du glaçage au chocolat en ligne épaisse du côté opposé du sac (voir la photo ci-dessus à gauche). Remonter les côtés du sac sur le glaçage. Exprimer l'excédent d'air et sceller le sac (voir la photo ci-dessus à droite).

9 En commençant par le bas, appliquer une rangée d'étoiles de 2,5 cm (1 po), très près l'une de l'autre, sur la base du gâteau. Répéter en appliquant d'autres rangées de glaçage (voir la photo, page ci-contre). Les couleurs deviennent marbrées à mesure que le glaçage est appliqué. Pour varier le motif, tourner le sac après quelques étoiles. Lorsque le sac est vide, répéter avec un sac de type Ziploc propre et le reste des glaçages jaune et au chocolat; laver l'embout en étoile et complètement recouvrir le gâteau, y compris le dessus.

10 Transférer la couronne de l'ananas sur le dessus du gâteau en pressant doucement dans le glaçage. Disposer toute feuille restante sur le plateau de service.

ÉTAPE 9

Renversez-moi

Gâteaux dans des bols

La décoration devrait être amusante, et les gâteaux cuits dans des bols ont tout ce qu'il faut pour plaire. Vous n'avez qu'à en assembler deux, les recouvrir de glaçage et voilà, vous avez la tête d'un lapin en peluche, d'un bonhomme de neige ou d'un ourson. Renversez un gâteau cuit dans un bol et recouvrez-le de guimauves peinturées, et vous avez la carapace d'une tortue de mer.

Remarque : *Peu importe si vous choisissez de faire les gâteaux dans des bols de métal, de céramique ou de verre, assurez-vous qu'ils vont au four. Nous avons basé nos recettes sur des tailles et formes de bols en verre que l'on retrouve facilement, car ils sont plus uniformes. (Les temps de cuisson ne varieront pas beaucoup.) Vous pouvez utiliser d'autres types de bols allant au four de taille et de forme similaires, et la différence ne fera que rendre votre création plus originale. (Assurez-vous de lire La cuisson en récipients de verre, page 293.)*

GÂTEAU-MAÎTRE JOUET EN PELUCHE

Ces peluches sont si mignonnes que vous ne saurez pas si vous voulez les manger ou leur faire un câlin ! Quatre gâteaux cuits dans des bols sont assemblés pour faire le corps et la tête. Ensuite, chaque jouet reçoit un traitement individuel sous forme de noix de coco, de glaçage à la fourchette, de peinture de saveurs, de guimauves miniatures ou d'argile de bonbon afin de créer une apparence douce et bien moelleuse.

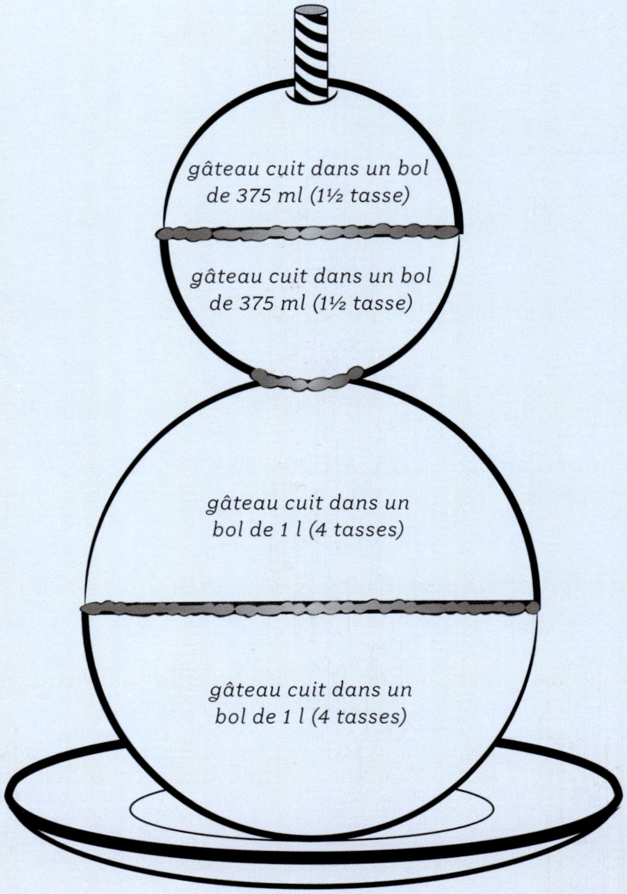

1 recette de Préparation pour gâteau parfait (page 289) faite de mélange pour gâteau jaune ou au chocolat

250 ml (1 tasse) de glaçage à la vanille

1 Préchauffer le four à 180 °C (350 °F) et préparer 4 bols en verre allant au four : 2 de 1 l (4 tasses) et 2 de 375 ml (1½ tasse, 11 cm [4½ po]) (voir Libérez-moi, page 12). Mettre 440 ml (1¾ tasse) de pâte dans chacun des 2 bols de 1 l (4 tasses) préparés et 190 ml (¾ tasse) dans chacun des 2 bols de 375 ml (1½ tasse) préparés. Mettre les bols sur une grande plaque à pâtisserie et cuire au four jusqu'à ce que les gâteaux soient fermes et qu'un cure-dent inséré au centre en ressorte propre, 25 à 30 minutes pour les petits bols et 35 à 40 minutes pour les grands bols. Transférer les gâteaux de la plaque à pâtisserie à une grille en métal et laisser refroidir 10 minutes. Renverser, retirer les bols et laisser refroidir complètement.

2 Tapisser une plaque à pâtisserie de papier ciré. Tailler le dessus de chaque gâteau avec un couteau dentelé pour les niveler (voir Au niveau, page 14). Mettre l'un des gros gâteaux, côté taillé vers le haut, sur un plan de travail. Étaler du glaçage à la vanille sur le côté coupé du gâteau. Mettre l'autre gâteau de la même taille par-dessus, côté coupé vers le bas ; presser pour fixer. Répéter le processus avec les petits gâteaux. Étaler une fine couche de glaçage (voir Des miettes avec ça ?, page 16) sur les gâteaux en prenant soin de remplir toute fissure ; lisser. Transférer les gâteaux à une plaque à pâtisserie et mettre au congélateur jusqu'à ce qu'ils soient fermes, environ 30 minutes.

3 Mettre le grand gâteau refroidi sur un plateau de service, côté le plus plat vers le bas, en guise de corps. Étaler un peu de glaçage sur le dessus et ajouter le petit gâteau, côté le plus plat vers le bas, en guise de tête. Insérer une paille au centre du petit gâteau et à travers le grand gâteau pour aider à stabiliser le gâteau ; couper la paille près du gâteau au besoin. Remettre le gâteau assemblé au congélateur pour le refroidir.

GÂTEAU OURSON

DONNE 12 PORTIONS

1 Gâteau-maître jouet en peluche (page 142) fait de mélange pour gâteau au chocolat

250 ml (1 tasse) de glaçage à la vanille

80 ml (1/3 tasse) de beurre d'arachide crémeux

1 boîte de 450 g (16 oz) plus 250 ml (1 tasse) de glaçage au chocolat au lait

6 biscuits sandwichs remplis de beurre d'arachide (Nutter Butter, Pirate)

3 moules au beurre d'arachides de 22,5 g (0,75 oz) (Reese's)

1 Kisses au chocolat (Hershey's)

1 rouleau aux fruits de 22,5 g (0,75 oz) rouge (Fruit-O-Long)

1 morceau de lacet de réglisse noire de 12,5 cm (5 po)

2 chocolats ronds enrobés de bonbon noir (Sixlets)

1 canne de bonbon

1 Combiner le glaçage à la vanille et le beurre d'arachide; bien mélanger jusqu'à l'obtention d'une consistance homogène. Mettre le glaçage dans un sac de type Ziploc. Mettre 60 ml (¼ tasse) de glaçage au chocolat dans un autre sac de type Ziploc. Exprimer l'excédent d'air et sceller les sacs.

2 Tapisser une plaque à pâtisserie de papier ciré. Transférer les parties au papier ciré à mesure qu'elles sont assemblées. Pour faire les pattes et les oreilles, couper 5 des biscuits sandwichs au beurre d'arachide en 2 sur la largeur à l'aide d'un couteau dentelé (voir la photo ci-dessous). Pour les pieds, retirer 0,6 cm (¼ po) d'un côté de 2 moules au beurre d'arachide. Pour le museau, couper en angle 1 cm (½ po) de 2 côtés du moule au beurre d'arachide restant pour créer une pointe. Pour le bout du nez, couper le Kisses au chocolat en 2 sur la longueur et disposer de l'un des morceaux.

3 Sortir le gâteau assemblé refroidi du congélateur. Pour les oreilles, prendre du glaçage au chocolat pour fixer 2 moitiés de biscuit, côté coupé, sur le gâteau qui forme la tête. Pour faire le museau, prendre du glaçage au chocolat pour fixer le moule au beurre d'arachide pointu, côté

ÉTAPE 2

arrondi vers le bas et la pointe juste en dessous du centre, sur le gâteau qui forme la tête. Pour chaque patte, fixer une moitié de biscuit, côté coupé vers le bas et contre la base du corps, avec une goutte de glaçage au chocolat. Fixer 3 autres biscuits coupés à chaque patte et terminer avec un moule au beurre d'arachide coupé, côté coupé vers le bas. Remettre le gâteau au congélateur.

4 Pour faire le nœud, dérouler le rouleau aux fruits et le plier en 2 sur la largeur pour obtenir une double épaisseur. Presser fermement pour faire coller. Couper la lanière en 2 longueurs de 12,5 cm (5 po) et 2 longueurs de 7,5 cm (3 po). Replier les 2 morceaux plus longs pour faire une boucle et pincer les extrémités (voir la photo, page précédente). Mettre les extrémités pincées de chaque boucle ensemble et pincer ensemble. Pour faire les queues du nœud, faire une entaille en V d'un des côtés courts des 2 petits morceaux. Réserver l'une des entailles coupées. Pincer l'extrémité droite de chaque morceau de queue et presser avec les extrémités pincées des boucles pour faire le nœud. Fixer l'entaille réservée au centre à l'aide d'une goutte d'eau pour cacher la zone pincée. Mettre le nœud assemblé sur la plaque à pâtisserie.

5 Retirer le gâteau refroidi du congélateur. Étaler du glaçage au chocolat au lait sur les pattes en biscuit et lisser; ne pas mettre de glaçage sur le côté plat du moule au beurre d'arachide. En commençant par le bord du moule au beurre d'arachide, utiliser une fourchette pour tirer le glaçage vers le bas en l'éloignant du gâteau (voir Glaçage à la fourchette, page 22). Faire des rangées qui se chevauchent jusqu'au haut des pattes. Étaler du glaçage au chocolat au lait sur le corps et lisser. Commencer par la base du gâteau qui forme le corps et travailler le glaçage à la fourchette, dans la même direction et en rangées qui se chevauchent, jusqu'au cou. Étaler le reste du glaçage au chocolat au lait sur la tête et l'arrière des oreilles en laissant le museau en moule au beurre d'arachide sans glaçage; lisser. Commencer par le cou et travailler le glaçage à la fourchette, dans la même direction et en rangées qui se chevauchent, jusqu'aux oreilles inclusivement.

6 Commencer au plateau, entre les pattes, et presser le lacet de réglisse, à la verticale, au centre du corps. Couper un coin de 0,6 cm (¼ po) du sac de glaçage au beurre d'arachide. Pour faire la fourrure sur la poitrine, faire une rangée étroite au centre du corps et appliquer des rangées chevauchées de glaçage au beurre d'arachide en tirant le sac vers le bas en l'éloignant du gâteau. Faire des rangées de plus en plus larges en montant jusqu'au cou afin de créer un V. En commençant par le haut des oreilles, appliquer des rangées de glaçage au beurre d'arachide pour en recouvrir le devant. Mettre du glaçage au beurre d'arachide sur le museau et lisser. Laisser le glaçage sur le museau sécher jusqu'à ce qu'il soit sec au toucher, environ 25 minutes, puis ajouter de la texture au museau en pressant légèrement une serviette en papier dans le glaçage (voir Glaçage à la serviette, page 23).

7 Couper un coin de 0,6 cm (¼ po) du sac de glaçage au chocolat au lait. Pour faire les bras, retirer et disposer de la garniture du biscuit au beurre d'arachide restant. Appliquer du glaçage au chocolat au lait sur un côté de chaque biscuit. À l'aide d'une goutte de glaçage, fixer un biscuit, côté glacé vers l'extérieur, de chaque côté du gâteau qui forme le corps, près de la tête. En commençant par le bas des bras, utiliser une fourchette pour tirer le glaçage vers le bas en l'éloignant du gâteau. Faire des rangées chevauchées jusqu'au haut de chaque bras. Appliquer des pics en glaçage au chocolat au lait pour cacher tout défaut sur le gâteau.

8 À l'aide d'une goutte de glaçage, fixer le Kisses au chocolat coupé sur le museau, bout pointu vers le bas, en guise de nez. Mettre les bonbons noirs au-dessus du museau pour faire les yeux. Fixer le nœud sur le côté du cou avec une goutte de glaçage. Ajouter la canne de bonbon, si utilisée.

GÂTEAU POUPÉE DE CHIFFON

DONNE 16 PORTIONS

1 Gâteau-maître jouet en peluche (page 142) fait de mélange pour gâteau jaune, préparé jusqu'à l'étape 2

1 beigne nature (Entenmann's)

2 boîtes de 450 g (16 oz) chacune de glaçage à la vanille

Colorant alimentaire rouge, noir et bleu (McCormick)

125 ml (½ tasse) de glaçage au chocolat

5 petits gâteaux fourrés de crème (Twinkies)

1 rouleau aux fruits de 22,5 g (0,75 oz) rouge (Fruit-O-Long)

1 petit bonbon haricot rouge

2 bonbons gélifiés à la réglisse noire (Crows)

2 recettes d'Argile de bonbon (page 292) faites de pastilles à fondre blanches (Wilton)

1 emballage de 420 g (14 oz) de lacets de réglisse rouge (Pull'n'Peel de Twizzlers)

15 ml (1c. à soupe) de petits bonbons décoratifs rouges (Wilton)

6 bâtonnets de bretzel minces (Bachman)

1 À l'aide de glaçage à la vanille, fixer le beigne nature sur le dessus du gros gâteau assemblé refroidi représentant le corps. Remettre le gâteau au congélateur.

2 Colorer 250 ml (1 tasse) de glaçage à la vanille d'un rose très pâle avec le colorant alimentaire rouge. Mettre le glaçage rose dans une tasse à mesurer en verre et couvrir de pellicule plastique jusqu'au moment de l'utiliser. Colorer 125 ml (½ tasse) de glaçage à la vanille en rouge avec le colorant alimentaire rouge. Mettre le glaçage rouge dans un sac de type Ziploc. Colorer le glaçage au chocolat en noir avec le colorant alimentaire noir. Mettre 45 ml (3 c. à soupe) de glaçage noir dans un autre sac de type Ziploc ; couvrir le reste du glaçage de pellicule plastique jusqu'au moment de l'utiliser. Mettre 30 ml (2 c. à soupe) du glaçage à la vanille restant dans un dernier sac de type Ziploc. Exprimer l'excédent d'air et sceller les sacs.

3 Tapisser une plaque à pâtisserie de papier ciré et y déposer une grille en métal. Pour faire les chaussures, couper 1 petit gâteau en 2 sur la largeur. Déposer les moitiés de petit gâteau sur la grille, côté coupé vers le bas. Faire chauffer le glaçage noir au four à micro-ondes en remuant aux quelques secondes jusqu'à ce qu'il ait la consistance de crème légèrement fouettée, environ 7 secondes. Verser le glaçage noir fondu sur les moitiés de petit gâteau en les recouvrant complètement ; laisser l'excédent s'égoutter sur la plaque (voir Versage et inondation, page 41). Pour faire les jambes, tailler 0,6 cm (¼ po) d'une extrémité courte des 2 petits gâteaux restants. Disposer les petits gâteaux sur la grille en métal, côté plat vers le bas. Faire chauffer 125 ml (½ tasse) du glaçage à la vanille restant au four à micro-ondes en remuant aux quelques secondes jusqu'à ce qu'il ait la consistance de crème légèrement fouettée, environ 7 secondes. Verser le glaçage à la vanille fondu sur les petits gâteaux coupés pour recouvrir complètement ; laisser l'excédent s'égoutter sur la plaque à pâtisserie. Pour faire la tête et les bras, mettre le petit gâteau assemblé refroidi représentant la tête sur un plan de travail.

ÉTAPE 3

Tailler 1 cm (½ po) du côté le plus plat et mettre le gâteau, côté coupé vers le bas, sur la grille en métal avec les 2 petits gâteaux restants, côté plat vers le bas (voir la photo ci-dessous). Faire chauffer le glaçage rose pâle au four à micro-ondes en remuant aux quelques secondes jusqu'à ce qu'il ait la consistance de crème légèrement fouettée, environ 10 secondes. Verser le glaçage rose fondu sur les gâteaux en les recouvrant complètement; laisser l'excédent s'égoutter sur la plaque à pâtisserie. Mettre les gâteaux au congélateur pour raffermir, environ 30 minutes.

4 Tapisser une plaque à pâtisserie de papier ciré. Transférer les parties au papier ciré à mesure qu'elles sont assemblées. Dérouler le rouleau aux fruits et le plier en 2 sur la largeur pour obtenir une double épaisseur. Presser fermement pour faire coller et couper en 2 longueurs de 11 cm (4½ po). Tailler les côtés longs afin qu'ils soient droits. Couper chaque morceau en lanières de 0,8 cm (⅓ po) et ensuite couper en 3 longueurs égales pour les chaussettes. Découper un triangle de 2,5 × 2,5 × 1 cm (1 × 1 × ½ po) à partir du rouleau aux fruits restant pour faire le nez. Couper le bonbon haricot en 2 sur la longueur pour faire la bouche; disposer de l'autre moitié. Couper 0,3 cm (⅛ po) de l'extrémité plate de chaque jujube pour faire les yeux.

5 Colorer la moitié (1 recette) de l'argile de bonbon en bleu avec le colorant alimentaire. Laisser l'autre moitié (1 recette) blanche.

6 Pour faire la robe, rouler ⅔ de l'argile de bonbon bleu en cercle de 32,5 cm (13 po); tailler pour égaliser les bords. Rouler le reste de l'argile de bonbon bleu en rectangle de 14,4 × 23,1 cm (5¾ × 9¼ po); tailler pour égaliser les bords. Découper 2 lanières de 1 × 22,5 cm (½ × 9 po) à partir du rectangle. Pour faire les volants bleus des manches, commencer à une extrémité de chaque lanière de 22,5 cm (9 po) et faire des plis dans l'argile de bonbon afin d'obtenir une longueur de 12,5 cm (5 po). Couper le morceau restant du rectangle en 2 sur la largeur pour faire les manches. Rouler la moitié de l'argile de bonbon blanc pour obtenir un rectangle de 13,1 × 23,1 cm (5¼ × 9¼ po). Tailler pour égaliser les bords. Couper le rectangle sur la longueur pour obtenir un morceau de 7,5 cm (3 po) de largeur. Couper le morceau de 7,5 cm (3 po) en 2 sur la largeur pour faire la culotte bouffante. Couper le morceau restant du rectangle sur la longueur pour obtenir 4 lanières de 1 × 22,5 cm (½ × 9 po). Pour faire les volants blancs du cou et de la culotte bouffante, commencer à une extrémité de chaque lanière de 22,5 cm (9 po) et faire des plis dans l'argile de bonbon afin d'obtenir une longueur de 12,5 cm (5 po). Pour le tablier, rouler le reste de l'argile de bonbon en carré d'environ 12,5 cm (5 po). Tailler les côtés pour les redresser en effilant légèrement 2 des coins adjacents. Fixer un lacet de réglisse rouge au tablier, sur la largeur, à 0,6 cm (¼ po) du côté large; utiliser une goutte d'eau pour fixer au besoin, et tailler. Presser les bonbons décoratifs rouges en rangées au-dessus du lacet de réglisse; utiliser une goutte d'eau pour fixer, au besoin.

7 Pour faire les jambes, commencer par l'extrémité coupée et mettre une lanière du rouleau aux fruits sur le petit gâteau glacé en blanc en guise de rayure sur la chaussette; tailler tout

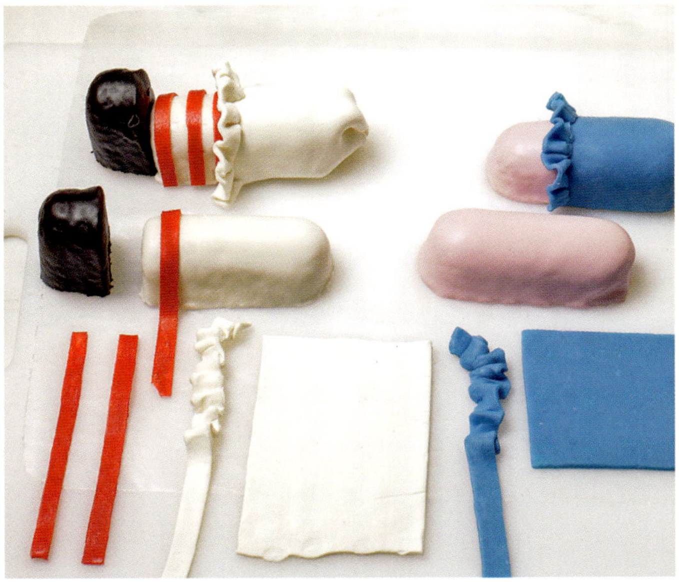

ÉTAPE 12

excédent au besoin (voir la photo ci-dessous). Répéter en espaçant les lanières de 1 cm (½ po) pour faire 3 rayures par jambe. Envelopper légèrement autour de l'extrémité arrondie de la jambe un morceau d'argile représentant la culotte bouffante ; presser dans le glaçage. Badigeonner un peu d'eau sur le bord droit de la culotte bouffante à la partie supérieure de la chaussette et y fixer le bord froncé d'un volant blanc ; presser pour fixer. Répéter pour fixer une partie de culotte bouffante et un volant à l'autre jambe.

8 Pour faire les bras, envelopper un rectangle bleu autour d'un des petits gâteaux glacés roses, à 3,75 cm (1½ po) d'une des extrémités et positionné de manière à ce que les bords de la manche se rencontrent sous le bras, sur le côté plat du petit gâteau (voir la photo page ci-contre). Presser les bords dans le petit gâteau pour qu'ils soient bien plats. Rassembler et pincer ensemble toute argile de bonbon excédentaire au haut du bras pour faire le haut de la manche. Humecter le bord droit au bas de la manche avec une goutte d'eau et y fixer le bord froncé d'un volant bleu ; presser pour faire coller. En commençant par le haut, insérer 3 bâtonnets de bretzel dans le côté plat sous le bras, à environ 2,5 cm (1 po) d'intervalle et perpendiculaire au bras ; laisser 3,75 cm (1½ po) des bretzels exposé. Répéter pour l'autre bras.

9 Pour assembler la poupée de chiffon, couper un très petit coin 0,1 cm (1⁄16 po) des sacs de glaçage noir, rouge et à la vanille. Transférer le gâteau pour le corps refroidi à un plateau de service. Étaler le reste du glaçage à la vanille sur le gâteau et le beigne ; lisser. Mettre les jambes en petit gâteau devant le corps, à environ 5 cm (2 po) d'écart, côtés non taillés contre le gâteau. Pour les chaussures, fixer le côté plat d'une moitié de petit gâteau glacé noir, côté coupé vers le bas, au bout coupé de chaque jambe à l'aide de glaçage noir.

10 Ramollir le grand cercle d'argile de bonbon bleu et le déposer sur le dessus du gâteau glacé en faisant des plis mous pour la robe ; tailler s'il est trop long. Mettre le tablier sur le devant de la robe en positionnant l'extrémité étroite près du haut du gâteau et en la fronçant légèrement au cou. À l'aide du glaçage rouge, dessiner 5 points rouges en cercle et mettre un point au centre pour faire de petites fleurs espacées uniformément sur la robe bleue. Fixer les 2 volants blancs restants en cercle au haut du gâteau pour faire l'ouverture du cou.

11 Utiliser une grande spatule pour transférer le gâteau pour la tête refroidi sur le beigne, côté taillé vers le bas. Insérer 3 pailles à travers la tête et le corps, près l'une de l'autre, en guise de support. Tailler les pailles près du gâteau.

12 À l'aide d'une goutte de glaçage à la vanille, fixer le bonbon haricot coupé dans le sens de la longueur sur le devant du gâteau pour la tête en guise de bouche, côté coupé contre le gâteau. Ajouter le triangle en rouleau aux fruits, côté court vers le bas, pour faire le nez. Dessiner 2 cercles de 1 cm (½ po) avec le glaçage à la vanille pour faire les yeux. Presser les 2 tranches bonbon gélifié à la réglisse dans le glaçage, côté coupé vers le bas, pour faire les pupilles. Dessiner un pois blanc sur chaque œil pour faire un reflet. Mettre plusieurs gouttes de colorant alimentaire rouge dans un petit bol. Y tremper le bout d'un petit pinceau d'artisanat pour un soupçon de couleur. Éponger le pinceau sur une serviette en papier avant de peindre des cercles sur le visage, à environ 5 cm (2 po) d'écart pour faire des joues rosées (voir la photo, page précédente). À l'aide du glaçage noir, dessiner une ligne recourbée de chaque côté de la bouche pour faire le sourire et une courbe plus petite au bout pour faire les fossettes. Ajouter des cils sous les yeux et des sourcils à l'aide du glaçage noir.

13 Pour faire les cheveux, couper les lacets de réglisse rouge en longueurs de 5 à 12,5 cm (2 à 5 po). Pincer les bouts d'un des lacets longs pour faire une boucle. Faire plusieurs boucles et

réserver. Mettre du glaçage rouge sur le dessus et l'arrière de la tête. En commençant par le bas de la tête et en travaillant d'un côté à l'autre, presser les morceaux de réglisse plus longs dans le glaçage pour les faire coller. Continuer de travailler en rangées chevauchées jusque sur le dessus de la tête. Disposer les morceaux plus courts vers l'avant pour faire la frange; ajouter du glaçage rouge au besoin. Ajouter les boucles en réglisse sur le dessus de la tête.

14 Pour fixer les bras, tenir un bras en position à l'épaule et presser délicatement le bretzel pour faire une marque dans l'argile de bonbon. À l'aide d'un cure-dent, faire 3 trous dans les marques sur l'argile. Insérer les extrémités des bretzels dans les trous jusque dans le gâteau; fixer avec du glaçage au besoin. Dessiner des fleurs en glaçage rouge sur les manches bleues.

GÂTEAU BONHOMME DE NEIGE

DONNE 12 PORTIONS

1 Gâteau-maître jouet en peluche (page 142) fait de mélange pour gâteau au chocolat

60 ml (¼ tasse) de glaçage au chocolat

1 boîte de 450 g (16 oz) plus 250 ml (1 tasse) de glaçage à la vanille

60 ml (¼ tasse) de sucre décoratif bleu pâle (Cake Mate)

Bonbons gélifiés : 20 blancs, 2 rouges et 4 orange

15 ml (1 c. à soupe) de sucre granulé

1 bâtonnet de bretzel mince (Bachman)

1 sac de 300 g (10 oz) de guimauves miniatures

3 boules de gomme perlées bleu pâle (SweetWorks)

2 bâtons de bretzel (Bachman)

2 chocolats enrobés de bonbon brun (M&M'S)

1 morceau de 10 cm (4 po) de lacet de réglisse noire

2 biscuits à la guimauve enrobés de chocolat (Mallomars, Whippet)

1 petit gâteau au chocolat non glacé

1 biscuit au cacao (Archway)

1 Mettre le glaçage au chocolat et 45 ml (3 c. à soupe) de glaçage à la vanille dans des sacs de type Ziploc séparés. Exprimer l'excédent d'air et sceller les sacs.

2 Tapisser une plaque à pâtisserie de papier ciré. Déposer les morceaux sur la plaque à mesure qu'ils sont assemblés. Parsemer un plan de travail de sucre bleu pâle. Presser les 20 bonbons gélifiés blancs ensemble et rouler en rectangle d'environ 10 × 25 cm (4 × 10 cm) d'environ 0,3 cm (⅛ po); saupoudrer de sucre décoratif supplémentaire au besoin pour empêcher de coller. Parsemer un plan de travail de sucre granulé. Presser ensemble les 2 bonbons gélifiés rouges et rouler à une épaisseur de 0,3 cm (⅛ po). Presser les 4 bonbons gélifiés orange ensemble et former en cône de 5 cm (2 po) de long pour faire le nez. Insérer l'extrémité du bâtonnet en bretzel mince dans le bout plat du cône orange (voir la photo ci-dessus).

3 Pour faire la cravate, couper une lanière de 1,8 × 25 cm (¾ × 10 po) du bonbon bleu pour le cou du bonhomme de neige. Pour faire la partie pendante de la cravate, découper un triangle de 3,75 × 22,5 × 22,5 cm (1½ × 9 × 9 po). Tailler 1 cm (½ po) de l'extrémité étroite. Retirer un coin de 1,8 cm (¾ po) de chaque côté de l'extrémité large pour faire le bout pointu de la cravate (voir

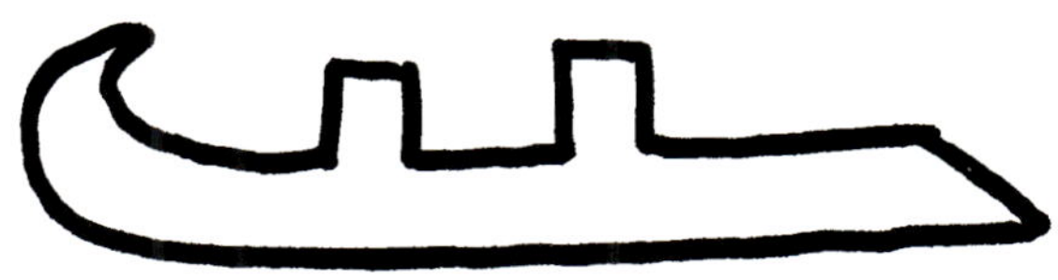

la photo ci-dessus). Couper un cercle de 2,5 cm (1 po) à partir du bonbon bleu; rouler les retailles au besoin pour avoir suffisamment de bonbon. Utiliser le modèle ci-dessous pour couper 2 lames de patin à partir du bonbon bleu. Couper des cercles de 3,1 cm (1¼ po) à partir du bonbon rouge pour faire les joues.

4 Retirer le gâteau assemblé refroidi du congélateur. Étaler du glaçage à la vanille sur le gâteau qui représente le corps et lisser. En commençant à la base du gâteau, presser les guimauves miniatures sur le gâteau, très près l'une de l'autre, pour recouvrir complètement. Étaler le reste du glaçage à la vanille sur le gâteau qui représente la tête; lisser. Répéter le processus avec le reste des guimauves miniatures pour recouvrir complètement.

5 Pour faire les boutons, retirer 3 guimauves du devant du corps, en rangée verticale et à des intervalles égaux. Presser les boules de gomme bleues à leur place. Pour faire les bras, retirer une guimauve de côtés opposés du corps, près du cou. Insérer l'extrémité d'un bâton de bretzel dans chaque espace en laissant de 7,5 à 10 cm (3 à 4 po) de bretzel dépasser.

6 Couper un petit coin (0,3 cm [⅛ po]) des sacs de glaçage à la vanille et au chocolat. Pour la cravate, dessiner une ligne fine de glaçage à la vanille autour de la base du cou et y fixer la lanière longue de bonbon bleu; tailler au besoin. À l'aide d'un peu de glaçage à la vanille, fixer l'extrémité étroite de la cravate à la lanière en angle désinvolte. Utiliser une goutte de glaçage pour fixer le cercle de 2,5 cm (1 po) en bonbon bleu à la jonction entre le tour de cou et la partie pendante de la cravate afin de la couvrir.

7 Insérer l'extrémité en bretzel du bonbon orange au centre du gâteau pour la tête en guise de nez. Mettre un peu de glaçage à la vanille pour fixer les 2 bonbons bruns pour faire les yeux, le lacet de réglisse noire pour la bouche et les 2 cercles en bonbon rouge pour les joues.

8 Mettre 2 gouttes de glaçage au chocolat sur le côté plat de chaque biscuit à la guimauve et y fixer les lames de patin en bonbon bleu. Disposer les biscuits à la guimauve à la base du gâteau; fixer avec une goutte de glaçage à la vanille.

9 Pour faire le chapeau, mettre du glaçage au chocolat sur le dessus du petit gâteau et lisser. Mettre une goutte de glaçage au chocolat sur le dessus du biscuit au cacao et fixer le bas du petit gâteau au biscuit.

10 Juste avant de servir, mettre une goutte de glaçage à la vanille sur le dessus du gâteau et y déposer le chapeau.

GÂTEAU LAPIN 24 CAROTTES

DONNE 12 PORTIONS

1 Gâteau-maître jouet en peluche (page 142) fait de mélange pour gâteau au chocolat

2 boîtes de 450 g (16 oz) chacune de glaçage à la vanille

4 biscottis à l'anis (Stella D'oro)

15 ml (1 c. à soupe) de sucre décoratif rose (Cake Mate)

1 sac de 420 g (14 oz) de noix de coco sucrée en flocons

8 bâtonnets de bretzel minces (Bachman)

26 bonbons guimauve en forme d'arachide orange

3 petits gâteaux au chocolat fourrés de crème et enrobés de chocolat (Ring Dings)

60 ml (¼ tasse) de guimauves miniatures

1,25 ml (¼ c. à thé) de vodka ou d'extrait de citron (McCormick)

1,25 ml (¼ c. à thé) de poudre dorée (voir Adresses utiles, page 294)

2 rectangles de gomme à mâcher blanche (Orbit White, Dentyne Ice)

1 bâtonnet de gomme à mâcher rose (Extra)

6 lanières de bonbon acidulé vertes (Sour Power)

2 bonbons plats roses à la crème de menthe (Jelly Belly)

1 bonbon haricot noir

2 chocolats enrobés de bonbon brun (M&M'S)

6 morceaux de 7,5 cm (3 po) de lacet de réglisse noire

1 Mettre 125 ml (½ tasse) de glaçage à la vanille dans un sac de type Ziploc. Exprimer l'excédent d'air et sceller.

2 Tapisser une plaque à pâtisserie de papier ciré. Transférer les parties au papier ciré à mesure qu'elles sont assemblées. Pour faire les supports d'oreille, insérer environ 2,5 cm (1 po) de l'extrémité pointue d'une brochette en bambou de 10 cm (4 po) dans l'extrémité de 2 biscottis. Étaler du glaçage à la vanille sur les biscottis; lisser. Mettre les biscottis sur la plaque à pâtisserie, côtés recourbés vers l'extérieur. Parsemer du sucre décoratif rose sur le devant de chaque biscotti. Presser de la noix de coco dans le glaçage sur les côtés et le dos de chaque biscotti.

3 Pour faire les pattes antérieures, insérer un bâtonnet de bretzel dans le côté plat à une extrémité de 2 bonbons en forme d'arachide (voir la photo ci-dessous). Étaler du glaçage à la vanille sur les 2 bonbons en forme d'arachide. Presser de la noix de coco dans le glaçage. Pour faire les pattes postérieures et les cuisses, recouvrir de glaçage à la vanille les 2 biscottis et 2 des petits gâteaux enrobés de chocolat. Presser de la noix de coco dans le glaçage. Pour faire la queue, étaler du glaçage à la vanille sur le petit gâteau enrobé de chocolat restant; presser les guimauves miniatures dans le glaçage, très près l'une de l'autre, pour bien recouvrir.

4 Pour la dent dorée, combiner la vodka et la poussière dorée dans un petit bol. À l'aide

d'un petit pinceau d'artisanat, peinturer l'une des gommes à mâcher rectangulaires (ou utiliser un rectangle de gomme jaune). Pour faire le nœud papillon, couper une longueur de 4,4 cm (1¾ po) à partir du bâtonnet de gomme à mâcher rose. Pincer le centre de ce morceau. Couper le petit morceau de gomme restant en 2 sur la longueur et disposer d'une moitié. Envelopper le petit morceau autour du centre du grand morceau pour couvrir la partie pincée (voir la photo ci-dessous à droite).

5 Pour faire les fanes des carottes, couper les lanières de bonbon acidulé sur la largeur pour obtenir 24 morceaux de 6,25 à 7,5 cm (2½ à 3 po). Utiliser des ciseaux pour faire de petites entailles dans les côtés longs et le haut de chaque morceau de lanière (voir la photo, page ci-contre). Pincer le bas pour faire une pointe. Pour former les carottes, mettre un bonbon en forme d'arachide sur le côté; y tailler un morceau de 0,6 cm (¼ po) à partir du long côté texturé pour l'aplatir; disposer du morceau. Pincer un bout du bonbon pour faire une pointe. Utiliser le dos d'un petit couteau pour faire des lignes sur la largeur sur le bas non taillé du bonbon en forme d'arachide. À l'aide du couteau, faire une fente dans le bout arrondi du bonbon et y insérer l'extrémité pointue d'un morceau de lanière de bonbon vert. Répéter pour faire 24 carottes.

6 Retirer le gâteau assemblé refroidi du congélateur. Étaler du glaçage à la vanille sur le gâteau et lisser. En commençant à la base du gâteau pour se rendre jusque sur le dessus de la tête, presser de la noix de coco dans le glaçage pour le recouvrir complètement. Retirer l'excédent de noix de coco du plateau de service. Couper un coin de 0,6 cm (¼ po) du sac de glaçage à la vanille. Pour faire les cuisses, fixer les 2 petits gâteaux enrobés de chocolat glacés aux côtés opposés du bas du corps. Pour fixer les gâteaux pour les cuisses, insérer 2 bâtonnets de bretzel, à 2,5 cm (1 po) d'intervalle, à travers chaque petit gâteau et jusque dans le gâteau pour

le corps; recouvrir les trous avec de la noix de coco. Pour les pattes postérieures, disposer les biscottis à l'anis entiers glacés devant les gâteaux pour les cuisses. Insérer l'extrémité avec bretzel des pattes antérieures près du cou du gâteau, à environ 5 cm (2 po) d'intervalle; fixer à l'aide de glaçage. Mettre une goutte de glaçage sur l'arrière du gâteau pour la queue. Pour fixer la queue, insérer 2 bâtonnets de bretzel minces à 2,5 cm (1 po) d'intervalle, à travers le gâteau pour la queue et jusque dans le gâteau pour le corps. Couvrir le trou avec une guimauve.

7 Pour faire le visage, utiliser du glaçage pour fixer les bonbons plats roses pour faire la lèvre supérieure, le bonbon haricot noir pour faire le nez et les chocolats enrobés de bonbon brun pour faire les yeux. Mettre une goutte de glaçage à la vanille sur chaque œil pour faire un reflet. Fixer les 2 rectangles de gomme à mâcher sous la lèvre supérieure en guise de dents. Pour faire les moustaches, insérer 3 morceaux de lacet de réglisse noire de chaque côté de la lèvre supérieure. Fixer le nœud rose juste sous le cou à l'aide d'un peu de glaçage à la vanille. Fixer une carotte en bonbon, côté marqué vers l'extérieur, près d'une des pattes antérieures.

8 Ajouter les oreilles en biscotti à l'anis sur le dessus du gâteau, côté avec sucre rose vers l'avant; pousser les brochettes dans le gâteau et ajouter du glaçage à la vanille pour bien coller. Disposer les 23 carottes restantes, côté marqué vers le haut, autour de la base du gâteau.

GÂTEAU TATOU

DONNE 12 PORTIONS

Malgré sa drôle d'apparence, il est la douceur incarnée ! Notre tatou arbore une armure en guimauves miniatures enrobées de poudre de cacao et son dos est garni d'une bande de bonbons plats de type Necco au chocolat. Le bout de son museau en cornet sucré dispose d'une bouche en céréale en forme de O.

1 recette de Préparation pour gâteau parfait (page 289) faite de mélange pour gâteau au chocolat, cuit dans un bol en verre d'une capacité de 2,8 l (2½ pintes ou 11¼ tasses) allant au four pendant 45 à 50 minutes

1 boîte de 450 g (16 oz) plus 250 ml (1 tasse) de glaçage au chocolat

1 cornet au sucre (Joy, Keebler)

15 ml (1 c. à soupe) de sucre décoratif rose pâle (Wilton)

1 guimauve jumbo

2 bâtonnets de bretzel minces (Bachman)

30 ml (2 c. à soupe) de poudre de cacao non sucré

500 ml (2 tasses) de guimauves miniatures

2 chocolats enrobés de bonbon brun (M&M'S)

3 rouleaux de 60 g (2 oz) chacun de bonbons plats au chocolat (Necco)

1 céréale aux fruits rouge (Froot Loops)

12 bonbons durs jaunes en forme de banane (Runts)

1 Tapisser une plaque à pâtisserie de papier ciré. Tailler le dessus du gâteau pour le niveler (voir Au niveau, page 14) ; réserver les retailles pour faire la terre. Déposer le gâteau, côté taillé vers le bas, sur un plan de travail. Pour faire le corps, couper un morceau d'une largeur de 5 cm (2 po) des côtés opposés du gâteau. Pour faire la tête, placer un de ces morceaux debout sur le plan de travail. Mesurer 7,5 cm (3 po) à partir de chaque extrémité du bord droit et faire 2 coupes en angle jusqu'au bord courbé afin d'obtenir un morceau au centre qui passe de 3,1 à 7,5 cm (1¼ à 3 po)

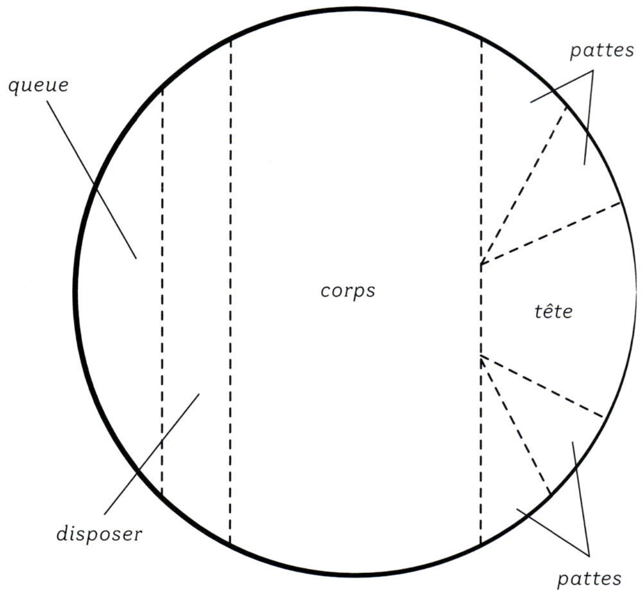

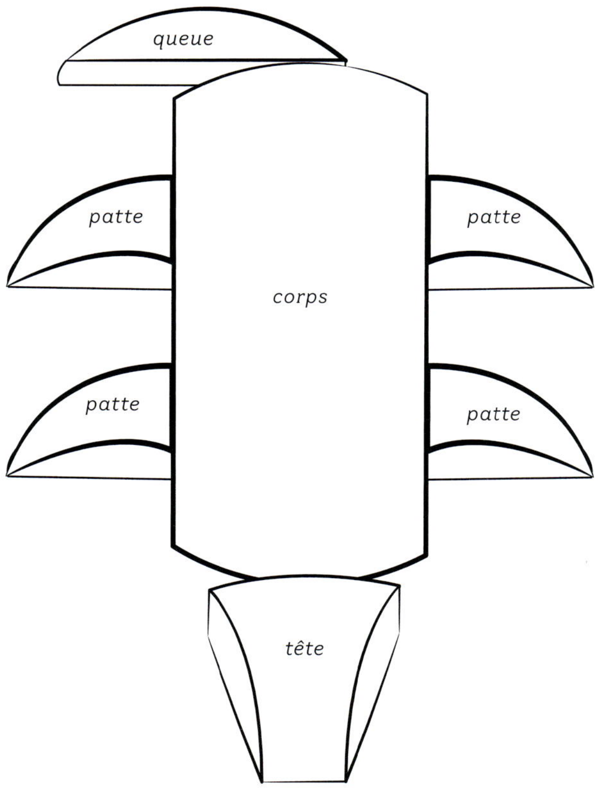

(voir l'illustration page 160). Couper les 2 morceaux des extrémités en 2 sur la longueur pour faire les 4 pattes. Tailler 1 cm (½ po) du côté long du morceau de 5 cm (2 po) restant ; réserver avec les autres retailles. Le grand morceau servira pour la queue. Disposer le gâteau pour le corps, côté arrondi vers le haut, et les 6 morceaux de gâteau (voir l'illustration ci-dessous à gauche) sur un plateau de service. Étaler une fine couche de glaçage au chocolat (voir Des miettes avec ça ?, page 16) sur le gâteau en prenant soin de remplir toute fissure ; lisser. Mettre le gâteau au congélateur jusqu'à ce qu'il soit ferme, environ 30 minutes.

2 Tapisser une plaque à pâtisserie de papier ciré. Transférer les parties au papier ciré à mesure qu'elles sont assemblées. Pour faire le museau, découper avec un couteau dentelé un morceau de 1 cm (½ po) de l'extrémité large du cornet au sucre et un morceau de 1 cm (½ po) à partir de l'extrémité pointue (voir la photo ci-dessous) ; disposer. Pour faire les oreilles, mettre le sucre rose dans un petit bol. À l'aide de ciseaux, couper 0,6 cm (¼ po) à partir de chaque extrémité

ÉTAPE 2

plate de la guimauve jumbo; disposer du centre. Presser le côté coupé de chaque morceau de guimauve dans le sucre. Insérer un bâtonnet de bretzel dans l'extrémité étroite de chaque oreille en guimauve en guise de support. À l'aide d'un pinceau d'artisanat, appliquer de la poudre de cacao sur le bord extérieur de chaque oreille. Pour faire les yeux, couper une guimauve miniature en 2 sur la largeur. Presser un bonbon brun sur le côté collant de chaque moitié. Mettre le reste des guimauves miniatures dans un sac de type Ziploc avec le reste de la poudre de cacao. Sceller le sac et bien secouer jusqu'à ce que les guimauves soient d'un brun clair et enrobées uniformément. Retirer les guimauves et les couper en 2 sur la largeur pour faire les petites écailles.

3 Mettre 30 ml (2 c. à soupe) du glaçage au chocolat restant dans un sac de type Ziploc. Exprimer l'excédent d'air et sceller le sac. Étaler du glaçage à la vanille restant sur le tiers central du gâteau pour le corps (entre les pattes) et lisser. En commençant par le glaçage le plus près de la queue et travaillant vers l'avant, disposer 6 ou 7 rangées de bonbons plats au chocolat; les chevaucher légèrement et presser les bouts dans le glaçage pour fixer. Étaler du glaçage au chocolat sur le tiers arrière du gâteau pour le corps, les pattes postérieures et la queue; lisser. En commençant par le bout de la queue et travaillant vers la section du milieu, disposer des rangées des guimauves miniatures coupées, côté coupé vers le bas, en les chevauchant pour recouvrir complètement le glaçage.

4 Étaler le glaçage au chocolat en coups longs et uniformes sur le cornet au sucre taillé; lisser. Fixer l'extrémité large du cornet sur le devant du gâteau pour la tête; fixer à l'aide de glaçage. Étaler le reste du glaçage au chocolat sur le tiers avant du corps, la tête et les pattes antérieures. En commençant où les bonbons plats au chocolat prennent fin, disposer des rangées des guimauves miniatures coupées, côté coupé vers le bas, en les chevauchant pour recouvrir tout sauf le museau glacé. Retirer quelques guimauves miniatures du dessus de la tête et les remplacer par 3 bonbons plats au chocolat. Insérer l'extrémité avec bretzel des oreilles en guimauve de chaque côté des écailles de tête, côté sucré vers l'avant. Couper un petit coin (0,3 cm [⅛ po]) du sac de glaçage au chocolat et fixer les yeux en bonbon sur le haut du museau à l'aide d'une goutte de glaçage. Mettre une goutte de glaçage au bout du museau et y fixer le O en céréale pour faire le nez. Mettre 3 gouttes de glaçage au bout de chaque patte et y fixer 3 bonbons en forme de banane, côté arrondi vers le haut, pour faire les griffes. Émietter les retailles de gâteau réservées et parsemer autour du gâteau pour représenter la terre.

GÂTEAU LA COLLINE DES LAPINS

Surprise à l'intérieur !

DONNE 12 PORTIONS

Les guimauves sur la colline semblent se multiplier comme des lapins. Les parents sont de taille normale et leurs rejetons sont miniatures. Une montagne de carottes sucrées se cache dans leur colline.

1 recette de Préparation pour gâteau parfait (page 289) faite de mélange pour gâteau au chocolat, cuit dans un bol en verre d'une capacité de 2,8 l (2½ pintes ou 11¼ tasses) allant au four de 45 à 50 minutes

60 ml (¼ tasse) de glaçage au chocolat

1 boîte de 450 g (16 oz) de glaçage à la vanille

Colorant alimentaire vert et jaune (McCormick)

125 ml (½ tasse) de sucre décoratif rose pâle (Wilton)

6 guimauves

1 sac de 300 g (10 oz) de guimauves miniatures

190 ml (¾ tasse) de pastilles à fondre blanches (Wilton)

Petits bonbons décoratifs en forme de cœur (voir Adresses utiles, page 294)

250 ml (1 tasse) de petits bonbons en forme de carotte (Jelly Belly Peas & Carrots)

60 ml (¼ tasse) de pastilles à fondre vertes (Wilton)

45 ml (3 c. à soupe) de nonpareilles vertes (Wilton)

1 Mettre le glaçage au chocolat dans un sac de type Ziploc. Mettre 30 ml (2 c. à soupe) de glaçage à la vanille dans un autre sac de type Ziploc. Exprimer l'excédent d'air et sceller les sacs. Colorer le reste du glaçage à la vanille en vert pâle à l'aide des colorants alimentaires jaune et vert. Couvrir de pellicule plastique pour empêcher de sécher.

2 Tapisser une plaque à pâtisserie de papier ciré. Transférer les parties au papier ciré à mesure qu'elles sont assemblées. Mettre le sucre rose dans un petit bol. Pour faire les oreilles des grands lapins, utiliser des ciseaux de bricolage affûtés pour couper une des grosses guimauves sur la largeur en 4 tranches minces ; les laisser tomber dans le sucre rose. Secouer le bol et presser les côtés coupés des guimauves pour bien les enrober. Enlever les morceaux du bol de sucre et enlever tout excédent des côtés. Répéter avec 25 guimauves miniatures pour faire 100 petites oreilles de lapin. Pour faire les pattes des gros lapins, couper un morceau de 1 cm (½ po) de chaque extrémité plate de 1 grosse guimauve ; disposer du centre. Couper chaque morceau en 2 sur la largeur pour obtenir 4 demi-cercles. Pour faire les pattes des petits lapins, couper 50 guimauves miniatures en 2 sur la largeur.

3 Mettre les pastilles à fondre blanches dans un sac de type Ziploc ; ne pas sceller le sac. Ramollir au four à micro-ondes 10 secondes, pétrir le chocolat dans le sac, remettre au four à micro-ondes et répéter le processus jusqu'à ce que le chocolat soit fondu et de consistance onctueuse, environ

ÉTAPE 4

ÉTAPE 6

30 secondes. Exprimer l'excédent d'air et sceller le sac. Couper un petit coin (0,3 cm [⅛ po]) du sac.

4 Pour assembler les lapins, mettre une goutte de chocolat fondu sur le côté plat d'une guimauve entière pour faire le corps. Pour faire la tête, déposer une autre guimauve de la même grosseur, sur son côté, sur le chocolat fondu. Mettre le lapin partiellement assemblé sur son dos, mettre une goutte de chocolat fondu vers le bas de chaque côté du corps et y fixer les morceaux de pattes coupés à partir des guimauves de la même grosseur. Mettre une goutte de chocolat fondu sur le dessus de la tête et y disposer 2 oreilles en guimauve trempées dans le sucre, faites à partir des guimauves de la même grosseur, côté sucre vers l'avant (voir la photo ci-dessus). Répéter pour faire 2 gros lapins et 50 petits lapins. Réfrigérer jusqu'à ce que le chocolat fondu soit figé, environ 5 minutes.

5 Couper un très petit coin (0,1 cm [1/16 po]) des sacs de glaçage au chocolat et à la vanille. Pour faire le nez, fixer un bonbon en cœur sur le devant plat de chaque tête en guimauve à l'aide d'une goutte de glaçage à la vanille. Dessiner les yeux avec le glaçage au chocolat.

6 Tapisser une plaque à pâtisserie de papier ciré. Disposer les bonbons en forme de carotte en rangées sur la plaque à pâtisserie. Mettre les pastilles à fondre vertes dans un sac de type Ziploc; ne pas sceller le sac. Ramollir au four à micro-ondes 10 secondes, pétrir le chocolat dans le sac, remettre au four à micro-ondes et répéter le processus jusqu'à ce que le chocolat soit fondu et de consistance onctueuse. Exprimer l'excédent d'air et sceller le sac. Couper un petit coin (0,3 cm [⅛ po]) du sac. Déposer une ligne ondulée de 1 cm (½ po) à une extrémité de chaque bonbon pour représenter les fanes (voir la photo ci-dessus). Réfrigérer jusqu'à ce que le chocolat fige, environ 5 minutes.

7 Mettre le gâteau refroidi, côté plat vers le haut, sur un plan de travail. Tailler le dessus du gâteau pour le niveler (voir Au niveau, page 14); réserver les retailles pour faire la terre. À l'aide d'un petit couteau, couper du centre du gâteau un cercle de 7,5 cm (3 po) de diamètre et d'environ

ÉTAPE 8

6,25 cm (2½ po) de profondeur. Réserver le gâteau retiré pour faire la terre.

8 Retirer délicatement les carottes du papier ciré. Remplir de carottes l'ouverture dans le gâteau (voir la photo, page ci-contre). Couper un carton en forme de cercle de la même taille que le dessus du gâteau, le déposer sur le gâteau et retourner le gâteau afin que le côté arrondi soit sur le dessus. Étaler le glaçage vert pâle sur le gâteau et faire des tourbillons doux avec une spatule coudée ou avec le dos d'une cuillère (voir Glaçage en tourbillons classique, page 23). Mettre les lapins en guimauve debout partout sur le gâteau ; presser dans le glaçage pour les faire tenir. Ajouter des zones de nonpareilles vertes en guise de gazon. Émietter les morceaux de gâteau réservés et parsemer autour du gâteau en guise de terre.

GÂTEAU COCCINELLE

Surprise à l'intérieur !

DONNE 14 PORTIONS

Les coccinelles plaisent à tous, et celle-ci est si mignonne qu'elle pourrait attirer toute une colonie d'invités à votre prochaine fête d'été ! Ses taches sont faites de trous de beigne au chocolat et, surprise, elle a même des taches à l'intérieur !

1 recette de Préparation pour gâteau parfait (page 289) faite de mélange pour gâteau vanille française

Colorant alimentaire rouge et noir (McCormick)

17 trous de beigne au chocolat (Munchkins, Timbits)

1 boîte de 450 g (16 oz) de glaçage à la vanille

Colorant alimentaire rouge en pâte (Wilton)

250 ml (1 tasse) de glaçage au chocolat

2 réglisses torsadées noires (Twizzlers)

1 lacet de réglisse noire

10 biscuits sandwichs au chocolat remplis de crème (Oreo)

6 bâtonnets de bretzel minces (Bachman)

2 menthes miniatures enrobées de chocolat (Junior Mints)

1 Préchauffer le four à 180 °C (350 °F) et préparer 2 bols en verre d'une capacité de 500 ml (16 oz ou 2 tasses) et de 1,7 l (1½ pinte ou 7 tasses) allant au four (voir Libérez-moi, page 12). Colorer la pâte en rose vif à l'aide du colorant alimentaire liquide rouge. Mettre 165 ml (⅔ tasse) de pâte dans le bol de 500 ml (2 tasses). Presser 3 trous de beigne dans la pâte et recouvrir d'un autre 165 ml (⅔ tasse) de pâte ; lisser (voir la photo ci-dessous). Réserver 3 trous de beigne pour les ailes de la coccinelle. Mettre une partie de la pâte restante dans le bol de 1,7 l (7 tasses). Ajouter 4 ou 5 trous de beigne. Répéter les étages pour utiliser le reste de la pâte et des trous de beigne ; s'assurer que les trous de beigne sont complètement recouverts de pâte (voir la photo, ci-dessous à droite). Lisser.

2 Mettre les bols sur une plaque à pâtisserie et cuire au four jusqu'à ce que les gâteaux soient fermes et qu'un cure-dent inséré au centre en ressorte propre, 30 à 35 minutes pour le petit bol et 45 à 50 minutes pour le grand. Transférer les gâteaux de la plaque à pâtisserie à une grille en métal et laisser refroidir 10 minutes. Renverser, retirer les bols et laisser refroidir complètement.

3 Tapisser une plaque à pâtisserie de papier ciré. Tailler le dessus de chaque gâteau pour le niveler (voir Au niveau, page 14). Mettre les gâteaux, côté taillé vers le bas, sur un plan de travail. Tailler 1,8 cm (¾ po) d'un bord de chaque gâteau et disposer des retailles. Mettre chaque gâteau sur un carton coupé à sa taille (voir À la base, page 14), côté arrondi vers le haut, et transférer à la plaque à pâtisserie. Mettre les gâteaux au congélateur jusqu'à ce qu'ils soient refroidis, environ 30 minutes.

4 Colorer le glaçage à la vanille en rouge à l'aide du colorant alimentaire rouge en pâte et mettre dans une tasse à mesurer en verre. Couvrir de pellicule plastique pour empêcher de sécher. Colorer 45 ml (3 c. à soupe) du glaçage au chocolat en noir avec le colorant alimentaire et mettre dans un sac de type Ziploc. Exprimer l'excédent d'air et sceller le sac.

5 Tapisser une plaque à pâtisserie de papier ciré. Transférer les parties au papier ciré à mesure qu'elles sont assemblées. Pour faire les pattes, couper les réglisses torsadées en 6 morceaux de 7,5 cm (3 po). Pour faire les antennes, couper le lacet de réglisse en 2 ; enrouler une extrémité pour faire courber. Retirer un côté biscuit de 2 des biscuits sandwichs au chocolat ; réserver les côtés garnis de crème pour faire les yeux. Mettre les 2 côtés de biscuit non garnis et les 8 biscuits sandwichs restants dans un robot culinaire ; moudre finement par pulsions ou mettre les biscuits dans un sac de type Ziploc (ne pas sceller le sac) et écraser à l'aide d'un rouleau à pâte jusqu'à ce qu'ils soient finement moulus. Pour faire les taches sur les ailes, mettre les miettes de biscuit dans un bol de taille moyenne. Couper les 3 trous de beigne réservés en 2. Les déposer, côté coupé vers le bas, sur une feuille de papier ciré. Étaler une fine couche de glaçage au chocolat sur le dessus ; lisser. Presser le côté glacé des trous de beigne dans les miettes de biscuit pour bien recouvrir. Étaler le reste du glaçage au chocolat sur le petit gâteau refroidi ; lisser. Presser les miettes de biscuit dans le glaçage pour le recouvrir. Mettre les beignes et le gâteau dans le congélateur jusqu'à ce qu'ils soient fermes, environ 30 minutes.

6 Tapisser une plaque à pâtisserie de papier ciré et mettre une grille en métal par-dessus. Mettre le gros gâteau refroidi sur la grille. Faire chauffer le glaçage rouge au four à micro-ondes, en remuant toutes les 5 secondes, jusqu'à ce qu'il ait la texture de crème légèrement fouettée, environ 20 secondes. Verser le glaçage fondu sur le gâteau de manière à le recouvrir complètement ; laisser l'excédent de glaçage s'égoutter sur la plaque à pâtisserie. Mettre le gâteau au réfrigérateur pour figer le glaçage, environ 30 minutes.

7 Utiliser une grande spatule pour transférer le gros gâteau à un plateau de service. Pour faire la tête, disposer le petit gâteau contre le gros gâteau, côtés taillés ensemble.

8 Utiliser une grande brochette en bois pour faire une rainure au centre du grand gâteau à partir de la tête. Couper un petit coin (0,3 cm [⅛ po]) du sac de glaçage noir et dessiner une ligne sur la rainure.

9 Pour positionner les taches sur les ailes, utiliser un cure-dent pour faire 6 marques dans le glaçage rouge en les dupliquant de chaque côté du grand gâteau et en laissant assez d'espace pour que les beignes ne se touchent pas. Insérer un bâtonnet de bretzel dans le côté coupé de chaque moitié de trou de beigne. Insérer l'extrémité du bretzel dans les marques sur le gâteau ; presser pour que le trou de beigne soit collé sur le gâteau. Utiliser les doigts pour lisser toute indentation dans les miettes de biscuit sur les beignes.

10 À l'aide une goutte de glaçage noir, fixer les 2 biscuits garnis de crème sur le petit gâteau pour faire les yeux. Utiliser une autre goutte de glaçage noir pour fixer les menthes enrobées de chocolat en guise de pupilles. Pour faire les pattes, ajouter les 6 morceaux de réglisse torsadée, 3 de chaque côté du corps. Pour les antennes, insérer 1 lacet de réglisse dans la tête, derrière chaque œil.

GÂTEAU TORTUE DE MER

DONNE 12 PORTIONS

Notre tortue de mer est un spécimen si magnifique qu'elle pourrait se trouver sur la liste des gâteaux menacés ! L'une de nos confiseries préférées, la guimauve, est vaporisée de colorant alimentaire pour imiter la carapace de la tortue luth.

1 recette de Préparation pour gâteau parfait (page 289) faite de mélange pour gâteau jaune, 250 ml (1 tasse) de pâte cuite dans un bol en verre d'une capacité de 250 ml (8 oz ou 1 tasse) allant au four de 30 à 35 minutes, et 1 l (4 tasses) de pâte cuite dans un autre bol en verre d'une capacité de 2,8 l (2½ pintes ou 11¼ tasses) allant au four de 45 à 50 minutes

1 boîte de 450 g (16 oz) plus 250 ml (1 tasse) de glaçage à la vanille

Colorant alimentaire bleu néon et jaune (McCormick)

10 guimauves jumbo

2 bombes de 45 g (1½ oz) chacune de colorant alimentaire en aérosol : bleu et vert (Wilton, Cake Mate)

60 ml (¼ tasse) chacun de chocolats enrobés de bonbon bleu, vert et jaune (M&M'S)

2 bonbons plats blancs (Necco)

2 menthes miniatures enrobées de chocolat (Junior Mints)

25 chocolats enrobés de bonbon brun (M&M'S)

2 graines de tournesol enrobées de chocolat et de bonbon (Sunny Seed Drops)

2 biscottis à l'anis (Stella D'oro)

45 ml (3 c. à soupe) de sucre décoratif bleu pâle (Wilton)

1 Mettre 15 ml (1 c. à soupe) de glaçage à la vanille dans un sac de type Ziploc. Exprimer l'excédent d'air et sceller le sac. Colorer 310 ml (1¼ tasse) du glaçage à la vanille blanc en bleu clair à l'aide du colorant alimentaire bleu. Colorer le reste du glaçage à la vanille en jaune avec le colorant alimentaire jaune. Couvrir le glaçage de pellicule plastique jusqu'au moment de l'utiliser.

2 Tapisser une plaque à pâtisserie de papier ciré. Tailler 1 cm (½ po) du dessus de chaque gâteau cuit dans un bol pour obtenir une surface plate qui supportera le gâteau. Mettre les gâteaux, côté taillé vers le bas, sur un plan de travail. Pour faire la tête, couper 2,5 cm (1 po) du bord de petit gâteau et disposer. En commençant à 2,5 cm (1 po) de la première coupe, faire une deuxième coupe de 2,5 cm (1 po) à partir de la fin de la première coupe pour donner une forme de V à la tête ; disposer de retailles. Pour faire le corps, couper 3,75 cm (1½ po) d'un bord du grand gâteau. En commençant à 5 cm (2 po) de la fin de la première coupe, faire une deuxième coupe à 3,75 cm (1½ po) du bord pour effiler l'extrémité « queue » du corps. Pour faire les nageoires du devant, placer chaque morceau coupé de 3,75 cm (1½ po), côté coupé vers le bas, sur un carton coupé à sa taille. Mettre les gâteaux de tête et de corps sur des cartons coupés à leur taille, côté taillé vers le bas. Étaler une fine couche de glaçage jaune (voir Des miettes avec ça ?, page 16) sur les 2 gâteaux en prenant soin de recouvrir toutes les parties exposées et les nageoires avant ; remplir toute fissure et lisser. Transférer les gâteaux à la plaque à pâtisserie et mettre au congélateur jusqu'à ce qu'ils soient fermes, environ 30 minutes.

3 Tapisser une plaque à pâtisserie de papier ciré. Couper les guimauves en 2 sur la longueur. Transférer 13 moitiés, côté coupé vers le bas et espacées d'environ 2,5 cm (1 po) sur la plaque à pâtisserie. Couper les 7 moitiés restantes en diagonale pour obtenir 14 triangles ; transférer 10 triangles à la plaque à pâtisserie. Couper 0,6 cm (¼ po) du bord coupé des 4 triangles restants et transférer les petits triangles à la plaque à pâtisserie (voir la photo, page ci-contre).

4 À l'aide des colorants alimentaires en aérosol, ajouter des touches de bleu et de vert aux morceaux de guimauve pour créer l'effet bigarré de la carapace de la tortue (voir la photo, page ci-contre). Laisser sécher les guimauves.

5 Mettre le gâteau sur un plateau de service. Pour la carapace, étaler le glaçage bleu pâle sur le dessus du gâteau ; lisser. Presser une rangée unique de chocolats enrobés de bonbon jaune à l'endroit où les glaçages jaune et bleu se rencontrent.

6 Pour assembler la carapace, mettre le gâteau devant, bout effilé de la queue vers l'arrière. En commençant par le devant du gâteau, fixer une rangée de demi-guimauves, sur le sens de leur largeur, à 0,6 cm (¼ po) d'intervalle au centre du gâteau sur la longueur. Ajouter 2 rangées

supplémentaires à la droite de la rangée du centre et 2 autres à la gauche en décalant les guimauves de 1 cm (½ po) et en remplissant les fins de rangées avec les triangles pour suivre la courbe de la carapace. Fixer une guimauve en triangle au bout arrière pour former la queue.

7 Pour faire la tête, couper un petit coin (0,3 cm [⅛ po]) du sac de glaçage à la vanille. Étaler du glaçage jaune sur le petit gâteau refroidi ; lisser. Pour faire les yeux, mettre les bonbons plats blancs sur le dessus du gâteau, un près de chaque côté coupé. Utiliser du glaçage à la vanille pour fixer les menthes enrobées de chocolat en guise de pupilles. Dessiner une touche blanche sur chaque œil pour faire un reflet. Presser quelques chocolats enrobés de bonbon bleu, vert et brun en groupes sur la tête pour faire des écailles. Presser les 2 graines de tournesol sur le devant du gâteau en guise de narines. Utiliser une petite spatule pour transférer le gâteau pour la tête devant le gâteau pour le corps sur le plateau de service.

8 Pour les nageoires avant, étaler du glaçage jaune sur les 2 morceaux de gâteau refroidi ; lisser. Transférer les morceaux glacés au plateau, 1 de chaque côté du corps et à environ 5 cm (2 po) de la tête, côté courbé vers l'avant, et les nicher sous la carapace. Presser des chocolats enrobés de bonbon bleu, vert et brun en groupes sur chaque nageoire. Pour les nageoires arrière, utiliser un petit couteau dentelé pour retirer un morceau de 5 cm (2 po) de chaque biscotti à l'anis ; disposer. Mettre les biscottis côte à côte sur un plan de travail, côtés arrondis vers l'extérieur. Étaler le reste du glaçage jaune sur le dessus et les côtés des biscottis. Mettre 1 biscotti de chaque côté à l'arrière du gâteau. Presser le reste des chocolats enrobés de bonbon en groupes sur le dessus des nageoires arrière en guise d'écailles. Parsemer le sucre décoratif bleu pâle sur le plateau de service.

GÂTEAU ORNEMENT

DONNE 14 PORTIONS

Les ornements préférés méritent une place de choix, par exemple sur l'assiette à dessert. Le sucre écrasé transforme un gâteau cuit dans un bol, un cupcake, des beignes et un cornet au sucre en la plus belle décoration festive possible.

1 recette de Préparation pour gâteau parfait (page 289) faite de mélange pour gâteau au chocolat, 80 ml (⅓ tasse) de pâte cuite dans un moule à muffins en papier d'aluminium de 12 à 15 minutes, et 1,15 l (4⅔ tasses) de pâte cuite dans un bol en verre de 1,7 l (1½ pintes ou 7 tasses) allant au four de 45 à 50 minutes

3 beignes nature (Entenmann's)

2 boîtes de 450 g (16 oz) chacune de glaçage à la vanille

Colorant alimentaire rouge, jaune et vert (McCormick)

375 ml (1½ tasse) de sucre décoratif blanc à gros cristaux (Wilton)

1 cornet au sucre (Joy, Keebler)

5 ml (1 c. à thé) d'extrait de menthe poivrée (McCormick)

1 morceau de réglisse rouge remplie de gelée (Welch's)

1 guimauve

18 petits bonbons haricot blancs perlés (Jelly Belly)

1 Tapisser une plaque à pâtisserie de papier ciré. Transférer les parties au papier ciré à mesure qu'elles sont assemblées. Couper 0,6 cm (¼ po) d'un bord de chaque beigne et disposer (voir la photo à droite). Tailler le dessus du gâteau et du cupcake pour les niveler (voir Au niveau, page 14). Mettre le gâteau, côté taillé vers le bas, sur un carton coupé à sa taille (voir À la base, page 14). Tailler 1,8 cm (¾ po) des côtés opposés du gâteau (c'est là que le gâteau et les beignes se joindront). Étaler une fine couche de glaçage (voir Des miettes avec ça?, page 16) sur le gâteau en prenant soin de remplir toute fissure; lisser. Mettre le gâteau, le cupcake et les beignes au congélateur pour les refroidir, environ 30 minutes.

2 Colorer 190 ml (¾ tasse) du glaçage à la vanille en rouge avec le colorant alimentaire. Colorer 190 ml (¾ tasse) du glaçage à la vanille en vert vif avec les colorants alimentaires jaune et vert. Mettre les glaçages vert, rouge et 250 ml (1 tasse) du glaçage à la vanille restant dans des sacs de type Ziploc séparés. Exprimer l'excédent d'air et sceller les sacs.

3 Mettre le sucre décoratif dans un grand bol. Couper un coin (0,6 cm [¼ po]) des sacs de glaçage. Mettre du glaçage vert sur 2 des beignes refroidis, sur le côté coupé, et lisser. Presser délicatement du sucre dans le glaçage pour le recouvrir complètement (voir Sucre écrasé, page 37). Répéter avec le beigne restant et du glaçage rouge. Remettre les beignes garnis de sucre sur la plaque à pâtisserie, côté coupé vers le bas. Mettre du glaçage à la vanille sur le dessus du cupcake. Tremper délicatement le dessus du cupcake dans le sucre pour l'enrober. Dessiner des lignes de glaçage coloré et de glaçage blanc en alternance sur le sens de la longueur du cornet au sucre. Presser délicatement du sucre sur le glaçage pour

le recouvrir (voir la photo ci-dessous). Transférer à la plaque à pâtisserie.

4 Transférer le gâteau refroidi à un plateau de service, côtés taillés vers l'arrière et vers l'avant. À l'aide d'un cure-dent, marquer des rayures droites et courbées sur la largeur du gâteau. Alterner les glaçages à la vanille, rouge et vert pour remplir les rayures marquées d'une couche égale. Presser délicatement le sucre dans le glaçage pour le recouvrir complètement. Utiliser un pinceau à pâtisserie pour retirer tout excédent de sucre. Presser légèrement le gâteau garni de sucre pour lisser et aplatir toute bosse dans le glaçage.

5 Pour faire le réflecteur jaune au centre, utiliser un emporte-pièce rond de 7,5 cm (3 po) ou un petit couteau pour découper une forme de cône (effilée) de 5 cm (2 po) sur le dessus du gâteau. Utiliser un petit couteau ou une fourchette pour retirer le gâteau à l'intérieur de la coupe. Étaler du glaçage à la vanille restant sur le gâteau exposé; lisser. Marquer les côtés effilés avec le bout d'un cure-dent. Mettre le gâteau au congélateur 15 minutes pour le refroidir.

6 Colorer l'extrait de menthe poivrée en jaune à l'aide du colorant alimentaire. Utiliser un petit pinceau d'artisanat et l'extrait jaune pour délicatement peinturer en jaune le centre glacé du réflecteur (voir Peinture de saveurs, page 45).

7 Pour faire le crochet, faire 2 trous à l'aide d'une baguette à environ 3,75 cm (1½ po) d'écart dans la base en papier d'aluminium du cupcake. Insérer les bouts de la lanière de réglisse pour faire une boucle d'environ 3,75 cm (1½ po).

8 Pour l'assemblage, mettre un beigne vert, côté coupé vers le bas, contre le côté coupé au haut du gâteau. Insérer une brochette en bois de 15 cm (6 po) à travers le beigne et dans le gâteau en laissant dépasser de 3,75 cm (1½ po). Pour le support, pousser le côté glacé du cupcake sur la brochette exposée et contre le beigne. Répéter le processus au bas du gâteau, en commençant par un beigne rouge et ensuite un vert. Insérer une brochette en bois de 15 cm (6 po) à travers les beignes jusque dans le gâteau en laissant dépasser de 5 cm (2 po). Placer le cornet au sucre, côté ouvert contre le beigne vert, de manière à recouvrir la brochette. Disposer la guimauve sous le cornet pour un support supplémentaire.

9 Dessiner une fine ligne de glaçage à la vanille autour du bord du réflecteur jaune et y fixer les bonbons haricot, bout à bout.

GÂTEAU L'ENVOLÉE

DONNE 12 PORTIONS

De petits gâteaux en forme de ballons s'envolent, retenus par des fils en lacet de réglisse. Ils sont cuits dans trois tailles différentes de petits bols et sont enjolivés d'une couche de glaçage aux couleurs vives. Le nœud des ballons est formé de bonbons mous aux fruits aux couleurs assorties.

1 recette de Préparation pour gâteau parfait (page 289) faite de mélange pour gâteau jaune ; 190 ml (¾ tasse) de pâte cuite dans chacun de 2 bols en verre de 300 ml (10 oz ou 1¼ tasse) allant au four de 30 à 35 minutes ; 125 ml (½ tasse) de pâte cuite dans chacun de 6 bols en verre de 180 ml (6 oz ou ¾ tasse) allant au four de 25 à 30 minutes ; et 80 ml (⅓ tasse) de pâte cuite dans un bol en verre de 150 ml (5 oz ou ⅔ tasse) allant au four de 20 à 23 minutes

1 boîte de 450 g (16 oz) plus 250 ml (1 tasse) de glaçage à la vanille

Colorant alimentaire rouge, vert, bleu et jaune (McCormick)

Bonbons mous aux fruits, 2 de chaque couleur : rouge, vert, bleu et jaune (Jolly Rancher, Tootsie)

9 bâtonnets de bretzel minces (Bachman)

9 lacets de réglisse jaune (Rips Whips)

1 Tapisser une plaque à pâtisserie de papier ciré. Tailler le dessus de chaque gâteau pour les niveler (voir Au niveau, page 14). Mettre les gâteaux, côté taillé vers le bas, sur des cartons coupés à leur taille (voir À la base, page 14). Transférer les gâteaux à la plaque à pâtisserie et refroidir au congélateur environ 30 minutes.

2 Mettre 15 ml (1 c. à soupe) de glaçage à la vanille dans un sac de type Ziploc. Exprimer l'excédent d'air et sceller le sac. Répartir le reste du glaçage à la vanille en parts égales dans 4 bols. Colorer chaque bol d'une couleur primaire différente à l'aide des colorants alimentaires rouge, vert, bleu et jaune. Mettre chaque couleur de glaçage dans un sac de type Ziploc séparé. Exprimer l'excédent d'air et sceller les sacs.

3 Tapisser une plaque à pâtisserie de papier ciré. Transférer les morceaux à la plaque à pâtisserie à mesure qu'ils sont assemblés. Ramollir les bonbons mous aux fruits 3 secondes au four à micro-ondes. Presser les 2 bonbons de la même couleur ensemble et rouler à une épaisseur de 0,3 cm (⅛ po). Découper 2 cercles de 3,75 cm (1½ po) à partir du bonbon bleu, vert et jaune et 3 cercles à partir du rouge ; rouler les retailles au besoin.

4 Presser une extrémité d'un bâtonnet de bretzel au centre d'un cercle en bonbon en enfiler le bonbon jusqu'à 1 cm (½ po) de l'autre extrémité du bretzel ; pincer le haut du bonbon autour du bretzel pour donner l'apparence du nœud du ballon. Insérer un morceau de lacet de réglisse jaune à l'extrémité ouverte en guise de corde ; presser pour bien fixer. Répéter avec les autres cercles de bonbon et bretzels.

5 Tapisser une plaque à pâtisserie de papier ciré et poser une grille en métal par-dessus. Disposer 2 gâteaux sur la grille en métal (utiliser 3 petits gâteaux pour le glaçage rouge). Faire chauffer une des couleurs de glaçage au four à micro-ondes, en pétrissant aux quelques secondes, jusqu'à ce qu'il ait la consistance de crème légèrement fouettée, environ 7 secondes. Couper un coin de 0,6 cm (¼ po) du sac. Appliquer le glaçage fondu sur les gâteaux de manière à les recouvrir complètement. Laisser l'excédent de glaçage s'égoutter sur la plaque à pâtisserie. Utiliser une spatule pour remettre les gâteaux glacés sur la plaque à pâtisserie originale. Répéter le processus avec les gâteaux et glaçages restants, en enrobant 3 petits gâteaux de rouge et 2 gâteaux chacun de jaune, bleu et vert. Réfrigérer jusqu'à ce que le glaçage soit légèrement figé, environ 30 minutes.

6 Au moment de servir, disposer les gâteaux sur un plateau de service, près l'un de l'autre, en élevant certains à l'aide d'un verre à jus ou petit bol à l'envers afin de créer un groupe serré. Insérer l'extrémité en bretzel de chaque nœud de ballon de la même couleur dans le bas de chaque gâteau ; prendre soin de les orienter dans la même direction. Rassembler les lacets sur le plateau sous les gâteaux.

7 Couper un petit coin (0,3 cm [⅛ po]) du sac de glaçage à la vanille. Faire une petite touche de blanc du même côté de chaque gâteau en guise de reflet.

Pour faire bonne mesure

Gâteaux dans des tasses à mesurer

Pour faire bonne mesure, ajoutez plus de formes à l'aide de tasses à mesurer allant au four de votre arsenal d'outils de cuisine de tous les jours. Elles sont parfaites pour les modèles qui requièrent une forme cylindrique. Imaginez le format de 250 ml (1 tasse) pour faire la tête d'un zèbre, d'un renne ou d'une piñata. Ou étagez des tasses de 250 ml (1 tasse) et 1 l (4 tasses) et un gâteau dans un bol de 1,14 l (4⅔ tasses) pour bâtir une forme d'œuf qui convient autant à un œuf Fabergé qu'à un bébé portant une couche.

Conseil : *Tout comme les bols, les tasses à mesurer sont offertes dans une variété de matériaux, dont le verre, le métal et la céramique. Peu importe lequel vous choisissez, assurez-vous qu'il est adapté pour l'utilisation au four. (Assurez-vous de lire La cuisson en récipients de verre, page 293). Nous avons basé nos recettes sur les grandeurs et formes de tasses à mesurer en verre allant au four que l'on retrouve couramment parce qu'elles sont plus uniformes. Toutefois, d'autres récipients allant au four de grandeurs et de formes similaires peuvent être utilisés et la différence ne fera que donner plus d'originalité à votre création.*

GÂTEAU-MAÎTRE LES AMIS DE L'ÉCURIE

Ces purs sangs sont assez semblables pour partager une écurie, mais si on va plus loin que leurs têtes dans une tasse à mesurer et leurs corps en gâteau dans un moule à pain, il y a un monde de différences.

1 recette de Préparation pour gâteau parfait (page 289) faite de mélange pour gâteau vanille française

60 ml (¼ tasse) de pastilles à fondre blanches (Wilton)

20 biscuits sandwichs au chocolat garnis de crème (Oreo)

1 Préchauffer le four à 180 °C (350 °F) et préparer une tasse à mesurer de 250 ml (1 tasse) allant au four et un moule à pain de 22,5 × 12,5 cm (9 × 5 po) (voir Libérez-moi, page 12). Mettre 250 ml (1 tasse) de pâte dans la tasse à mesurer préparée et le reste de la pâte dans le moule à pain préparé. Étaler jusqu'aux bords et lisser. Cuire au four jusqu'à ce que les gâteaux soient fermes et qu'un cure-dent inséré au centre en ressorte propre, de 25 à 30 minutes pour la tasse à mesurer et de 45 à 50 minutes pour le moule à pain. Transférer les gâteaux à une grille en métal et laisser refroidir 10 minutes. Renverser, retirer la tasse à mesurer et le moule à pain, et laisser refroidir complètement.

2 Tapisser une plaque à pâtisserie de papier ciré. Mettre le gâteau dans un moule à pain, dessous vers le bas, sur un carton coupé à sa taille. Mettre les gâteaux sur la plaque à pâtisserie et transférer au congélateur pour refroidir, environ 30 minutes.

3 Tapisser une plaque à pâtisserie de papier ciré. Mettre les pastilles à fondre dans un sac de type Ziploc; ne pas sceller le sac. Ramollir le chocolat au four à micro-ondes pendant 10 secondes. Masser le chocolat dans le sac, remettre au four à micro-ondes et répéter le processus jusqu'à ce que le chocolat soit de consistance onctueuse. Exprimer l'excédent d'air et sceller le sac. Mettre 4 biscuits sandwichs sur une plaque à pâtisserie. Couper un petit coin (0,3 cm [⅛ po]) du sac et mettre du chocolat fondu sur le dessus de chacun des 4 biscuits. Déposer un autre biscuit directement par-dessus et presser pour le fixer. Répéter pour faire 4 piles de 5 biscuits chacun pour former les pattes. Transférer à la plaque à pâtisserie et mettre au congélateur pour refroidir, environ 15 minutes.

VARIANTES

ZÈBRE : Diviser la pâte en 2 et colorer une moitié avec 60 ml (¼ tasse) de poudre de cacao non sucré. Mettre 45 ml (3 c. à soupe) de pâte à la vanille dans la tasse mesurer préparée. Étaler jusqu'aux bords et lisser. Déposer 45 ml (3 c. à soupe) de pâte au cacao par-dessus; lisser. Répéter le processus en alternant les saveurs afin d'obtenir 5 couches de pâte (environ 250 ml [1 tasse]). Alterner la pâte restante pour faire 7 couches dans le moule à pain préparé (voir la photo ci-dessous). Cuire au four et refroidir selon les instructions.

PIÑATA : Répartir la pâte en parts égales dans 5 bols. Colorer chaque pâte d'une couleur différente : orange, avec des colorants alimentaires jaune et rouge; vert lime, avec des colorants alimentaires jaune et vert; rose, avec du colorant alimentaire rose néon; et bleu, avec du colorant alimentaire bleu néon. Déposer 45 ml (3 c. à soupe) d'une des couleurs de pâte dans la tasse à mesurer préparée, comme pour la variante zèbre. Étaler jusqu'aux bords et lisser. Répéter le processus avec les 4 couleurs restantes pour obtenir 5 couches de pâte (environ 250 ml [1 tasse]). Alterner la pâte restante pour faire 5 couches dans le moule à pain préparé. Cuire au four et refroidir selon les instructions.

RENNE : Remplacer par 1 recette de Préparation pour gâteau parfait (page 289) faite de mélange pour gâteau au chocolat, 60 ml (¼ tasse) de pastilles à fondre au chocolat noir (Wilton) et 20 biscuits sandwichs au chocolat garnis de crème (Oreo).

GÂTEAU PIÑATA

Surprise à l'intérieur!

DONNE 12 PORTIONS

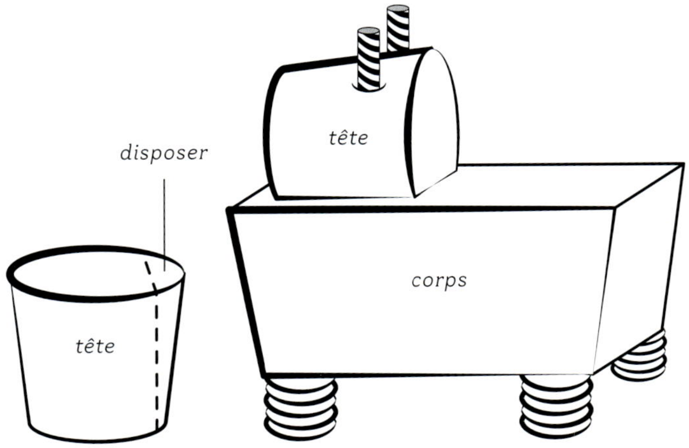

1 Gâteau-maître les amis de l'écurie (page 182), variante Piñata

1 boîte de 450 g (16 oz) plus 250 ml (1 tasse) de glaçage à la vanille

1 guimauve jumbo

5 bâtonnets de bretzel minces (Bachman)

1 très grand cornet gaufré à crème glacée (Joy)

Bonbons gélifiés (50 chacun) : orange, verts et jaunes

100 bonbons gélifiés blancs

250 ml (1 tasse) chacun de sucre décoratif orange, vert pâle, jaune, rose et bleu (Cake Mate)

1 biscotti à l'anis (Stella D'oro)

60 ml (¼ tasse) de pastilles à fondre blanches (Wilton)

2 bonbons plats blancs (Necco)

2 menthes miniatures enrobées de chocolat (Junior Mints)

1 bâtonnet de 23,75 cm (9½ po) de pain nature (Stella D'oro)

1 Mettre 250 ml (1 tasse) du glaçage à la vanille dans un sac de type Ziploc. Exprimer l'excédent d'air et sceller le sac.

2 Pour faire la tête, mettre le gâteau cuit dans une tasse à mesurer debout et en commençant à 1 cm (½ po) du bord supérieur, couper jusqu'au bas (voir l'illustration ci-dessus). Étaler du glaçage à la vanille à une extrémité du dessus de gâteau cuit dans le moule à pain refroidi. Placer le gâteau cuit dans une tasse à mesurer, côté coupé vers le bas et sur le sens de la longueur, dans le glaçage, à 2,5 cm (1 po) du bord du gâteau, côté large vers le centre.

3 Insérer 2 pailles à travers le gâteau cuit dans une tasse à mesurer et l'autre gâteau, 1 de chaque côté, pour ajouter de la stabilité (voir l'illustration ci-dessus). Couper les pailles près

du dessus du gâteau. Couper la guimauve en 2 sur la diagonale pour former les oreilles. Insérer un bâtonnet de bretzel dans le côté plat et non coupé de chaque morceau de guimauve. Insérer les 3 bâtonnets de bretzel restants dans le devant du gâteau cuit dans une tasse à mesurer. Tailler et jeter 2,5 cm (1 po) de l'extrémité ouverte du cornet à crème glacée. Fixer le côté coupé du cornet sur le devant du gâteau cuit dans une tasse à mesurer en utilisant les bretzels comme support; fixer avec du glaçage (voir la photo ci-dessus). Pour fixer les oreilles, pousser les bretzels dans le bord arrière supérieur du gâteau cuit dans une tasse à mesurer, côté coupé vers l'arrière; fixer à l'aide de glaçage. Remettre le gâteau au congélateur pour le refroidir.

4 Tapisser une plaque à pâtisserie de papier ciré. Transférer les parties au papier ciré à mesure qu'elles sont assemblées. Pour faire les franges, travailler avec 10 bonbons gélifiés de la même couleur à la fois. Saupoudrer le plan de travail avec le sucre décoratif de la même couleur. (Pour les bonbons gélifiés blancs, utiliser la moitié avec du sucre décoratif rose et l'autre moitié avec le sucre bleu.) Presser 10 bonbons gélifiés ensemble et mettre sur le plan de travail saupoudré, parsemer de sucre supplémentaire et rouler les bonbons pour obtenir un rectangle d'environ 6,25 × 15 cm (2½ × 6 po). Parsemer de sucre supplémentaire au besoin pour empêcher de coller. Répéter avec le reste du sucre et des bonbons gélifiés (donne 5 rectangles de chaque couleur de sucre). Tailler les côtés longs de chaque rectangle pour les rendre droits. Couper les rectangles en 2 sur la longueur. Pour créer la frange de chaque bande, utiliser de petits ciseaux pour faire des entailles à des intervalles de 0,1 cm (1⁄16 po) sur l'un des côtés longs en gardant 0,6 cm (¼ po) non coupé du côté opposé. Couper les bandes en morceaux de 3,75 et 6,25 cm (1½ et 2½ po).

5 Pour faire la queue, couper le biscotti à l'anis en 2 sur la largeur et disposer de 1 morceau. Insérer l'extrémité pointue d'une brochette en bois de 10 cm (4 po) dans le côté droit du morceau de biscotti, près de bout effilé. Mettre les pastilles à fondre dans un sac de type Ziploc ; ne pas sceller le sac. Ramollir au four à micro-ondes 10 secondes, pétrir le sac, remettre au four à micro-ondes et répéter le processus jusqu'à ce que le chocolat soit de consistance onctueuse. Couper un petit coin (0,3 cm [⅛ po]) du sac. Mettre un peu de chocolat sur le morceau de biscotti. En commençant par le bout coupé, envelopper une rangée de frange rose

autour du biscuit; tailler tout excédent et laisser dépasser le bout de 1 cm (½ po). Répéter avec une autre rangée en chevauchant la première rangée de 1 cm (½ po). Continuer en ajoutant 2 rangées de vert et 2 rangées de jaune. Dessiner une ligne de chocolat fondu autour du bas d'une pile de biscuits refroidis. Y fixer une rangée de frange rose; tailler tout excédent. Appliquer du chocolat fondu pour ajouter 3 rangées de frange jaune pour couvrir les côtés de la pile de biscuits. Répéter avec les 3 piles de biscuits restantes. Réfrigérer 5 minutes pour permettre de figer.

6 Couper un petit coin (0,3 cm [⅛ po]) du sac de glaçage à la vanille. Disposer les pattes garnies de frange sur un plateau de service, une pile de biscuits pour chaque coin du corps. Mettre une goutte de glaçage à la vanille sur chaque pile. À l'aide d'une grande spatule, transférer le gâteau refroidi sur son carton et le déposer sur les pattes en biscuits. Ajuster les pattes en biscuits au besoin pour supporter le gâteau.

7 Étaler du glaçage à la vanille sur le gâteau pour le corps et lisser. Presser une rangée de frange verte sur le bord inférieur du corps en le laissant légèrement dépasser du gâteau. Répéter avec une deuxième rangée de vert. Répéter en ajoutant des rangées de frange orange aux tiers avant et arrière du gâteau; mettre des rangées de frange rose au tiers du milieu et une rangée de frange bleue à la base des zones de la tête et de la queue (voir la photo, page 185).

8 Étaler le reste du glaçage à la vanille sur la tête, le museau et les oreilles; lisser. Commencer par le bas et fixer 3 rangées de frange bleue sur le devant du museau, tailler pour arrondir la rangée supérieure de frange. Sur les côtés de la tête, en commençant au cou, fixer 3 rangées de frange jaune. Continuer de couvrir les côtés avec des rangées de frange verte. Rajouter de la frange verte au-dessus du museau, jusqu'à la zone des yeux. Ajouter plusieurs rangées de frange bleue à

l'arrière de la tête et des oreilles; tailler les zones plus petites. Ajouter des rangées de frange rose pour couvrir le front entre les yeux. Ajouter de la frange orange pour couvrir le devant des oreilles.

9 Réchauffer les pastilles à fondre au four à micro-ondes; pétrir le sac au besoin. Mettre une goutte de chocolat fondu de chaque côté de la tête et y fixer un bonbon plat blanc pour les yeux; tenir le bonbon jusqu'à ce qu'il ait figé, environ 2 minutes. Utiliser une goutte de chocolat fondu pour fixer les menthes enrobées de chocolat en guise de pupilles. Fixer la queue à l'arrière du gâteau; insérer la brochette complètement dans le gâteau.

10 Servir accompagné du bâtonnet de pain nature comme bâton pour casser la piñata.

GÂTEAU RENNE

DONNE 12 PORTIONS

1 Gâteau-maître les amis de l'écurie (page 182), variante Renne

1 boîte de 450 g (16 oz) plus 250 ml (1 tasse) de glaçage au chocolat

250 ml (1 tasse) de glaçage à la vanille

3 guimauves

3 bâtonnets de bretzel minces (Bachman)

1 boîte de 360 g (12 oz) de biscuits au gingembre

4 bretzels minces (Bachman)

60 ml (¼ tasse) de pastilles à fondre blanches (Wilton)

1 grosse boule de gomme rouge (SweetWorks)

12 bonbons en forme de feuille de menthe

2 bonbons plats blancs (Necco)

1 rouleau de bonbon aux fruits en ruban (Fruit-O-Long)

15 (chacun) petits chocolats enrobés de bonbon brun et rouge (M&M'S Minis)

2 chocolats enrobés de bonbon brun (M&M'S)

Flocons de noix de coco sucrée, hachée finement (facultatifs)

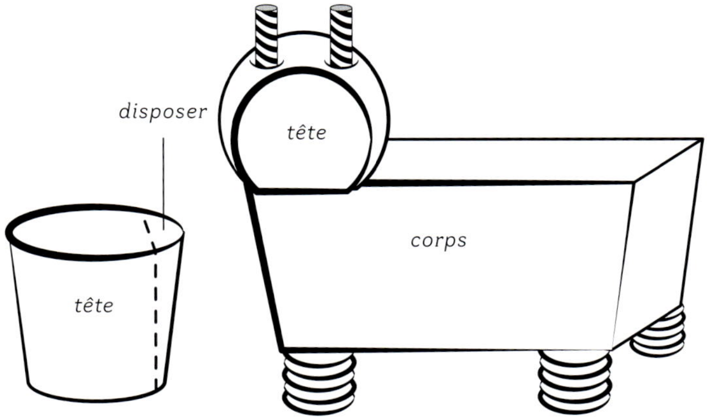

1 Mettre 60 ml (¼ tasse) du glaçage au chocolat dans un sac de type Ziploc. Mettre le glaçage à la vanille dans un autre sac de type Ziploc. Exprimer l'excédent d'air et sceller les sacs.

2 Mettre le gâteau cuit dans une tasse à mesurer debout et en commençant à 1 cm (½ po) du bord supérieur, couper jusqu'au bas (voir l'illustration ci-dessus). Pour faire les oreilles, couper une guimauve en 2 sur la diagonale. Insérer un bâtonnet de bretzel dans le côté plat de chaque morceau de guimauve. Transférer le gâteau cuit dans une tasse à mesurer refroidi à un plan de travail, côté coupé vers le bas. Insérer le bout en bretzel d'une oreille en guimauve dans le côté large du gâteau, un de chaque côté sur le dessus, et fixer avec du glaçage au chocolat. Remettre le gâteau au congélateur 30 minutes pour le refroidir.

ÉTAPE 3

3 Tapisser une plaque à pâtisserie de papier ciré. Transférer les parties au papier ciré à mesure qu'elles sont assemblées. Pour les bois, positionner les 4 bretzels de manière à ce que le côté arrondi et le V inversé soient au bas. À l'aide d'un couteau dentelé, couper les bretzels sur la largeur afin de retirer la partie supérieure et laisser intact le V inversé (voir la photo ci-dessus). Disposer de la partie supérieure. Pour faire le museau, tailler

0,6 cm (¼ po) d'un côté d'un biscuit au gingembre à l'aide d'un petit couteau dentelé. Pour la queue, utiliser le couteau dentelé pour retirer 1 cm (½ po) d'un côté d'un biscuit au gingembre. En commençant à une extrémité de la coupe, retirer 1 cm (½ po) sur la diagonale pour obtenir une forme de V.

4 Mettre le reste des biscuits au gingembre dans un robot culinaire et actionner par coups jusqu'à l'obtention de miettes fines. Mettre les miettes dans un grand bol.

5 Mettre les pastilles à fondre blanches dans un sac de type Ziploc; ne pas sceller le sac. Ramollir au four à micro-ondes 10 secondes. Masser le chocolat dans le sac, remettre au four à micro-ondes et répéter le processus jusqu'à ce que le chocolat soit fondu et de consistance onctueuse. Exprimer l'excédent d'air et sceller le sac.

6 Pour le museau, mettre une goutte de chocolat fondu dans le centre du bord coupé du biscuit au gingembre. Presser la boule de gomme dans le chocolat. Pour la queue, mettre une goutte de chocolat fondu sur le bout large du biscuit de queue en forme de V et y passer le bout d'un bâtonnet de bretzel en le tournant pour bien enrober et en le laissant dépasser d'environ 5 cm (2 po). Pour les bois, déposer une goutte de chocolat fondu de la taille d'un 10 sous sur une extrémité coupée d'un bretzel courbé sur la plaque à pâtisserie. Mettre une guimauve sur le bretzel. Mettre un autre bretzel courbé par-dessus, dans la même direction que le premier, supporté par la guimauve et avec une extrémité dans le chocolat fondu (voir la photo, page précédente). Répéter pour faire un autre bois. Transférer au réfrigérateur pour figer, environ 5 minutes.

7 Couper les feuilles de menthe en 2 à l'horizontale pour obtenir 24 formes de feuille. Couper et disposer d'un tiers de chaque bonbon plat blanc pour faire les yeux.

8 Étaler du glaçage au chocolat sur les côtés des pattes en biscuits refroidies. Rouler les pattes dans les miettes de biscuit pour bien les enrober.

9 Tapisser une plaque à pâtisserie de papier ciré. Étaler du glaçage au chocolat sur le gâteau cuit dans un moule à pain refroidi. Mettre le gâteau sur la plaque à pâtisserie. Presser délicatement des poignées de miettes de biscuit sur les côtés et le dessus du gâteau afin de le recouvrir complètement. Enlever tout excédent de miettes du dessus du gâteau à l'aide d'un pinceau.

10 Disposer les pattes en biscuits sur un plateau de service, 1 pile pour chaque coin du corps. Couper un petit coin (0,3 cm [⅛ po]) du sac de glaçage au chocolat. Mettre une goutte

de glaçage au chocolat sur le dessus de chaque patte en biscuits. À l'aide d'une grande spatule, transférer le gâteau pour le corps sur le carton afin qu'il repose sur les pattes; ajuster les pattes au besoin pour supporter le gâteau.

11 Mettre le gâteau cuit dans une tasse à mesurer refroidi, côté coupé vers le bas, sur la plaque à pâtisserie. Insérer une paille à moitié dans le dessus du gâteau pour aider à le fixer plus tard. Étaler du glaçage au chocolat sur le gâteau cuit dans une tasse à mesurer et sur les oreilles en guimauve; lisser. Fixer le biscuit et boule de gomme sur le bout effilé du gâteau en guise de museau. En supportant le gâteau à l'aide des pailles, presser délicatement des poignées de miettes de biscuit dans les côtés et le dessus du gâteau, y compris les oreilles, pour recouvrir complètement; lisser. Enlever tout excédent de miettes du gâteau. À l'aide d'une grande spatule, transférer le gâteau, côté coupé vers le bas, à une extrémité du gâteau. Tourner la tête afin qu'elle soit perpendiculaire au corps (voir l'illustration page 189). Insérer délicatement la paille dans le corps. Insérer une autre paille à environ 5 cm (2 po) pour un support supplémentaire. Tailler les pailles près du dessus du gâteau et recouvrir les trous avec des miettes de biscuit.

12 Étaler le reste du glaçage au chocolat sur le biscuit de la queue. Enrober de miettes de biscuit. Insérer le bout en bretzel de la queue dans l'arrière du corps.

13 Décoller délicatement les bois en bretzel du papier ciré et retirer les guimauves de support. Insérer le bout en chocolat des bretzels dans le dessus de la tête, entre les oreilles; fixer avec du glaçage supplémentaire. Couper un petit coin (0,3 cm [⅛ po]) du sac de glaçage à la vanille et dessiner des touffes de fourrure entre les bois. Dessiner de petites lignes verticales sur le devant du gâteau en guise de fourrure sous la tête au niveau de la poitrine en tirant toujours le glaçage vers le bas. Dessiner de la fourrure sur le bord inférieur des 2 côtés du gâteau au niveau du ventre et sous le biscuit de la queue.

14 Plier le ruban de fruits en 2 sur la longueur; presser fermement. Envelopper le ruban de fruits autour du museau; couper à la bonne taille. Ajouter les feuilles de menthe poivrée, côté sucre vers le haut, et les petits bonbons rouges autour de la base de la tête; fixer à l'aide de glaçage à la vanille. Presser les petits chocolats enrobés de bonbon brun sur le dos en guise de taches. Pour les yeux, utiliser le glaçage au chocolat pour fixer les bonbons plats blancs, côté coupé vers le bas, de chaque côté de la tête. Dessiner le contour des bonbons blancs avec le glaçage au chocolat et fixer les gros bonbons bruns en guise de pupilles. Dessiner des cils au-dessus de chaque œil. Dessiner une petite ligne verticale sous le nez et une courbe pour la bouche.

15 Saupoudrer le plateau de noix de coco hachée en guise de neige, si utilisée.

GÂTEAU ZÈBRE

Surprise à l'intérieur !

DONNE 12 PORTIONS

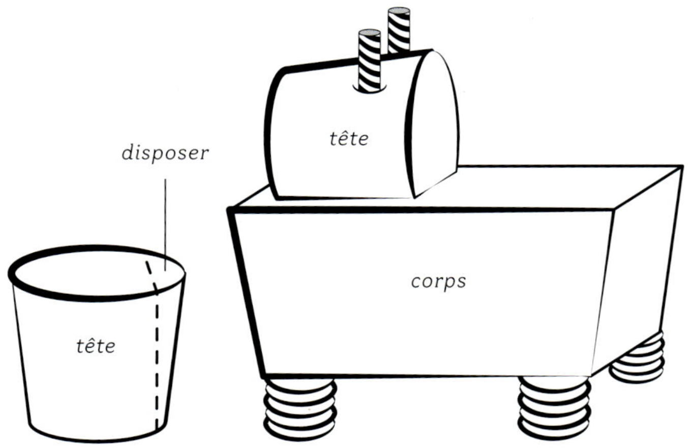

1 Gâteau-maître les amis de l'écurie (page 182), variante Zèbre

1 boîte de 450 g (16 oz) de glaçage au chocolat

Colorant alimentaire noir (McCormick)

1 boîte de 450 g (16 oz) plus 250 ml (1 tasse) de glaçage à la vanille

1 guimauve jumbo

6 bâtonnets de bretzel minces (Bachman)

2 biscottis à l'anis (Stella D'oro)

3 biscuits sandwichs au chocolat remplis de crème (Oreo)

125 ml (½ tasse) de pastilles à fondre au chocolat noir (Wilton)

500 ml (2 tasses) du sucre décoratif blanc à gros cristaux (Wilton)

6 guimauves miniatures

2 chocolats enrobés de bonbon brun (M&M'S)

2 gros carrés de blé filamenté (Shredded Wheat de Post, Original)

1 Colorer le glaçage au chocolat en noir avec le colorant alimentaire. Mettre du glaçage noir dans 2 sacs de type Ziploc, 190 ml (¾ tasse) par sac. Mettre 190 ml (¾ tasse) du glaçage à la vanille dans un autre sac de type Ziploc. Exprimer l'excédent d'air et sceller les sacs.

2 Tapisser une plaque à pâtisserie de papier ciré. Transférer les parties au papier ciré à mesure qu'elles sont assemblées. Pour faire les oreilles, couper la guimauve jumbo en 2 sur la largeur. Insérer un bâtonnet de bretzel dans le bord d'un bout étroit de chaque moitié. Pour la queue, utiliser un couteau dentelé pour couper un morceau de 5 cm (2 po), sur la largeur, d'un des biscottis à l'anis. Réserver le morceau restant pour la crinière. Insérer l'extrémité pointue d'une brochette en bois de 10 cm (4 po) dans le bord droit inférieur du morceau de queue de 5 cm (2 po), près de l'extrémité coupée. Pour la crinière, couper un morceau de 3,75 cm (1½ po) mesuré à partir du bord coupé du morceau de biscotti à l'anis réservé. Disposer de la pointe. Faire un trou suffisamment grand pour insérer le bout d'un bâtonnet de bretzel au centre du bord droit inférieur du morceau de 3,75 cm (1½ po) et du biscotti à l'anis entier restant (voir la photo, page 194).

3 Mettre les biscuits sandwichs au chocolat sur un plan de travail. Utiliser le couteau dentelé pour retirer 0,6 cm (¼ po) du bord de 2 biscuits et 1 cm (½ po) du bord du biscuit restant. Transférer les morceaux de biscuit à la plaque à pâtisserie. Mettre les pastilles à fondre dans un sac de type Ziploc; ne pas sceller le sac. Ramollir au four à micro-ondes 10 secondes, pétrir le sac, remettre au four à micro-ondes et répéter le processus jusqu'à ce que le chocolat soit de consistance onctueuse. Exprimer l'excédent d'air et sceller le sac. Couper un petit coin (0,3 cm [⅛ po]) du sac. Presser ensemble les bords coupés des 2 biscuits sandwichs plus gros pour faire un 8; mettre du chocolat fondu sur les biscuits et sur le joint où ils se rencontrent. Pour le bas du museau, mettre du chocolat fondu sur le dessus du morceau de biscuit restant et mettre 2 bâtonnets de bretzel dans le chocolat fondu, en les tournant pour les enrober; laisser dépasser du côté coupé du biscuit. Pour la crinière, déposer du chocolat fondu sur une extrémité de chacun des

OREO
OREO

2 bâtonnets de bretzel restants et insérer dans les trous des biscotti de 3,75 cm (1½ po) et du biscotti entier (voir la photo, page 194).

4 Tapisser une plaque à pâtisserie de papier ciré. Mettre le sucre décoratif blanc dans un grand bol. Couper un petit coin (0,3 cm [⅛ po]) des sacs de glaçage noir. Étaler du glaçage à la vanille sur les côtés d'une des pattes en biscuits refroidies; lisser. Dessiner des lignes horizontales inégales autour de la patte. Tenir la patte au-dessus du bol de sucre et presser délicatement du sucre dans le glaçage de manière à aplatir les lignes noires et à lisser le glaçage (voir Sucre écrasé, page 37). Répéter avec les 3 autres pattes en biscuits. Transférer les pattes à la plaque à pâtisserie.

5 Mettre le gâteau cuit dans un moule à pain refroidi sur la plaque à pâtisserie. Recouvrir le gâteau de glaçage à la vanille; lisser. Dessiner des lignes inégales de glaçage noir sur le gâteau, à environ 2,5 cm (1 po) d'intervalle, pour faire les rayures de zèbre (pour faire des rayures plus larges, dessiner plusieurs rangées adjacentes de glaçage noir). Presser délicatement des poignées de sucre sur le dessus et les côtés du gâteau de manière à le recouvrir complètement. Enlever tout excédent de sucre du gâteau.

6 Disposer les pattes sur un plateau de service, 1 pile pour chaque coin du corps. Couper un petit coin (0,3 cm [⅛ po]) du sac de glaçage à la vanille. Mettre une goutte de glaçage à la vanille sur le dessus de chaque patte. À l'aide d'une grande spatule, transférer le gâteau pour le corps du carton pour le reposer sur les pattes; ajuster les pattes au besoin pour supporter le gâteau.

7 Mettre le gâteau cuit dans une tasse à mesurer debout et en commençant à 1 cm (½ po) du

ÉTAPE 7

bord supérieur, couper jusqu'au bas (voir l'illustration, page 192). Mettre le gâteau cuit dans une tasse à mesurer refroidi, côté coupé vers le bas, sur la plaque à pâtisserie. Insérer une paille à moitié dans le dessus du gâteau pour aider à stabiliser le gâteau plus tard. Étaler le reste du glaçage à la vanille sur le gâteau cuit dans une tasse à mesurer; lisser. Dessiner des lignes de glaçage noir en zigzag à environ 1,8 cm (¾ po) d'intervalle (voir la photo, page ci-contre). En supportant le gâteau à l'aide de la paille, presser délicatement des poignées de sucre sur les côtés et le dessus du gâteau de manière à le recouvrir complètement; lisser. Enlever tout excédent de sucre du gâteau. À l'aide d'une grande spatule, transférer la tête, côté coupé vers le bas, sur le corps. La positionner sur le sens de la longueur, à 2,5 cm (1 po) du bord d'une des extrémités, côté large vers le centre. Presser délicatement la paille à travers la tête et jusque dans le corps. Insérer une autre paille à environ 5 cm (2 po) pour un meilleur support. Tailler les pailles près du dessus du gâteau.

8 Pour la crinière, pousser l'extrémité avec bretzel du biscotti à l'anis de 3,75 cm (1½ po) dans le dessus de la tête. Aligner le bout du biscotti avec le bord du gâteau (voir la photo, page ci-contre). Positionner le biscotti entier directement derrière le premier morceau en le faisant dépasser pour aligner le dessus de l'extrémité effilée avec le dessus du premier morceau; insérer le bretzel dans le gâteau (voir la photo, page ci-contre). En commençant par le devant du gâteau avec le glaçage à la vanille, dessiner des rayures verticales alternées d'environ 1 cm (½ po) de glaçage noir et de glaçage à la vanille sur un côté jusqu'au bout de la crinière et ensuite remonter l'autre côté. Déposer des gouttes de glaçage sur le dessus de la crinière en les agençant avec la couleur des rayures de manière à recouvrir les biscotti. Utiliser un petit couteau pour retirer une section de glaçage recouvert de sucre de la taille d'un biscuit-sandwich à partir de la partie étroite du dessus de la tête. Mettre du glaçage à la vanille sur la zone vidée et y fixer les biscuits en 8, sur la longueur, côté pastilles fondues vers le bas; laisser dépasser environ la moitié d'un biscuit du devant du

gâteau. Insérer le bout en bretzel du biscuit du bas du museau, côté bretzel vers le bas, environ 1 cm (½ po) sous le biscuit qui dépasse. À l'aide d'une goutte de glaçage noir, fixer les guimauves miniatures entre les biscuits du museau, côté plat contre les biscuits, en guise de dents.

9 Dessiner des lignes verticales de glaçage noir et blanc, à environ 1 cm (½ po) d'intervalle, sur les oreilles en guimauve pour faire des rayures (voir la photo, page ci-contre). Presser délicatement les guimauves dans le sucre pour bien les recouvrir. Insérer le bout en bretzel des oreilles dans la tête, de chaque côté du devant de la crinière.

10 Pour la queue, dessiner des lignes horizontales de glaçage noir et blanc sur le morceau de queue, puis enrober de sucre; presser pour lisser. Insérer la brochette de la queue à l'extrémité du corps, près du haut. Dessiner plusieurs rangées de glaçage noir au bout de la queue en guise de touffes de poils.

11 Utiliser une goutte de glaçage noir pour fixer les bonbons bruns pour les yeux et faire le contour de chaque œil à l'aide d'une ligne de glaçage noir. Casser délicatement le blé filamenté et le disposer autour de la base du gâteau pour faire l'herbe sèche.

PAT

GÂTEAU PAT, LE CANICHE

DONNE 14 PORTIONS

Peut-on se bichonner plus qu'un caniche rose ? La coupe caniche en guimauves, les oreilles et le museau en cornets gaufrés, et les orteils brillants faits de petits gâteaux du commerce sont tous rose bonbon.

1 Gâteau-maître les amis de l'écurie (page 182) fait de mélange pour gâteau vanille française, préparé jusqu'à l'étape 2

2 boîtes de 450 g (16 oz) chacune de glaçage à la vanille

30 ml (2 c. à soupe) de glaçage au chocolat

Colorant alimentaire rose néon (McCormick)

3 petits gâteaux fourrés à la crème (Twinkies)

4 biscuits sandwichs à la vanille remplis de crème (Oreo Dorés)

2 cornets gaufrés (Joy, Keebler)

250 ml (1 tasse) de sucre décoratif rose pâle (Wilton)

3 bâtonnets de 23,75 cm (9½ po) de pain nature (Stella D'oro)

1 sac de 300 g (10 oz) de guimauves roses

1 bonbon haricot noir

1 bonbon plat jaune (Necco)

5 ml (1 c. à thé) de nonpareilles rondes roses

2 chocolats enrobés de bonbon brun (M&M'S)

1 Mettre 30 ml (2 c. à soupe) du glaçage à la vanille dans un sac de type Ziploc. Mettre le glaçage au chocolat dans un autre sac de type Ziploc. Colorer le reste du glaçage à la vanille en rose pâle avec le colorant alimentaire rose néon. Mettre 125 ml (½ tasse) du glaçage rose dans un dernier sac de type Ziploc. Exprimer l'excédent d'air et sceller les sacs. Couvrir le reste du glaçage rose de pellicule plastique jusqu'au moment de l'utiliser.

2 Tapisser une plaque à pâtisserie de papier ciré. Retirer le carton du gâteau cuit dans un moule à pain refroidi et mettre le gâteau, dessous vers le bas, sur un plan de travail. Mesurer 3,75 cm (1½ po) à partir d'une extrémité du gâteau et couper en ligne droite vers le bas. Ce morceau de 3,75 cm (1½ po) servira de support derrière le gâteau. Pour rendre droite l'autre extrémité, mesurer 0,6 cm (¼ po) à partir de l'extrémité non coupée et faire une coupe vers le bas. Disposer de cette retaille. En travaillant toujours de ce côté court du gâteau, utiliser un couteau dentelé pour retirer un triangle de 1,8 cm (¾ po) de chaque coin (voir l'illustration ci-dessous).

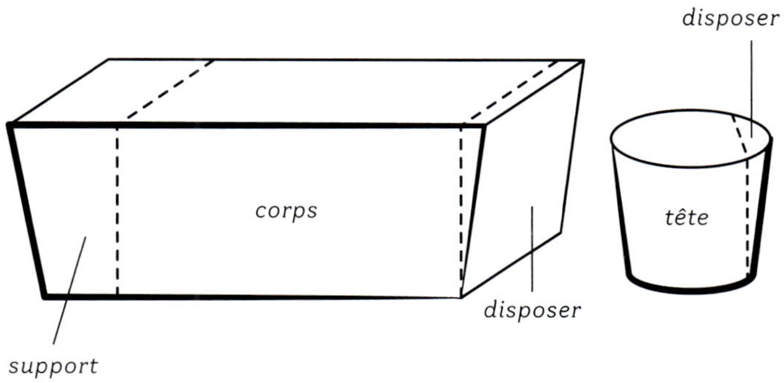

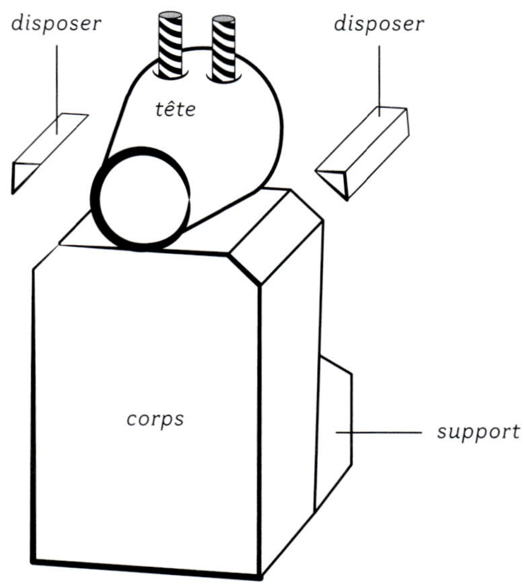

3 Mettre le grand gâteau, côté taillé vers le haut, et le gâteau de support, côté coupé contre le dos plat du gros gâteau, sur un carton coupé à sa taille. Fixer les gâteaux à l'aide de glaçage rose. Mettre le gâteau cuit dans une tasse à mesurer debout et en commençant à 1 cm (½ po) du bord supérieur, couper jusqu'au bas (voir l'illustration, page précédente). Fixer la tête refroidie à l'aide de glaçage, côté coupé vers le bas, sur le corps, côté effilé vers l'avant. Insérer 2 pailles à environ 5 cm (2 po) d'écart au centre de la tête. Pousser à travers le corps en guise de support ; tailler les pailles près du dessus du gâteau. Étaler une fine couche de glaçage rose (voir Des miettes avec ça ?, page 16) sur le gâteau en prenant soin de remplir toute fissure ; lisser. Mettre le gâteau au congélateur jusqu'à ce qu'il soit ferme, environ 30 minutes.

4 Tapisser une plaque à pâtisserie de papier ciré. Transférer les parties au papier ciré à mesure qu'elles sont assemblées. Pour les pattes antérieures, couper 1 des petits gâteaux en 2 sur la largeur. Laisser entiers les 2 petits gâteaux restants pour faire les pattes postérieures (voir la photo, à gauche). Pour faire les cuisses, étaler du glaçage rose sur 2 biscuits sandwichs à la vanille. Mettre un autre biscuit par-dessus chacun pour faire 2 piles de 2 biscuits. Mettre les petits gâteaux et les piles de biscuits au congélateur jusqu'à ce qu'ils soient fermes, environ 30 minutes.

5 Pour faire le museau, utiliser un couteau dentelé pour couper 2,5 cm (1 po) à partir du bout ouvert d'un cornet gaufré (voir la photo, à gauche). Pour les oreilles, couper le cornet restant en 2 sur la longueur. Mettre le sucre décoratif rose dans un grand bol. Étaler une fine couche de glaçage rose sur l'extérieur du museau et des oreilles ; parsemer de sucre rose pour les enrober. Couper 2 bâtonnets de pain en longueurs de 17,5 cm (7 po). Étaler une fine couche de glaçage rose sur les 2 bâtonnets coupés et sur le bâtonnet entier restant ; lisser. Saupoudrer les bâtonnets de pain de sucre rose pour les enrober.

6 Étaler une fine couche de glaçage rose sur les petits gâteaux et les piles de biscuits. Saupoudrer de sucre rose pour les enrober.

7 Réserver 10 guimauves roses. Couper les guimauves restantes en morceaux de 1 cm (½ po) pour la coupe caniche. Couper le bonbon haricot en 2 sur la longueur ; disposer de 1 morceau.

8 Transférer le gâteau refroidi à un plateau de service. Étaler le reste du glaçage rose en couche uniforme sur le gâteau ; lisser.

9 Couper un petit coin (0,3 cm [⅛ po]) du sac de glaçage rose. Presser le bout ouvert du museau en cornet sur le devant de la tête; fixer à l'aide de glaçage rose. Ajouter les oreilles en cornet, bout étroit vers le dessus de la tête, près de l'arrière; fixer à l'aide de glaçage rose.

10 Disposer les petits gâteaux entiers de chaque côté du gâteau en guise de pattes postérieures. Pour les cuisses, ajouter une pile de biscuits sur chaque petit gâteau, côté plat contre le corps; fixer à l'aide de glaçage rose. Disposer les pattes antérieures devant le gâteau, à 5 cm (2 po) du corps, bout arrondi vers l'avant. Positionner le côté coupé des bâtonnets de pain taillés sur le dessus des pattes, près du bord coupé, et les appuyer contre le devant du gâteau, près des épaules; fixer les extrémités avec du glaçage rose.

11 Couper un très petit coin (0,1 cm [1⁄16 po]) du sac de glaçage au chocolat et écrire « PAT » sur le bonbon plat jaune pour faire la médaille du collier. Dessiner une ligne de glaçage rose sur le bord de la médaille et y fixer les nonpareilles roses. Utiliser une goutte de glaçage rose pour fixer la médaille sur le devant du corps.

12 Utiliser le glaçage rose pour fixer les morceaux de guimauve pour la coupe caniche autour du cou et des chevilles, sur le bout des oreilles et sur une extrémité du bâtonnet de pain restant pour la queue. Utiliser du glaçage rose pour fixer les 10 guimauves roses réservées sur la tête, entre les oreilles, en guise de houppe.

13 Couper un petit coin (0,3 cm [⅛ po]) du sac de glaçage à la vanille. Mettre 2 gouttes de glaçage à la vanille au-dessus du museau et fixer les bonbons bruns en guise d'yeux. Mettre une goutte de glaçage à la vanille sur le devant du museau et presser le côté coupé du bonbon haricot noir, à l'horizontale, dans le glaçage pour faire le nez.

14 Au moment de servir, insérer la queue en bâtonnet de pain, guimauve vers le haut, dans le gâteau de support à l'arrière.

GÂTEAU SIAMOIS

DONNE 12 PORTIONS

Parfait à tous égards, mais cuit dans une tasse à mesurer et un moule à pain, notre chaton est vraiment incomparable ! On utilise une fourchette pour « peigner » le glaçage afin de lui donner l'aspect de poils courts, et ses zones brunes caractéristiques sont faites de miettes de biscuits Oreo.

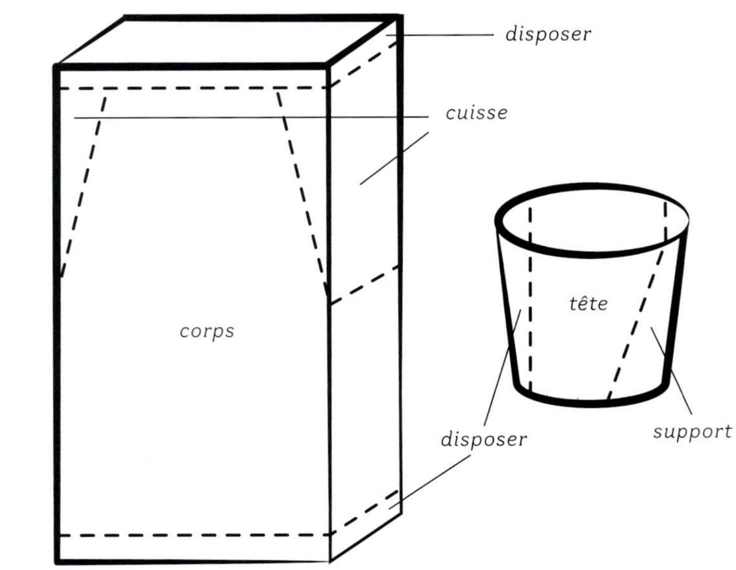

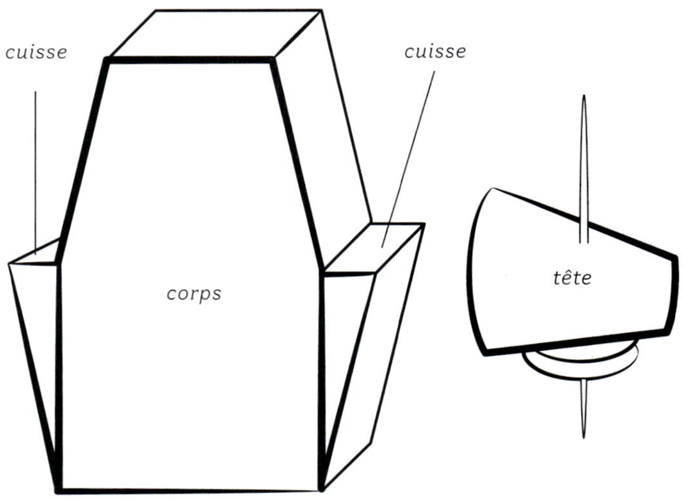

1 Gâteau-maître les amis de l'écurie (page 182) fait de mélange pour gâteau jaune, préparé jusqu'à l'étape 2

1 boîte de 450 g (16 oz) plus 375 ml (1½ tasse) de glaçage à la vanille

45 ml (3 c. à soupe) de glaçage au chocolat

Colorant alimentaire bleu néon (McCormick; facultatif)

1 guimauve jumbo

2 bâtonnets de bretzel minces (Bachman)

60 ml (¼ tasse) de sucre décoratif rose (Cake Mate)

12 bonbons gélifiés blancs

2 biscuits ronds de 10 cm (4 po) à l'avoine (Archway)

60 ml (¼ tasse) de pastilles à fondre blanches (Wilton)

5 bonbons guimauve en forme d'arachide orange

3 bâtonnets de 23,75 cm (9½ po) de pain nature (Stella D'oro)

30 ml (2 c. à soupe) de sucre décoratif bleu (Cake Mate)

20 biscuits sandwichs au chocolat remplis de crème miniatures (Mini Oreo)

18 petits bonbons blancs perlés (SweetWorks)

1 bonbon gélifié à la réglisse noire (Crows)

2 chocolats enrobés de bonbon brun (M&M'S)

1 cupcake sans glaçage (facultatif)

1 Mettre 30 ml (2 c. à soupe) du glaçage à la vanille dans un sac de type Ziploc. Mettre 30 ml (2 c. à soupe) du glaçage au chocolat dans un autre sac de type Ziploc. Si le petit gâteau facultatif est utilisé, colorer 60 ml (¼ tasse) du glaçage à la vanille en bleu pâle avec le colorant alimentaire bleu. Mettre le glaçage bleu dans un dernier sac de type Ziploc. Exprimer l'excédent d'air et sceller les sacs. Colorer le reste du glaçage à la vanille en beige avec les 15 ml (1 c. à soupe) restants de glaçage au chocolat. Couvrir le glaçage de pellicule plastique jusqu'au moment de l'utilisation.

2 Tapisser une plaque à pâtisserie de papier ciré. Pour la tête, mettre le gâteau cuit dans une tasse à mesurer debout sur un plan de travail. En commençant à 1 cm (½ po) du bord supérieur, couper jusqu'au bas (voir l'illustration ci-dessus). Sur le côté opposé du côté taillé, couper en angle

un morceau qui commence au bord extérieur du dessus et se termine à 3,75 cm (1½ po) du bord inférieur du même côté. Réserver ce morceau pour supporter le corps. Mettre la tête sur la plaque à pâtisserie, côté taillé droit en dessous et côté coupé en angle sur le dessus. Pour les oreilles, couper la guimauve en 2 en diagonale. Insérer un bâtonnet de bretzel dans le bout plat de chaque morceau de guimauve. Insérer le bout bretzel de chaque oreille en guimauve de chaque côté du bout large de la tête; fixer avec du glaçage beige. Mettre le gâteau au congélateur 30 minutes pour le refroidir.

3 Pour faire le corps, retirer le carton du gâteau cuit dans une moule à pain refroidi et mettre le gâteau, dessous vers le bas, sur un plan de travail. Tailler 0,6 cm (¼ po) de chaque extrémité courte pour obtenir des bouts droits. En commençant d'un côté court, à 2,5 cm (1 po) d'un côté long, couper un triangle qui termine au milieu du même côté (voir l'illustration, page 200). Répéter, en commençant par le haut, de l'autre côté long à 2,5 cm (1 po) du bord, pour découper un autre triangle. Tailler à 2,5 cm (1 po) du bout effilé de chaque triangle. Mettre le gâteau cuit dans un moule à pain debout, côté large vers le bas, sur un carton coupé à sa taille. Étaler du glaçage beige sur le dos du gâteau. Pour ajouter du support, presser le morceau de gâteau réservé dans le glaçage à l'arrière du corps, côté coupé vers le gâteau, bout effilé vers le haut. Pour les cuisses, étaler du glaçage sur les côtés inférieurs du gâteau en pain et fixer les morceaux de gâteau triangulaires, côté coupé contre le gâteau, extrémités effilées vers le bas (voir l'illustration, page 200). Mettre le gâteau au congélateur 30 minutes pour le refroidir.

4 Tapisser une plaque à pâtisserie de papier ciré. Transférer les parties au papier ciré à mesure qu'elles sont assemblées. Pour faire le collier, saupoudrer le plan de travail de sucre rose. Presser ensemble 10 bonbons gélifiés blancs et rouler, en ajoutant du sucre pour empêcher de coller, pour obtenir une bande de 1 × 27,5 cm (½ × 11 po). Tailler les côtés longs pour les égaliser (voir la photo, ci-dessus à gauche). Empiler les 2 biscuits à l'avoine. Utiliser une baguette pour faire un trou au centre de la pile en s'assurant qu'il soit assez grand pour y passer une brochette de bois.

5 Mettre les pastilles à fondre blanches dans un sac de type Ziploc ; ne pas sceller le sac. Ramollir au four à micro-ondes 10 secondes, pétrir le sac, remettre au four à micro-ondes et répéter le processus jusqu'à ce que le chocolat ait une consistance onctueuse. Exprimer l'excédent d'air et sceller le sac.

6 Couper un petit coin (0,3 cm [⅛ po]) du sac de chocolat fondu. Mettre du chocolat fondu sur le dessus d'un des biscuits à l'avoine en prenant soin d'éviter le trou. Mettre l'autre biscuit à l'avoine par-dessus, dessous vers le bas, en alignant les trous. Dessiner une ligne de chocolat fondu autour du bord extérieur des biscuits. Presser le collier en bonbon rose dans le chocolat fondu de manière à couvrir les bords des biscuits ; presser pour fixer et tailler l'excédent. Transférer à la plaque à pâtisserie et réfrigérer jusqu'à ce qu'il soit figé, environ 5 minutes.

7 Pour faire les pattes, mettre 4 bonbons arachide sur un plan de travail, côté plat vers le bas. Tailler 1 cm (½ po) d'une extrémité de chaque arachide. Pour la queue, tailler 0,6 cm (¼ po) d'une extrémité du bonbon arachide restant (voir la photo, page ci-contre). Rouler les bonbons arachide entre les mains pour former un rondin d'environ la même épaisseur que le bâtonnet de pain et lui donner une forme courbée. Mettre une goutte de chocolat fondu sur le bout coupé du bonbon arachide et coller à l'extrémité d'un bâtonnet de pain. Pour les moustaches, dessiner des lignes courbées de 6,25 cm (2½ po) avec le chocolat fondu sur le papier ciré ; tirer le bout pour faire une pointe. En faire environ 10 pour en avoir assez en cas de bris. Réfrigérer jusqu'à ce que le chocolat soit ferme ; environ 5 minutes.

8 Pour les yeux, saupoudrer un plan de travail de sucre bleu. Presser les 2 bonbons gélifiés blancs ensemble et les mettre sur la surface saupoudrée. Saupoudrer de sucre bleu supplémentaire et rouler en cercle de 5 cm (2 po), en rajoutant du sucre au besoin pour empêcher de coller. Découper le bonbon roulé en 2 ovales de 1,8 × 3,1 cm (¾ × 1¼ po) avec des bouts effilés.

9 Réserver 2 biscuits sandwichs miniatures entiers pour la lèvre supérieure. Retirer un côté biscuit d'un des biscuits sandwichs miniatures pour faire la lèvre inférieure. Transférer le côté biscuit garni de crème et le reste des biscuits dans un robot culinaire et actionner par coups jusqu'à ce qu'ils soient moulus finement. (Ou mettre les biscuits dans un grand sac de type Ziploc ; ne pas sceller le sac. Utiliser un rouleau à pâte pour écraser les biscuits dans le sac jusqu'à ce qu'ils soient moulus finement.) Mettre les miettes de biscuit dans un grand bol.

10 Étaler une couche uniforme de glaçage beige sur le devant, le derrière et les côtés du corps refroidi. Saupoudrer des miettes de biscuit sur les cuisses (ce n'est pas grave si l'on voit du glaçage à travers les miettes), en prenant soin de ne pas mettre des miettes partout sur le gâteau. Transférer le gâteau à un plateau de service.

11 En commençant à la base du gâteau, utiliser une fourchette pour tirer délicatement le glaçage sans miettes en un mouvement vers le bas pour créer une texture de fourrure (voir Glaçage à la fourchette, page 22). Répéter ce processus en travaillant en rangées horizontales légèrement chevauchées, afin de recouvrir entièrement le corps.

12 Étaler du glaçage sur le dessus du corps. Presser le collier en biscuit sur le dessus du gâteau. Transférer le gâteau au réfrigérateur pour le refroidir.

13 Étaler une couche uniforme de glaçage beige sur la tête refroidie, y compris les oreilles; lisser. Presser des miettes de biscuits des 2 côtés des oreilles et sur le devant du visage autour du museau. En commençant par le bord supérieur du gâteau et travaillant en allant vers le museau, utiliser une fourchette pour tirer délicatement le glaçage sans miettes en un mouvement vers le haut et en éloignant du gâteau. Faire des rangées légèrement chevauchées jusqu'au museau en miettes de biscuit. Saupoudrer une ligne de miettes de biscuits au centre à partir du museau.

14 Insérer une brochette en bois de 15 cm (6 po) dans le centre du dessus de la tête jusqu'à ce que la brochette ressorte du bas du gâteau (voir l'illustration, page 200). Utiliser une spatule pour transférer la tête sur le collier en biscuit du corps. Continuer de pousser la brochette à travers la tête et les trous dans les biscuits, jusque dans le corps pour une stabilité supplémentaire. Recouvrir le trou dans la tête à l'aide de glaçage beige; remettre au réfrigérateur pour refroidir.

15 Pour les pattes, couper un petit coin (0,3 cm [⅛ po]) du sac de glaçage au chocolat. Étaler du glaçage beige sur les 4 pattes en bonbon arachide; lisser. Rouler les pattes dans les miettes de biscuit pour les enrober. Étaler une couche uniforme de glaçage beige sur les 2 bâtonnets de pain restants. Saupoudrer des miettes de biscuit jusqu'à un peu plus de la moitié des bâtonnets en prenant soin de mettre une couche plus épaisse à l'extrémité du bâtonnet. En commençant là où les miettes finissent, utiliser une fourchette pour tirer délicatement le glaçage en un mouvement vers le bas en s'éloignant du bâtonnet. Continuer de travailler en rangées chevauchées jusqu'au haut du bâtonnet de pain. Presser le bout glacé des bâtonnets de pain contre le devant du gâteau à environ 2,5 cm (1 po) d'intervalle. Mettre une goutte de glaçage au chocolat au bout de chaque bâtonnet de pain sur le plateau et sur le devant des cuisses; y fixer les pattes en bonbon arachide, côté arrondi vers l'avant.

16 Étaler une couche uniforme de glaçage beige sur l'assemblage de la queue. En commençant par le bout courbé de la queue, saupoudrer des miettes de biscuit jusqu'à un peu plus de la moitié du bâtonnet en prenant soin de mettre une couche plus épaisse à l'extrémité du bâtonnet. En commençant là où les miettes finissent, utiliser une fourchette pour tirer délicatement le glaçage en un mouvement vers le bas en s'éloignant du bâtonnet. Continuer de travailler en rangées chevauchées jusqu'au bout du bâtonnet de pain. Presser le bout glacé du bâtonnet contre l'arrière du gâteau.

17 Couper un petit coin (0,3 cm [⅛ po]) du sac de glaçage à la vanille. Mettre des gouttes de glaçage à la vanille autour du centre du collier. Fixer un bonbon perlé à chaque goutte de glaçage. Pour la lèvre inférieure, mettre une goutte de glaçage au chocolat sur le bord avant inférieur du museau. Presser le côté de biscuit réservé dans le glaçage. Mettre du glaçage au chocolat au-dessus de la lèvre inférieure et y fixer les 2 biscuits sandwichs miniatures réservés, l'un à côté de l'autre, en guise de lèvre supérieure. Pour le nez, fixer le bonbon gélifié à la réglisse noire, bout effilé vers le bas, au-dessus du centre de la lèvre supérieure.

18 Fixer les yeux en bonbon bleu en angle dans le glaçage au-dessus des miettes de biscuit du museau. Dessiner une ligne de glaçage au chocolat autour des yeux et ajouter quelques cils. Mettre une goutte de glaçage au centre de chaque œil et y fixer les bonbons bruns en guise de pupilles.

19 Détacher délicatement les moustaches en chocolat du papier ciré. Presser 3 moustaches, extrémité pointue vers l'extérieur, dans le glaçage de chaque côté de la lèvre supérieure.

20 Pour la boule de laine facultative, couper un petit coin (0,3 cm [⅛ po]) du sac de glaçage bleu pâle. Mettre du glaçage sur le cupcake et lisser. Dessiner des lignes aléatoires de glaçage bleu d'un côté à l'autre du cupcake pour faire des fils de laine. Dessiner une ligne de glaçage à partir de la boule de laine jusqu'au plateau sur lequel se trouve le gâteau.

RUX

GÂTEAU RUX, LE CHIEN PRODIGE

DONNE 12 PORTIONS

Pas besoin d'un cours de dressage avancé pour maîtriser cette petite championne. Elle répond aux gâteries, comme les guimauves, les biscuits, les menthes enrobées de chocolat, les dragées et les bonbons gélifiés. Avec un petit os Scooby-Doo, elle pourrait même vous parler !

1 Gâteau-maître les amis de l'écurie (page 182) fait de mélange pour gâteau au chocolat, préparé jusqu'à l'étape 2

1 boîte de 450 g (16 oz) plus 250 ml (1 tasse) de glaçage au chocolat

1 boîte de 450 g (16 oz) de glaçage à la vanille

15 ml (1 c. à soupe) de sucre décoratif rose pâle (Wilton)

5 guimauves jumbos

2 bâtonnets de bretzel minces (Bachman)

5 gros bonbons gélifiés rouges

1 (chacun) gros bonbon gélifié jaune et noir

60 ml (1/4 tasse) de sucre décoratif rouge (Cake Mate)

8 guimauves miniatures

125 ml (1/2 tasse) de pastilles à fondre blanches (Wilton)

2 biscuits ronds de 7,5 cm (3 po) à l'avoine (Archway)

8 grains de chocolat miniatures

750 ml (3 tasses) de nonpareilles au chocolat (Cake Mate, Wilton)

375 ml (1 1/2 tasse) de nonpareilles blanches (Wilton)

5 biscuits-déjeuner en forme de « S » (Stella D'oro)

2 menthes miniatures enrobées de chocolat (Junior Mints)

12 dragées blanches

Biscuits en forme d'os (Scooby-Doo)

1 Tapisser une plaque à pâtisserie de papier ciré. Retirer le carton du gâteau cuit dans un moule à pain refroidi et mettre le gâteau, dessous vers le bas, sur un plan de travail. Mesurer 7,5 cm (3 po) à partir d'un côté court du gâteau et couper en ligne droite vers le bas (voir l'illustration à droite). Ce morceau de 7,5 cm (3 po) servira de support derrière le corps. Pour rendre l'autre côté droit, mesurer 0,6 cm (1/4 po) et couper en ligne droite vers le bas. Jeter cette retaille. Positionner le grand gâteau côté coupé plus large vers le bas. Tenir un couteau dentelé en angle et tailler en biseau 1,8 cm (3/4 po) à partir des 2 coins supérieurs du gâteau, de l'avant vers l'arrière (voir l'illustration du bas à gauche). Placer le gâteau de support, côté coupé

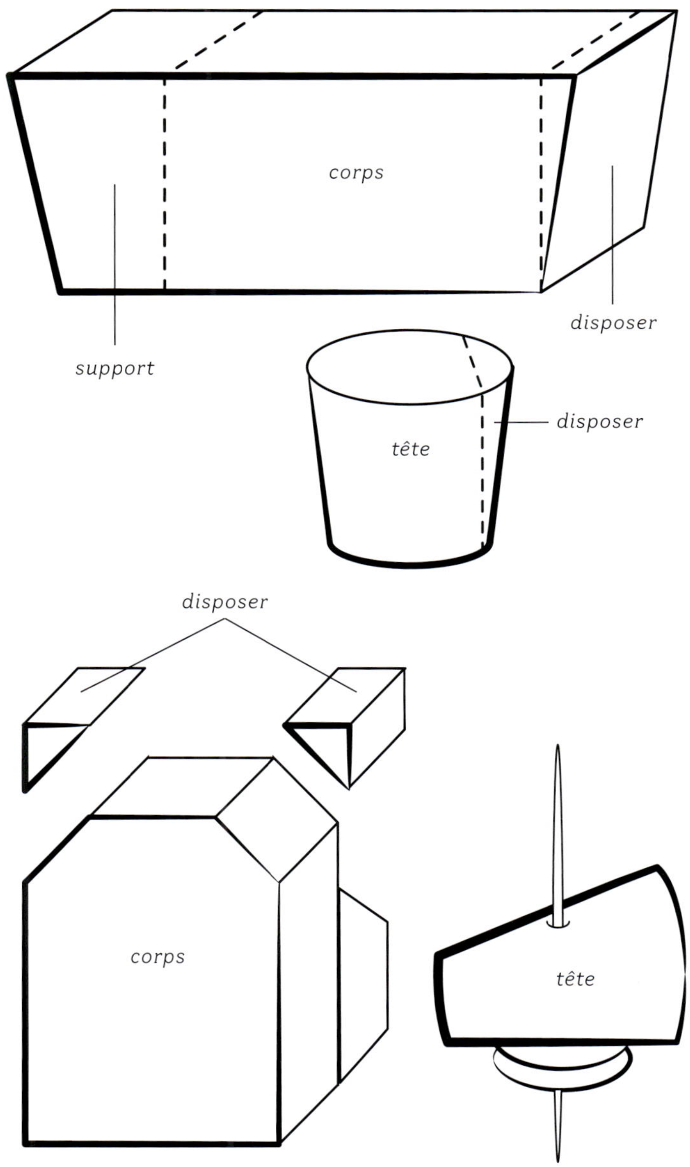

vers le bas, contre le dos du corps (voir les illustrations) sur le carton coupé à sa taille (voir À la base, page 14). Fixer les gâteaux à l'aide de glaçage au chocolat. Transférer l'assemblage de gâteau au congélateur pour refroidir, environ 30 minutes.

2 Mettre 125 ml (½ tasse) du glaçage au chocolat dans un sac de type Ziploc. Mettre le glaçage à la vanille dans 2 sacs de type Ziploc séparés. Exprimer l'excédent d'air et sceller les sacs.

3 Tapisser une plaque à pâtisserie de papier ciré. Transférer les parties au papier ciré à mesure qu'elles sont assemblées. Mettre le sucre rose dans un petit bol. Pour les oreilles, couper une des guimauves jumbo en 2 sur la diagonale. Presser le côté collant des moitiés de guimauve dans le sucre pour bien enrober. Insérer un bâtonnet de bretzel dans le bout plat de chaque morceau de guimauve (voir la photo, à droite). Couper une tranche de 0,6 cm (¼ po) à partir de 3 bouts plats de 2 guimauves; réserver pour faire le museau et la bouche. Pour la queue, couper les plus grands morceaux restants de guimauve en 2 sur la largeur. Pour les dents, couper 2 tranches longues de 0,6 cm (¼ po) d'épaisseur à partir des morceaux de guimauve restants. Pour la langue, couper une tranche de 0,3 cm (⅛ po) du bout plat d'un bonbon gélifié rouge. À l'aide d'un petit couteau, faire une ligne au centre du côté collant et pincer une extrémité pour former une larme. Pour le nez, couper le bonbon gélifié noir en 2 sur la longueur et disposer d'une moitié.

4 Pour le collier, parsemer du sucre rouge sur le plan de travail. Presser ensemble les 4 bonbons gélifiés rouges restants et rouler, en ajoutant du sucre pour les empêcher de coller, en bande de 1,8 × 27,5 cm (¾ × 11 po) (voir la photo, page ci-contre). Tailler les côtés longs pour les égaliser. Couper les guimauves miniatures en 2 sur la diagonale pour faire les pics sur le collier. Pour la médaille, couper une tranche de 0,6 cm (¼ po) à partir du bout plat d'un bonbon gélifié jaune. Couper un très petit coin (0,1 cm [1⁄16 po]) du sac de glaçage au chocolat. Écrire «RUX» sur le côté garni de sucre de la tranche jaune.

5 Mettre les pastilles à fondre blanches dans un sac de type Ziploc; ne pas sceller le sac. Ramollir au four à micro-ondes 10 secondes, pétrir le sac, remettre au four à micro-ondes et répéter le processus jusqu'à ce que le chocolat ait une consistance onctueuse. Exprimer l'excédent d'air et sceller le sac. Couper un petit coin (0,3 cm [⅛ po]) du sac.

6 Mettre du chocolat fondu sur le dessus d'un biscuit à l'avoine. Placer l'autre biscuit à l'avoine par-dessus, dessous vers le bas; utiliser une baguette pour faire un trou au centre de la pile. Dessiner une ligne de chocolat fondu autour du bord extérieur des biscuits. Presser le collier en bonbon rouge dans le chocolat fondu de manière

à couvrir les bords des biscuits ; presser pour fixer et tailler l'excédent. Mettre des gouttes de chocolat fondu autour du collier et y fixer les pics en guimauve, côté large vers le bas. Réfrigérer jusqu'à ce que le tout soit figé, environ 5 minutes.

7 Pour la bouche, placer 1 tranche de guimauve, côté coupé vers le bas, sur une feuille de papier ciré. Mettre du chocolat fondu sur la guimauve. Ajouter la langue en bonbon rouge au centre, bout pincé vers le haut. Mettre les 2 tranches de guimauve restantes, côté coupé vers le bas, au-dessus et de chaque côté de la langue en guise de museau. Mettre une goutte de chocolat fondu de chaque côté de la langue et y fixer les dents en guimauve, bout pointu vers le haut. Mettre une goutte de chocolat fondu au-dessus de la langue, centrée entre les 2 morceaux du museau, et y fixer le nez en bonbon gélifié noir, côté coupé vers le bas. Fixer les grains de chocolat miniatures au museau en guise de tache de rousseur. Réfrigérer jusqu'à ce que le tout soit figé, environ 5 minutes.

8 Tapisser une plaque à pâtisserie de papier ciré. Transférer les parties au papier ciré à mesure qu'elles sont assemblées. Mettre les nonpareilles au chocolat et blanches dans des grands bols séparés. Pour les pattes postérieures, couper 1 biscuit-déjeuner en 2 sur la largeur. Pour les cuisses, enlever 1 cm (½ po) d'une extrémité de 2 biscuits-déjeuner. Étaler du glaçage au chocolat sur les parties supérieures arrondies des pattes postérieures, sur les cuisses et sur 1 biscuit-déjeuner entier, ainsi que sur le dessous plat du biscuit-déjeuner restant. Presser le côté glacé des biscuits-déjeuner dans les nonpareilles au chocolat afin de bien recouvrir. Étaler du glaçage

ÉTAPE 4

au chocolat sur la queue en guimauve et recouvrir de nonpareilles au chocolat.

9 Couper un petit coin (0,3 cm [⅛ po]) du sac de glaçage à la vanille. Pour les pattes, couper une guimauve jumbo en 2 pour obtenir 2 cercles et encore en 2 pour obtenir 4 demi-cercles. Mettre du glaçage à la vanille sur les pattes en guimauve; lisser. Presser les guimauves dans les nonpareilles blanches pour bien recouvrir.

10 Mettre du glaçage à la vanille sur le devant du gâteau refroidi, à partir du ventre jusqu'aux épaules biseautées; lisser. Presser les nonpareilles blanches dans le glaçage pour le recouvrir. Étaler du glaçage au chocolat sur le reste du corps et sur le gâteau de support. Presser les nonpareilles au chocolat dans le glaçage pour le recouvrir.

11 Transférer le corps à un plateau de service. Fixer les cuisses de chaque côté du corps, côté plat contre le gâteau, bout taillé vers le bas, avec du glaçage au chocolat. Disposer les pattes postérieures devant les cuisses. Pour les pattes antérieures, utiliser du glaçage à la vanille pour fixer les 2 biscuits-déjeuner entiers, côté garni de nonpareilles vers l'extérieur (elles seront une image miroir, voir la photo, page 208) sur le devant de la poitrine et reposant sur le plateau. Fixer l'assemblage en biscuit du collier sur la partie avant du dessus du gâteau à l'aide de glaçage au chocolat. Transférer le gâteau au congélateur pour le refroidir pendant la décoration de la tête.

12 Tapisser une plaque à pâtisserie de papier ciré. Mettre la tête, côté coupé vers le bas, sur la plaque à pâtisserie. Insérer un bâtonnet de bois dans le centre du dessus de la tête et l'insérer aussi loin que possible dans le gâteau, en laissant un bout de brochette exposé. Insérer le bout en bretzel des oreilles en guimauve de chaque côté du bout large de la tête, côté garni de sucre vers l'extérieur. En commençant entre les oreilles, dessiner une ligne de glaçage de 2,5 cm (1 po) de largeur au milieu de la tête jusqu'au bout étroit. Presser les nonpareilles blanches dans le glaçage à la vanille pour bien le recouvrir. Étaler le reste du glaçage au chocolat en couche uniforme sur les oreilles en guimauve, en prenant soin d'éviter les zones garnies de sucre, et sur la tête, sauf sur le devant de la zone du museau. Presser les nonpareilles au chocolat dans le glaçage pour bien le recouvrir.

13 Agrandir le trou dans le sac de glaçage au chocolat à 0,3 cm (⅛ po). Mettre du glaçage au chocolat sur le biscuit de l'assemblage du collier. Transférer la tête sur le collier en biscuit; utiliser la brochette exposée pour stabiliser le gâteau. Presser la brochette en bois à travers le trou dans les biscuits et jusque dans le corps pour ajouter du support. Remplir de nonpareilles le trou dans la tête. Dessiner une ligne de glaçage au chocolat sur le bas de la bouche en guimauve et recouvrir de nonpareilles au chocolat. Pour les yeux, couper 0,6 cm (¼ po) de chaque bout plat de la guimauve jumbo restante; disposer du morceau du milieu. Découper les tranches en cercles de 3,75 cm (1½ po). Dessiner une ligne de glaçage au chocolat autour du bord extérieur des yeux en guimauve et presser le côté coupé et le bord dans les nonpareilles au chocolat. Couper une brochette en bois à une longueur de 7,5 cm (3 po). Insérer une extrémité de la brochette dans l'arrière du nez en bonbon gélifié. Mettre du glaçage au chocolat sur le devant de la tête et y fixer l'assemblage du museau; pousser la brochette dans le gâteau pour solidifier. Mettre du glaçage au chocolat au-dessus du museau de chaque côté de la bande blanche et y fixer les yeux en guimauve. Ajouter une goutte de glaçage à chaque œil et y fixer une menthe enrobée de chocolat en guise de pupille. Ajouter une goutte de glaçage sous le collier sur le devant du gâteau et y fixer la médaille.

14 Disposer 3 dragées devant chaque patte, à environ 1 cm (½ po). Mettre une patte en guimauve sur les dragées, côté plat vers le bas, et fixer avec du glaçage à la vanille. Mettre la queue en guimauve sur le plateau contre l'arrière du gâteau. Disposer les biscuits en forme d'os sur le plateau.

RUX

GÂTEAU HIPPOPOTAME

DONNE 12 PORTIONS

Cuit dans un moule à pain et une tasse à mesurer, ce gros gaillard se la coule douce et crée un débordement de glaçage. Sa peau est faite de glaçage versé. Les bonbons gélifiés facilitent la création de ses oreilles et de ses dents, ainsi que des oiseaux.

1 Gâteau-maître les amis de l'écurie (page 182) fait de mélange pour gâteau au chocolat, préparé jusqu'à l'étape 2

2 boîtes de 450 g (16 oz) chacune de glaçage à la vanille

Colorant alimentaire bleu, rose et violet néon (McCormick)

6 bâtonnets minces au miel et blé (Pringles Stix)

1 bonbon moelleux au chocolat (Tootsie Roll)

2 réglisses torsadées vertes (Kenny's Juicy Twists)

Bonbons gélifiés : 6 jaunes, 1 orange, 4 blancs, 7 violets

6 petites nonpareilles bleues

30 ml (2 c. à soupe) de sucre décoratif violet (Wilton)

3 guimauves roses

2 petits chocolats enrobés de bonbon brun (M&M'S Minis)

3 petits carrés au chocolat format collation (Entenmann's Little Bites)

1 Tapisser une plaque à pâtisserie de papier ciré. Retirer le carton du gâteau cuit dans un moule à pain refroidi et placer le gâteau, dessous vers le bas, sur un plan de travail. Pour le corps, tailler le gâteau en forme de sablier en retirant une courbe de 12,5 cm (5 po) de longueur et 1,8 cm (¾ po) de profondeur de chaque côté long du gâteau (voir l'illustration, ci-dessous à gauche). Tailler les coins et retirer 1 cm (½ po) autour du bord supérieur du gâteau pour l'arrondir. Disposer des retailles. Mettre le gâteau sur un carton coupé à sa taille (voir À la base, page 14) ; transférer à la plaque à pâtisserie. Pour la tête, mettre le gâteau cuit dans une tasse à mesurer refroidi debout et couper le gâteau en 2 de haut au bas (voir l'illustration ci-dessous à droite). Mettre un morceau sur un carton coupé à sa taille, côté coupé vers le bas, et le transférer ainsi que l'autre morceau, côté coupé vers le bas, à la plaque à pâtisserie. Étaler une fine couche de glaçage à la vanille sur les 3 gâteaux en prenant soin de remplir toute fissure ; lisser. Mettre les gâteaux au congélateur jusqu'à ce que le glaçage soit ferme, environ 30 minutes.

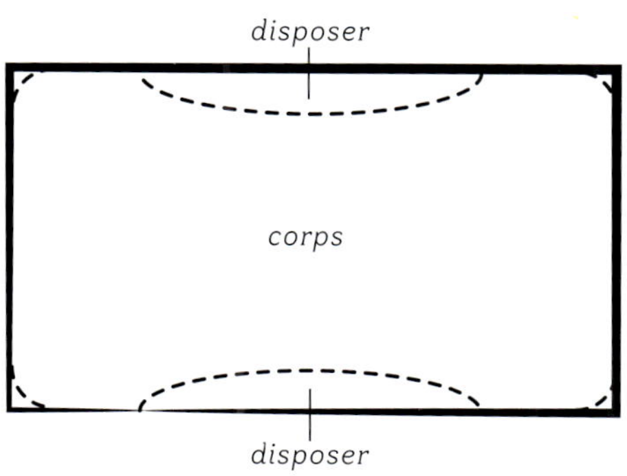

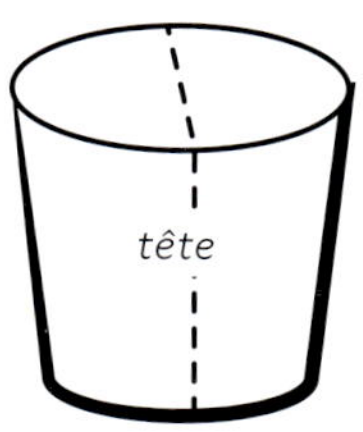

2 Mettre 60 ml (¼ tasse) de glaçage à la vanille dans un sac de type Ziploc. Colorer 80 ml (⅓ tasse) du glaçage à la vanille en bleu pâle avec le colorant alimentaire. Mettre le glaçage dans un autre sac de type Ziploc. Colorer 125 ml (½ tasse) de glaçage à la vanille en bleu plus foncé. Mettre le glaçage dans un autre sac de type Ziploc. Colorer 45 ml (3 c. à soupe) de glaçage à la vanille en rose pâle avec le colorant alimentaire. Mettre le glaçage dans un dernier sac de type Ziploc. Exprimer l'excédent d'air et sceller les sacs. Colorer le reste du glaçage à la vanille en violet pâle avec le colorant alimentaire. Mettre le glaçage violet dans une tasse à mesurer allant au micro-ondes d'une capacité de 500 ml (2 tasses) ; couvrir de pellicule plastique jusqu'au moment de l'utiliser.

3 Tapisser une plaque à pâtisserie de papier ciré. Transférer les parties au papier ciré à mesure qu'elles sont assemblées. Pour les quenouilles, couper 1 bâtonnet de blé en 2 sur la largeur. Ramollir le bonbon moelleux au chocolat au four à micro-ondes pendant 3 secondes ; le couper en quarts. Aplatir légèrement 2 des morceaux pour former des rectangles ; disposer des 2 autres morceaux. Envelopper un rectangle en bonbon moelleux au chocolat autour du dessus de chaque moitié de bâtonnet de blé ; laisser dépasser 0,6 cm (¼ po) du bâtonnet. Presser délicatement pour le fixer (les bâtonnets sont fragiles). Pour faire les roseaux, couper les réglisses torsadées en morceaux de 2,5 à 3,75 cm (1 à 1½ po), puis couper chaque morceau sur la diagonale.

4 Pour les oiseaux, couper une tranche mince du bout plat de chaque bonbon gélifié jaune ; réserver les tranches pour faire les ailes. Presser les bouts coupés des bonbons gélifiés pour faire 3 oiseaux. Pour faire les ailes, presser 1 tranche mince de bonbon gélifié, côté collant vers le bas, sur chaque côté des corps d'oiseau. Pour faire les pattes, couper 2 des bâtonnets de blé restants en 6 morceaux égaux. Presser 2 morceaux de bâtonnet de blé dans le bas de chaque corps d'oiseau. Pour les becs, couper 3 petits morceaux triangulaires à partir du bonbon gélifié orange et en presser un sur le devant de chaque corps d'oiseau, juste au-dessus de l'endroit où les bonbons gélifiés sont collés ensemble. Pour les yeux, presser 2 nonpareilles bleues dans le bonbon gélifié, juste au-dessus du bec.

5 Pour les dents d'hippopotame, couper un bâtonnet de blé en 4. Insérer un de ces morceaux dans le bout arrondi de chacun des bonbons gélifiés blancs. Pour les narines, couper 0,6 cm (¼ po) du bout plat de 2 bonbons gélifiés violets et disposer des bouts arrondis. Mettre les morceaux, côté collant vers le bas, sur une feuille de papier ciré et enlever un petit cercle au centre de chaque morceau à l'aide d'un embout à pâtisserie ou d'une paille mince. Pour les paupières, presser ensemble 2 bonbons gélifiés violets et former un cercle de 2,5 cm (1 po). Couper le cercle en 2 sur la largeur pour obtenir 2 demi-cercles. Couper un bâtonnet de blé en 2 et insérer un morceau dans le côté coupé de chaque demi-cercle. Saupoudrer le plan de travail de sucre violet (réserver 5 ml [1 c. à thé] du sucre violet pour le corps). Presser ensemble 2 bonbons gélifiés violets. Rouler le bonbon en un rectangle de 3,75 × 7,5 cm (1½ × 3 po) ; saupoudrer de sucre au besoin pour empêcher de coller. Découper 2 ovales de 2,5 cm (1 po) de longueur ; pincer une extrémité courte de chaque pour former les oreilles. Pour la queue, rouler le dernier bonbon gélifié violet en un rectangle de 2,5 × 3,75 cm (1 × 1½ po). À l'aide de petits ciseaux, faire des entailles d'environ 2,5 cm (1 po) de profondeur tous les 0,3 cm (⅛ po) sur un des côtés courts du rectangle ; laisser environ 1 cm (½ po) non coupé. Envelopper le bonbon, en chevauchant légèrement, autour du bâtonnet de blé restant ; appuyer légèrement pour le fixer.

6 Tapisser une plaque à pâtisserie de papier ciré et y poser une grille en métal. Mettre les 3 gâteaux refroidis sur la grille, 2 sur leur carton et 1 gros côté coupé vers le bas. Faire chauffer le glaçage violet au four à micro-ondes, en arrêtant toutes les 5 secondes pour remuer, jusqu'à ce qu'il ait la texture de crème légèrement fouettée, environ 20 secondes. Tremper les paupières en bonbon gélifié violet dans le glaçage fondu pour recouvrir. Laisser l'excédent de glaçage s'égoutter dans la tasse. Transférer les morceaux à la grille en métal. Verser le reste du glaçage fondu sur les gâteaux de manière à les recouvrir complètement ; laisser l'excédent s'égoutter sur la plaque à pâtisserie (voir Versage et inondation, page 41). Saupoudrer légèrement les 5 ml (1 c. à thé) de sucre violet réservés sur le corps. Mettre les gâteaux au réfrigérateur pour les raffermir, environ 30 minutes.

7 Utiliser une grande spatule pour placer le corps refroidi, sur le sens de la longueur, à une extrémité d'un plateau de service avec rebord. Pour la mâchoire inférieure, mettre la moitié de la tête sans le carton à l'autre bout du plateau, côté glacé vers le bas, bord plat à 2,5 cm (1 po) du corps. Mettre une guimauve rose dans l'espace entre la mâchoire et le corps afin de supporter la tête. Couper un petit coin (0,3 cm [⅛ po]) des sacs de glaçage rose et blanc. Mettre du glaçage rose sur le dessus du gâteau exposé qui forme la mâchoire inférieure. Étaler soigneusement le glaçage jusqu'au bord et lisser. Placer les 2 guimauves roses restantes, sur le sens de la longueur, sur le glaçage rose en guise de langue. Dessiner plusieurs lignes de glaçage à la vanille autour du bord de la mâchoire. Insérer le bout en bretzel de 2 des dents en bonbon gélifié blanc sur le long de la ligne de glaçage de la mâchoire, près de l'avant de la mâchoire inférieure et à environ 7,5 ml (3 po) d'écart.

8 Presser les narines en bonbon gélifié violet, côté coupé vers le bas, dans l'extrémité large et arrondie de la moitié restante de la tête. Pour ajouter les oreilles, faire un trou à l'aide d'un cure-dents de chaque côté de l'arrière de la tête. Insérer le bout pincé des oreilles en bonbon gélifié violet dans chaque trou. Pour fixer les paupières, insérer les bâtonnets de blé en angle juste devant les oreilles. Mettre des gouttes de glaçage à la vanille sur la langue, sur la guimauve de support et sur la partie avant du corps. Utiliser une spatule pour transférer la tête, avec le carton, jusqu'à l'arrière de la mâchoire inférieure; la reposer sur les 3 guimauves et près du bout du corps. Insérer le bout en bâtonnet de blé des 2 dents restantes dans le bord inférieur du devant de la mâchoire supérieure, à environ 6,25 cm (2½ po) d'écart. Mettre une goutte de glaçage à la vanille sur le devant des paupières et y ajouter les petits bonbons bruns en guise de pupilles. Insérer le bout en bâtonnet de blé de la queue touffue dans l'arrière du corps.

9 Faire chauffer les sacs de glaçage bleu pâle et bleu foncé au four à micro-ondes 3 secondes. Pétrir les sacs jusqu'à ce que le glaçage soit ramolli. Couper un petit coin (0,3 cm [⅛ po]) des sacs de glaçage. En commençant avec le glaçage bleu pâle, dessiner un anneau de 2,5 cm (1 po) de largeur autour du gâteau hippopotame. Faire un anneau irrégulier de 2,5 cm (1 po) de largeur à côté du bleu pâle. Continuer de faire des anneaux de glaçage en alternant les couleurs afin de couvrir le fond du plateau.

10 Presser le côté large et plat des petits carrés au chocolat dans le glaçage bleu autour du gâteau. Insérer le bout en bâtonnet de blé des 2 quenouilles et quelques roseaux en réglisse verte dans l'un des carrés au chocolat. Insérer 1 oiseau et quelques roseaux dans chacun des autres carrés au chocolat. Insérer les roseaux restants dans le glaçage autour des carrés au chocolat. Insérer le dernier oiseau sur le dessus du gâteau hippopotame.

GÂTEAU-MAÎTRE ŒUF

Notre forme d'œuf de base fait éclore tout un carton d'idées. Que vous ayez besoin d'une tête d'œuf pour une réception pour future maman, pour un fantôme fantasmagorique, ou si vous planifiez une fête sortie tout droit de votre imagination, laissez cette forme d'œuf vous inspirer des idées craquantes !

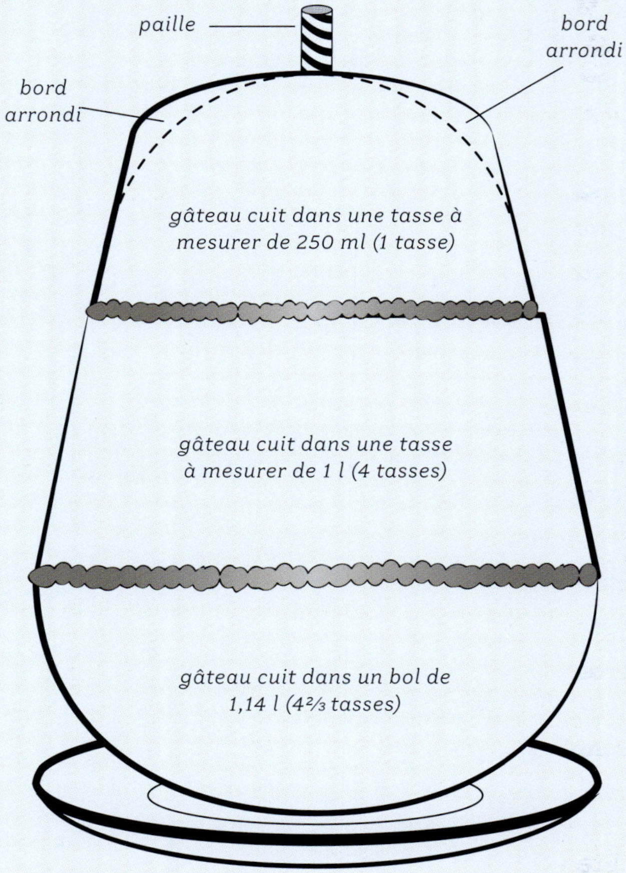

1 recette de Préparation pour gâteau parfait (page 289) faite du mélange pour gâteau précisé dans la recette

250 ml (1 tasse) de glaçage à la vanille

1 Préchauffer le four à 180 °C (350 °F) et préparer une tasse à mesurer de 250 ml (1 tasse) et de 1 l (4 tasses), ainsi qu'un bol en verre de 1,14 l (1 pinte ou 4⅔ tasses) allant au four (voir Libérez-moi, page 12). Verser 250 ml (1 tasse) de pâte dans la tasse à mesurer de 250 ml (1 tasse), 500 ml (2 tasses) de pâte dans la tasse à mesurer de 1 l (4 tasses) et le reste de la pâte dans le bol en verre de 1,14 l (4⅔ tasses) allant au four.

2 Faire cuire les gâteaux sur une plaque à pâtisserie jusqu'à ce qu'ils soient dorés et qu'un cure-dent inséré au centre en ressorte propre, 25 à 30 minutes pour les tasses à mesurer, et 30 à 35 minutes pour le bol. Transférer les gâteaux de la plaque à pâtisserie à une grille en métal et laisser refroidir 10 minutes. Renverser, retirer les tasses et le bol, et laisser refroidir complètement.

3 Tailler le dessus de chaque gâteau pour l'égaliser (voir Au niveau, page 14). Pour assembler la forme d'œuf, placer le gâteau cuit dans un bol, côté taillé vers le haut, sur une petite soucoupe pour le supporter (le gâteau assemblé et décoré restera sur la soucoupe même pour le service). Étaler du glaçage à la vanille sur le dessus. Ajouter le gros gâteau cuit dans une tasse à mesurer par-dessus, côté taillé vers le bas. Étaler du glaçage sur le dessus. Ajouter le petit gâteau cuit dans une tasse à mesurer par-dessus, côté taillé vers le bas. Tailler le bord supérieur du gâteau du haut pour l'arrondir légèrement (voir l'illustration, ci-dessus).

4 Insérer une paille dans le centre des gâteaux en guise de support ; tailler la paille près du dessus du gâteau. Étaler une fine couche de glaçage (voir Des miettes avec ça ?, page 16) sur le gâteau en prenant soin de remplir toute fissure ; lisser. Mettre le gâteau au congélateur jusqu'à ce qu'il raffermisse, environ 30 minutes.

GÂTEAU BÉBÉ TÊTE D'ŒUF

DONNE 12 PORTIONS

1 Gâteau-maître œuf (page 216), fait de mélange pour gâteau jaune

2 boîtes de 450 g (16 oz) chacune de glaçage à la vanille

Colorant alimentaire rouge (McCormick)

3 biscuits aux œufs jumbo (Stella D'oro)

2 guimauves roses

4 guimauves roses miniatures

2 lacets de réglisse noire

1 gros et 1 petit bonbon gélifié jaune

3 guimauves blanches

4 bâtonnets de bretzel minces (Bachman)

2 gros chocolats enrobés de bonbon brun (M&M'S au beurre d'arachide)

1 bonbon haricot rose

1 guimauve jaune miniature

1 Étaler une couche uniforme de glaçage à la vanille sur le gâteau ; lisser. Remettre le gâteau au congélateur pour le refroidir. Mettre 250 ml (1 tasse) de glaçage à la vanille dans un sac de type Ziploc. Colorer le reste du glaçage en rose à l'aide du colorant alimentaire rouge ; en mettre 30 ml (2 c. à soupe) dans un autre sac de type Ziploc. Exprimer l'excédent d'air et sceller les sacs. Mettre le reste du glaçage rose dans une tasse à mesurer allant au four à micro-ondes et couvrir de pellicule plastique pour l'empêcher de sécher.

2 Tapisser une plaque à pâtisserie de papier ciré et y poser une grille en métal. Pour faire les bras, couper un des biscuits aux œufs jumbo en 2 sur la largeur. Disposer les moitiés de biscuit et les 2 biscuits restants, côté plat vers le bas, sur la grille en métal. Transférer le gâteau refroidi sur la soucoupe à la grille en métal.

3 Réchauffer le glaçage rose dans la tasse à mesurer au four à micro-ondes, en remuant toutes les 5 secondes, jusqu'à ce qu'il ait la texture de crème légèrement fouettée, soit environ 20 secondes. Verser le glaçage fondu sur les biscuits pour les recouvrir complètement ; laisser l'excédent s'égoutter sur la plaque à pâtisserie. Verser le glaçage fondu sur le gâteau de manière à ce qu'il recouvre les ⅔ supérieurs du gâteau, laisser l'excédent s'égoutter sur la plaque à pâtisserie (voir la photo ci-dessous). Mettre le gâteau et les biscuits au réfrigérateur pour raffermir le glaçage, environ 30 minutes.

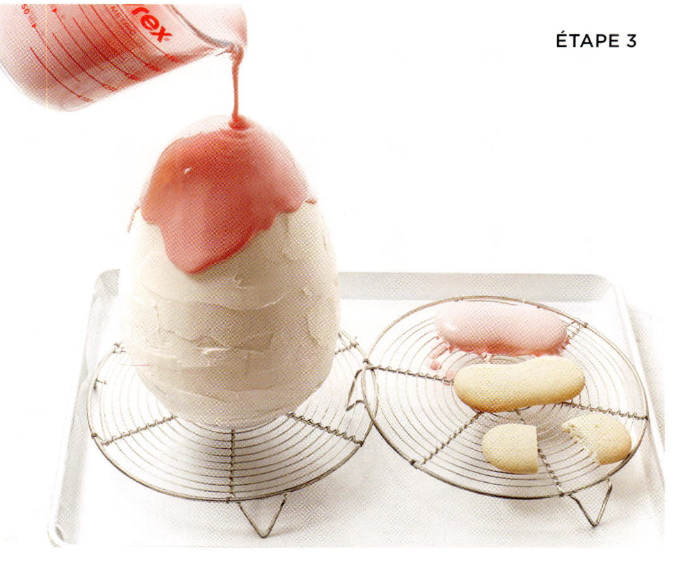

ÉTAPE 3

4 Tapisser une plaque à pâtisserie de papier ciré. Transférer les parties au papier ciré à mesure qu'elles sont assemblées. Pour faire les gros orteils, couper une tranche de 0,6 cm (¼ po) à partir de chaque bout plat d'une des guimauves roses et disposer du centre. Couper et disposer d'un morceau de 0,6 cm (¼ po) à partir du côté de chaque tranche. Pour les petits orteils, couper les guimauves miniatures en 2 sur la largeur. Transférer les 2 biscuits entiers enrobés refroidis à la plaque à pâtisserie. Couper un petit coin (0,3 cm [⅛ po]) du sac de glaçage rose. Mettre 5 gouttes de glaçage sur la même extrémité du biscuit entier et y fixer le gros orteil, côté taillé contre le biscuit, côté coupé vers le bas, sur le côté du biscuit avec l'indentation. Fixer les moitiés de guimauves miniatures, côté coupé vers le bas (voir la photo, page 217).

5 Couper les lacets en réglisse aux longueurs suivantes : 1 morceau de 17,5 cm (7 po), 2 morceaux de 7,5 cm (3 po) et 1 morceau de 3,75 cm (1½ po). Ramollir les morceaux de réglisse au four à micro-ondes environ 3 à 4 secondes. Pour faire l'épingle à couche, faire une boucle dans le centre du morceau de 17,5 cm (7 po) en l'enveloppant autour du doigt. Déposer la réglisse sur la plaque à pâtisserie et poser un petit verre par-dessus pour la tenir jusqu'à ce qu'elle refroidisse (voir la photo, page 217). Plier 1 des morceaux de 7,5 cm (3 po) en 2 pour faire la partie avant de l'épingle et poser un petit verre par-dessus pour la tenir. Recourber le dernier morceau de 7,5 cm (3 po) pour faire le cheveu. Former le morceau de 3,75 cm (1½ po) en demi-cercle pour faire la bouche.

6 Pour faire le biberon, couper un morceau de 0,3 cm (⅛ po) à partir du bout arrondi du gros bonbon gélifié et un morceau de 0,3 cm (⅛ po) à partir du bout plat du petit bonbon gélifié. Presser les côtés coupés ensemble pour faire la tétine du biberon. Insérer une brochette en bois de 10 cm (4 po) dans le bout plat du gros bonbon gélifié. Enfiler la guimauve rose restante et les 3 guimauves blanches sur la brochette (voir la photo, page 217).

7 Pour marquer le haut de la couche, utiliser un cure-dent et une règle pour tracer une lige autour du gâteau refroidi, à environ 8,75 cm (3½ po) de la base. Déterminer quel côté du gâteau est le meilleur pour faire le devant. Couper un coin de 0,6 cm (¼ po) du sac de glaçage à la vanille. Dessiner une ligne de glaçage sur la marque. Remplir les zones en dessous du glaçage blanc. Utiliser une spatule coudée pour étaler le glaçage, horizontalement, autour du gâteau. Réfrigérer le gâteau 15 minutes pour raffermir le glaçage.

8 Dessiner des lignes verticales de glaçage à la vanille pour faire le rabat de la couche sur environ 6,25 cm (2½ po) de largeur. Utiliser la spatule coudée pour lisser en lignes verticales.

9 Mettre une goutte de glaçage rose sur les bords coupés des bras. Presser 1 biscuit, sur le sens de la largeur, contre chaque côté du gâteau en le reposant sur la couche. Insérer 2 bâtonnets de bretzel sous chaque bras et dans le gâteau en guise de support.

10 Mettre des gouttes de glaçage à la vanille pour les yeux et placer les gros bonbons bruns au centre en guise de pupilles. Ajouter le bonbon haricot rose, sur le sens de la largeur, pour faire le nez; fixer à l'aide d'une goutte de glaçage. Humecter l'arrière de la réglisse qui formera la bouche et presser sur le gâteau. Utiliser un cure-dent pour faire un trou sur le dessus du gâteau et y insérer le cheveu en réglisse. Insérer les bouts des 2 morceaux de réglisse restants dans le devant de la couche, à environ 5 cm (2 po) d'écart pour former l'épingle à couche; ajouter la guimauve jaune miniature en guise de fermeture de sûreté.

11 À l'aide d'une grande spatule, transférer le gâteau à un plateau de service. Disposer les pieds en biscuit, gros orteils vers le centre, un à plat sur le plateau de service et l'autre levé et collé au gâteau; ajouter plus de glaçage pour le fixer, au besoin. Placer le biberon à côté du gâteau bébé, reposé contre un bras.

GÂTEAU ŒUF FABERGÉ

DONNE 12 PORTIONS

1 Gâteau-maître œuf (page 216) fait de mélange pour gâteau au chocolat

12 bâtonnets de gomme à mâcher rose (Extra)

30 ml (2 c. à soupe) de grains de chocolat blanc

1 boîte de 450 g (16 oz) de glaçage à la vanille

750 ml (3 tasses) de petits bonbons haricot perlés orange, rose foncé, rose pâle et blancs (Jelly Belly)

1 bombe de 45 g (1½ oz) de colorant alimentaire en aérosol, fini perle (Wilton)

1 Tapisser une plaque à pâtisserie de papier ciré. Transférer les parties au papier ciré à mesure qu'elles sont assemblées. Pour la queue du nœud, couper une entaille en forme de V dans une extrémité de 2 bâtonnets de gomme à mâcher (voir la photo, en haut à droite). Pincer les extrémités non coupées. Pour les boucles du nœud, couper et disposer d'un morceau de 1,8 cm (¾ po) à partir d'une extrémité de 4 bâtonnets de gomme à mâcher. Plier les 4 bâtonnets coupés et les 6 bâtonnets entiers restants en 2 sur la largeur pour faire des boucles. Pincer le bout de chaque boucle.

2 Mettre les grains de chocolat blanc dans un sac de type Ziploc ; ne pas sceller le sac. Ramollir au four à micro-ondes pendant 10 secondes, pétrir le sac, remettre au four à micro-ondes et répéter le processus jusqu'à l'obtention d'une consistance onctueuse, environ 30 secondes. Exprimer l'excédent d'air et sceller le sac. Couper un petit coin (0,3 cm [⅛ po]) du sac.

3 Pour faire le nœud, disposer en cercle sur la plaque à pâtisserie les extrémités pincées des 6 grosses boucles de gomme. Déposer une grosse goutte de chocolat fondu au centre pour couvrir les bouts. Ajouter 3 des petites boucles au centre, par-dessus le premier ensemble de boucles, en pressant les extrémités pincées dans le chocolat fondu (voir la photo ci-dessus). Terminer le nœud avec la petite boucle restante en mettant l'extrémité pincée dans le centre de l'ensemble de boucles ; fixer avec du chocolat fondu au besoin. Transférer au réfrigérateur pour laisser figer, environ 5 minutes.

4 En commençant à la base du gâteau et en travaillant sur une petite section à la fois, étaler une couche uniforme de glaçage à la vanille sur le gâteau refroidi ; lisser. Disposer les bonbons haricot, bout à bout, en un motif décoratif de tourbillons de manière à recouvrir complètement le gâteau (utiliser un cure-dent ou une brochette en bois pour apporter des ajustements au motif en bonbons haricot). Utiliser une grande spatule pour transférer le gâteau à un plateau de service.

5 Vaporiser légèrement d'aérosol perlé le nœud assemblé et les morceaux avec entaille en V. Décoller délicatement le nœud du papier ciré et le déposer sur le dessus du gâteau ; utiliser du glaçage pour fixer. Fixer les 2 morceaux avec entaille sous le nœud pour faire la queue.

GÂTEAU ŒUF FANTÔME

DONNE 12 PORTIONS

1 Gâteau-maître œuf (page 216) fait de mélange pour gâteau au chocolat

1 boîte de 450 g (16 oz) plus 250 ml (1 tasse) de glaçage à la vanille

2 guimauves

1 bâtonnet de 23,75 cm (9½ po) de pain nature (Stella D'oro)

½ recette d'Argile de bonbon (page 292) faite de pastilles à fondre blanches (Wilton)

500 ml (2 tasses) de nonpareilles blanches perlées (Wilton)

60 ml (¼ tasse) de glaçage au chocolat

1 À l'aide de glaçage à la vanille, fixer une guimauve, par son côté arrondi, sur le dessus du gâteau refroidi. Couper 1 guimauve en 2 sur la diagonale. Disposer d'une moitié et fixer l'autre moitié avec du glaçage, pointe vers le haut, sur la guimauve qui se trouve déjà sur le gâteau de manière à former un pic (voir la photo ci-dessous). À l'aide d'un couteau dentelé, couper le bâtonnet de pain en 2 sur la largeur. Pour les bras, insérer l'extrémité coupée des moitiés de bâtonnet de pain dans le haut du gâteau du milieu, un de chaque côté, en laissant 7,5 cm (3 po) exposés. Mettre le gâteau assemblé au congélateur 30 minutes pour le refroidir.

2 Rouler l'argile de bonbon à une épaisseur de 0,3 cm (⅛ po) sur une feuille de papier ciré. Y découper 2 triangles de 5 × 7,5 × 7,5 cm (2 × 2 × 3 po) et 1 triangle de 10 × 12,5 × 12,5 cm (4 × 5 × 5 po); rouler les retailles au besoin.

3 Tapisser une plaque à pâtisserie de papier ciré. Mettre le gâteau refroidi sur la plaque à pâtisserie. Étaler du glaçage à la vanille sur le dessous des bras en bâtonnet de pain et sur chaque côté du gâteau (voir la photo, ci-dessous à gauche). Pour la queue, étaler du glaçage à la base du gâteau, du même côté où pointe la guimauve sur la tête. Fixer le grand triangle d'argile de bonbon au glaçage; plier et former la queue pour lui donner l'apparence de mouvement.

4 Mettre les nonpareilles dans un grand bol. Étaler le reste du glaçage à la vanille sur le gâteau, y compris sur les guimauves, les bras et la queue. Presser délicatement les nonpareilles dans le glaçage de manière à le recouvrir complètement. Enlever tout excédent de nonpareilles. Presser délicatement sur les nonpareilles afin de lisser la surface et d'aplatir toute bosse. Transférer le gâteau à un plateau de service à l'aide d'une grande spatule.

5 Pour faire les yeux, utiliser une petite cuillère à melon ou un emporte-pièce rond de 3,1 cm (1¼ po) pour découper 2 cercles de 2,5 cm (1 po) de profondeur dans le devant du gâteau, près du haut. Retirer l'intérieur des cercles à l'aide d'un petit couteau ou d'une cuillère. Mettre le glaçage au chocolat dans un sac de type Ziploc. Exprimer l'excédent d'air et sceller le sac. Couper un petit coin (0,3 cm [⅛ po]) du sac. Mettre le glaçage dans l'ouverture des yeux et lisser.

GÂTEAU SINGE

DONNE 12 PORTIONS

Grâce à notre Gâteau-maître œuf, vous apprendrez à un vieux singe à faire des grimaces en y ajoutant un assortiment de bras, de jambes et une queue fait de biscuits-déjeuner. La fourrure en glaçage à la fourchette, ce n'est pas une singerie ; c'est évolutionnaire !

1 Gâteau-maître œuf (page 216) fait de mélange pour gâteau au chocolat, préparé jusqu'à l'étape 2

1 boîte de 450 g (16 oz) de glaçage au chocolat

1 boîte de 450 g (16 oz) de glaçage à la vanille

5 biscuits au gingembre, environ 5 cm (2 po) de largeur (Nabisco)

1 guimauve

125 ml (½ tasse) de pastilles à fondre au chocolat noir (Wilton)

10 bâtonnets de bretzel minces (Bachman)

5 biscuits-déjeuner en forme de S (Stella D'oro)

125 ml (½ tasse) de sucre décoratif rouge (Cake Mate)

20 bonbons gélifiés rouges et 2 bonbons gélifiés jaunes

45 ml (3 c. à soupe) de petits bonbons jaunes perlés (SweetWorks)

2 chocolats enrobés de bonbon brun (M&M'S) ou 1 bonbon haricot noir, coupé en 2 sur la longueur

1 tube de 128 g (4,25 oz) de glaçage décoratif noir (Cake Mate)

1 Combiner le glaçage au chocolat et 250 ml (1 tasse) de glaçage à la vanille dans un bol et mélanger jusqu'à ce que le tout soit homogène. Mettre 60 ml (¼ tasse) du glaçage brun pâle dans un sac de type Ziploc. Mettre le reste du glaçage à la vanille dans un autre sac de type Ziploc. Exprimer l'excédent d'air et sceller les sacs. Couvrir le reste du glaçage brun clair de pellicule plastique pour éviter qu'il sèche.

2 Tailler les dessus du gâteau cuit dans un bol et du gâteau cuit dans une tasse à mesurer de 1 l (4 tasses) pour les égaliser (voir Au niveau, page 14).

3 Pour assembler la forme de singe, placer le gâteau cuit dans un bol, côté taillé vers le haut, sur une petite soucoupe en guise de support. Étaler du glaçage brun sur le dessus. Ajouter le gâteau cuit dans une tasse à mesurer de 1 l (4 tasses) par-dessus, côté taillé vers le bas. Étaler du glaçage brun sur le dessus. Ajouter le gâteau cuit dans une tasse à mesurer de 250 ml (1 tasse) par-dessus, côté taillé vers l'avant de manière à ce qu'il dépasse légèrement du bord. Insérer une paille dans le centre des 3 gâteaux en guise de support ; tailler la paille près du gâteau. Étaler une fine couche de glaçage brun pâle sur le gâteau (voir Des miettes avec ça ?, page 16) en prenant soin de remplir toute fissure ; lisser. Mettre le gâteau au congélateur 30 minutes pour le refroidir.

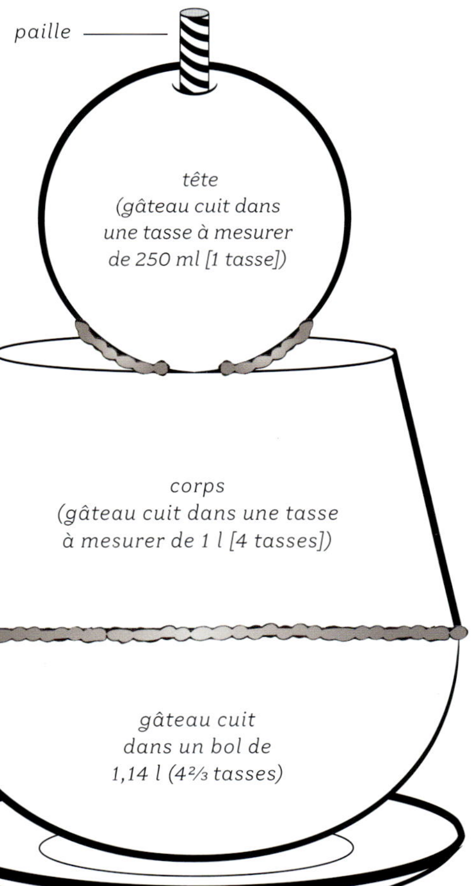

4 Tapisser une plaque à pâtisserie de papier ciré. Transférer les parties au papier ciré à mesure qu'elles sont assemblées. Pour faire les oreilles et la partie inférieure de la bouche, couper 2 biscuits au gingembre en 2 à l'aide d'un petit couteau dentelé ; disposer d'un des morceaux. Couper 1,8 cm (¾ po) d'un bord des 3 biscuits restants ; disposer des petits morceaux. Réserver 1 des biscuits taillés pour faire la partie supérieure de la bouche (voir la photo ci-dessus). Pour les yeux, mettre les 2 biscuits taillés restants l'un à côté de l'autre, côté plat vers le bas, bord coupé contre bord coupé. Couper 1 cm (½ po) horizontalement de bas des 2 biscuits adjacents. Pour faire le blanc des yeux, couper une tranche de 0,3 cm (⅛ po) de chaque extrémité plate de la guimauve ; disposer du centre. Tailler et disposer de 0,6 cm (¼ po) du bout court de chaque tranche de guimauve.

5 Mettre les pastilles à fondre dans un sac de type Ziploc ; ne pas sceller le sac. Ramollir au four à micro-ondes 10 secondes, pétrir le sac, remettre au four à micro-ondes et répéter le processus jusqu'à ce que le chocolat ait une consistance onctueuse, environ 30 secondes. Exprimer l'excédent d'air et sceller le sac. Couper un petit coin (0,3 cm [⅛ po]) du sac.

6 Pour les yeux, faire un cercle de 3,75 cm (1½ po) sur la plaque à pâtisserie avec le chocolat fondu. Mettre les biscuits œil, côté plat vers le bas, sur le chocolat fondu et presser les bords longs coupés des biscuits ensemble en s'assurant que les bords inférieurs coupés s'alignent (voir la photo à gauche). Pour la partie inférieure de la bouche, mettre la moitié de biscuit restante, dessous vers le bas, sur la plaque à pâtisserie. Dessiner une ligne de chocolat fondu sur le bord supérieur du biscuit le long du bord coupé. Mettre le grand biscuit taillé restant, dessous vers le bas, dans le chocolat fondu ; laisser le bord coupé chevaucher légèrement le biscuit du bas.

7 Pour faire les bras, les jambes et la queue, placer les 5 biscuits-déjeuner, dessous vers le haut, sur la plaque à pâtisserie et mettre une goutte de chocolat fondu sur une extrémité de chaque biscuit-déjeuner. Presser l'extrémité de 2 bâtonnets de bretzel dans le chocolat en les tournant pour les enrober ; laisser dépasser de 5 cm (2 po) (voir la photo, ci-dessus à gauche). Réfrigérer jusqu'à ce que le tout soit figé, environ 5 minutes.

8 Pour faire la veste et le chapeau rouges, saupoudrer le plan de travail d'une partie du sucre rouge. Presser 15 bonbons gélifiés rouges ensemble et rouler en un rectangle de 7,5 × 38,75 cm (3 × 15½ po) d'environ 0,3 cm (⅛ po) d'épaisseur. Saupoudrer de sucre au besoin pour empêcher de coller. Répéter avec les 5 bonbons gélifiés rouges pour faire un rectangle de 3,75 × 11 cm (1½ × 4½ po). Tailler les côtés longs de chaque rectangle pour égaliser les bords.

9 Arrondir les coins du grand rectangle en bonbon rouge pour former la veste. Couper un demi-cercle de 0,6 × 2,5 cm (¼ × 1 po) dans les retailles pour faire la bouche. Pour faire le chapeau, placer le petit rectangle rouge sur un plan de travail, un côté long vers le haut. En commençant au haut, à environ 0,6 cm (¼ po) du bord droit, faire une coupe en angle jusqu'au coin inférieur droit. En commençant au haut, à environ 0,6 cm (¼ po) du bord gauche, faire une coupe en angle jusqu'au coin inférieur gauche. Disposer des retailles. Presser les 2 extrémités en angle ensemble pour qu'elles collent. Tailler l'ouverture du bout large pour le rendre droit. Presser ensemble le reste des retailles, aplatir et découper en cercle de 2,5 cm (1 po). Fixer le cercle en bonbon rouge à l'ouverture plus petite pour faire le dessus du chapeau. Pour faire le gland du chapeau, aplatir un bonbon gélifié jaune en carré de 2,5 cm (1 po). Couper le morceau en rectangle de 1 × 2,5 cm (½ × 1 po). À l'aide de petits ciseaux, faire des entailles de 1,8 cm (¾ po) sur la longueur tous les 0,3 cm (⅛ po) le long d'un côté; laisser 0,6 cm (¼ po) non coupé. Pincer le côté non coupé ensemble. Tailler 0,6 cm (¼ po) du bout plat du bonbon gélifié jaune restant et disposer. Mettre le bout pincé du gland sur le dessus du chapeau et ajouter le bonbon gélifié taillé, côté coupé vers le bas, pour fixer.

10 Mettre le gâteau refroidi sur un plateau de service. Étaler une couche uniforme de glaçage brun pâle sur le corps; lisser. En commençant au bas du gâteau, utiliser une fourchette pour tirer délicatement le glaçage dans un mouvement vers le bas en s'éloignant du gâteau pour créer une texture de fourrure (voir la photo à droite). Continuer de travailler à la fourchette en faisant des rangées horizontales légèrement chevauchées; travailler du bas du gâteau jusqu'au cou. Étaler le reste du glaçage brun pâle sur la tête. En commençant par le bord extérieur du visage et en travaillant vers le centre, utiliser une fourchette pour tirer délicatement le glaçage dans un mouvement vers le bas en éloignant du gâteau, en rangées concentriques légèrement chevauchées. Répéter pour l'arrière du gâteau. Pour les oreilles, presser une moitié de biscuit au gingembre sur chaque côté de la tête, côté coupé vers le gâteau.

11 Couper un petit coin (0,3 cm [⅛ po]) des sacs de glaçage à la vanille et brun pâle. Envelopper la veste en bonbon rouge autour du tiers supérieur du corps; presser dans le glaçage pour la fixer. Mettre des gouttes de glaçage à la vanille autour du bord de la veste, à environ 1,8 cm (¾ po) d'écart, et fixer les bonbons jaunes perlés. Placer le chapeau en bonbon en angle débonnaire sur le dessus de la tête. Utiliser le glaçage brun pâle au besoin pour fixer les yeux en bonbon, côté plat et bord droit vers le bas, à la moitié supérieure du visage. Fixer les biscuits bouche, côté plat vers le bas, côté coupé à l'horizontale avec le biscuit plus grand vers le haut, à la moitié inférieure du visage, chevauchant légèrement les biscuits pour les yeux. Utiliser une goutte de glaçage à la vanille pour fixer les tranches de guimauve aux biscuits yeux, côté coupé vers le biscuit et bord taillé vers le bas. Mettre une goutte de glaçage à la vanille sur la partie inférieure des tranches de guimauve et y fixer les M&M'S ou moitiés de bonbon haricot, en touchant le biscuit pour la bouche. À l'aide du glaçage brun pâle, dessiner des touffes de fourrure sur le dessus de la tête. Utiliser le glaçage décoratif noir pour dessiner les narines sur la portion supérieure du biscuit bouche. Fixer la bouche en demi-cercle de bonbon rouge sur la partie inférieure du biscuit pour la bouche.

ÉTAPE 10

12 Juste avant de servir, utiliser un cure-dent pour faire un trou dans chaque côté de la veste à la position des bras. Fixer les bras en bonbon en insérant les bretzels dans le gâteau.

GÂTEAU REINE DE LA RUCHE

DONNE 12 PORTIONS

Vos amis et votre famille fourmilleront autour de ce gâteau mielleux. La reine abeille règne sur sa ruche avec un petit gâteau Yodel et un trou de beigne tandis que les abeilles ouvrières s'affairent autour de la ruche en panier tissé sur des tiges en spaghetti non cuit.

1 recette de Préparation pour gâteau parfait (page 289) faite de mélange pour gâteau jaune; 375 ml (1½ tasse) de pâte cuite dans une tasse à mesurer de 500 ml (2 tasses) allant au four de 35 à 40 minutes, et 875 ml (3½ tasses) de pâte cuite dans une tasse à mesurer de 1 l (4 tasses) allant au four de 40 à 45 minutes

2 boîtes de 450 g (16 oz) chacune de glaçage à la vanille

Colorant alimentaire rouge et jaune (McCormick)

60 ml (¼ tasse) de glaçage au chocolat

1 trou de beigne nature (Munchkin, Timbit)

1 petit gâteau roulé fourré de crème et enrobé de chocolat (Yodels, Roulés suisses)

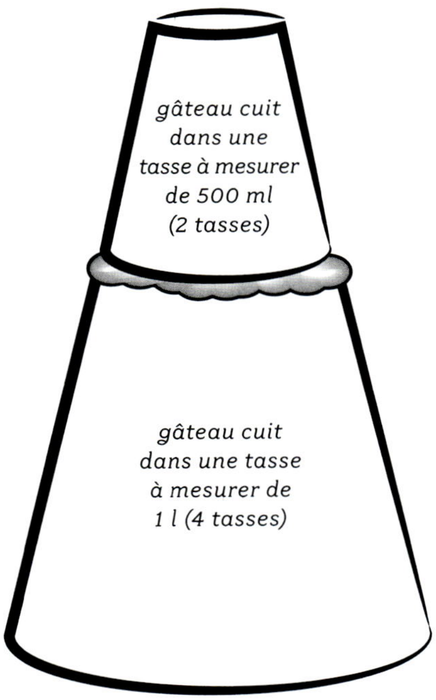

10 guimauves

125 ml (½ tasse) de sucre décoratif jaune

15 ml (1 c. à soupe) de petites nonpareilles blanches

4 (chacun) bonbons gélifiés orange et jaunes

125 ml (½ tasse) de pastilles à fondre blanches (Wilton)

4 bâtonnets de bretzel minces (Bachman)

4 bonbons moelleux au chocolat (Tootsie Roll)

38 chocolats enrobés de bonbon jaune (M&M'S)

38 amandes tranchées

19 spaghettis non cuits

1 gros bonbon gélifié jaune

1 tube de 128 g (4,25 oz) de glaçage décoratif noir (Cake Mate)

1 petit bonbon décoratif en forme de cœur (voir Adresses utiles, page 294)

1 Tailler le dessus de chaque gâteau pour l'égaliser. Mettre le gros gâteau, côté taillé vers le bas, sur un carton coupé à sa taille. Étaler du glaçage à la vanille sur le dessus du gâteau. Ajouter le petit gâteau, côté taillé vers le bas. Étaler une fine couche de glaçage sur le gâteau en prenant soin de remplir toute fissure; lisser. Marquer une ligne tous les 3,1 cm (1¼ po) autour de la base du gâteau du bas au haut en pressant une longue brochette en bois dans le gâteau (voir la photo, page ci-contre). Mettre le gâteau au congélateur jusqu'à ce qu'il soit ferme; environ 30 minutes.

2 Mettre 45 ml (3 c. à soupe) du glaçage à la vanille dans un petit bol en verre et colorer en rose pâle avec le colorant alimentaire rouge. Couvrir de pellicule plastique pour l'empêcher de sécher. Mettre 125 ml (½ tasse) du glaçage à la vanille dans un sac de type Ziploc. Colorer le reste du glaçage à la vanille en jaune doré à l'aide du colorant alimentaire jaune et de 15 ml (1 c. à soupe) de glaçage au chocolat. Diviser également le glaçage rose dans 2 sacs de type Ziploc. Mettre le reste du glaçage au chocolat dans un dernier sac de type Ziploc. Exprimer l'excédent d'air et sceller les sacs.

3 Tapisser une plaque à pâtisserie de papier ciré. Transférer les parties au papier ciré à mesure qu'elles sont assemblées. Pour la tête de la reine, insérer les dents d'une petite fourchette dans le trou de beigne. Faire chauffer le glaçage rose au four à micro-ondes, en remuant fréquemment, jusqu'à l'obtention d'une texture de crème légèrement fouettée. Tremper le trou de beigne dans le glaçage fondu de manière à le recouvrir complètement; laisser l'excédent de glaçage s'égoutter dans le bol. Réfrigérer le trou de beigne jusqu'à ce que le glaçage soit figé, environ 30 minutes.

4 Pour le torse de la reine, retirer un morceau de 5 cm (2 po) d'une extrémité du petit gâteau; disposer. À l'aide de gros ciseaux, couper une tranche de 0,6 cm (¼ po) du bout plat d'une guimauve; disposer du reste de la guimauve. Pour le collet, presser le côté coupé de la tranche de guimauve sur une extrémité du petit gâteau taillé. Pour faire les manches, couper une guimauve en 2 sur la diagonale. Presser le côté coupé des moitiés de guimauve de chaque côté du petit gâteau, bout effilé près du collet.

5 Pour faire les fleurs, mettre le sucre jaune dans un bol de taille moyenne. Pour faire les pétales, couper chacune des 8 guimauves restantes sur la largeur de manière à obtenir 5 tranches minces pour chaque guimauve; laisser les morceaux tomber dans le sucre (voir la photo ci-dessous). Secouer le bol et presser les côtés coupés des guimauves dans le sucre pour bien enrober. Mettre les nonpareilles blanches dans un petit bol. Retirer et disposer d'une tranche de 0,3 cm (⅛ po) du bout plat de chaque petit bonbon gélifié. Presser les bouts coupés des bonbons gélifiés dans les nonpareilles pour les enrober. Mettre les pastilles à fondre dans un sac de type Ziploc; ne pas sceller le sac. Ramollir au four à micro-ondes 10 secondes, pétrir le sac, remettre au four à micro-ondes et répéter le processus jusqu'à ce que le chocolat soit

de consistance onctueuse, environ 30 secondes. Exprimer l'excédent d'air et sceller le sac. Couper un petit coin (0,3 cm [⅛ po]) du sac. Déposer une goutte d'environ la taille d'un 10 sous sur une plaque à pâtisserie tapissée. Disposer 5 tranches de guimauve dans le chocolat fondu de manière à former une fleur, côté enrobé de sucre vers le haut et légèrement chevauchées. Répéter pour former 8 fleurs. Réfrigérer les fleurs jusqu'à ce qu'elles soient figées, environ 5 minutes. Mettre une goutte de chocolat fondu au centre de chaque fleur et y placer un bonbon gélifié, côté garni de nonpareilles vers le haut. Remettre au réfrigérateur jusqu'à ce qu'elles soient figées, environ 5 minutes.

6 Faire une copie agrandie à 200 % du modèle d'ailes ci-dessous. Mettre le modèle d'ailes sur une plaque à pâtisserie et le recouvrir de papier ciré. À l'aide du chocolat fondu, dessiner le contour des 2 ailes sur le papier ciré. Mettre le bout d'un bâtonnet de bretzel au bout pointu de chaque aile, perpendiculaire à l'aile, et mettre plus de chocolat par-dessus pour le recouvrir (voir la photo, page ci-contre). Répéter le processus pour faire un autre ensemble d'ailes. Transférer au réfrigérateur jusqu'à ce que le chocolat ait durci, environ 5 minutes.

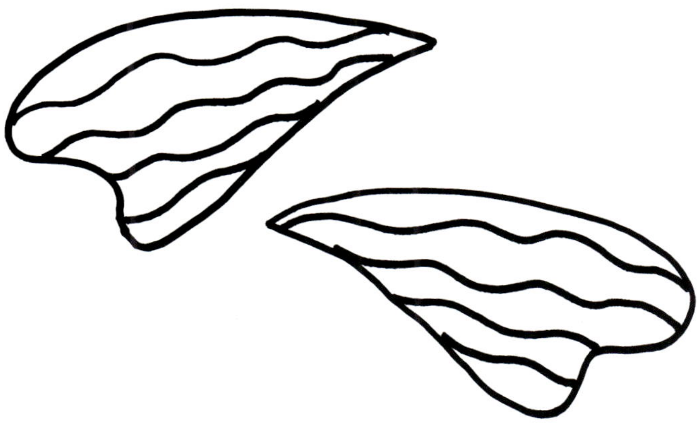

7 Pour faire les abeilles ouvrières, faire chauffer les bonbons moelleux au chocolat au four à micro-ondes pendant 5 secondes pour les ramollir. Couper chaque bonbon sur la largeur pour obtenir 6 tranches. Former 19 des tranches en boules de 0,6 cm (¼ po). Mettre un bonbon jaune de chaque côté d'une boule et presser ensemble jusqu'à ce que le bonbon moelleux au chocolat soit à égalité des côtés du bonbon. Insérer les bouts pointus de 2 tranches d'amande dans le bord des bonbons moelleux pour former les ailes. Insérer le bout d'un morceau de spaghetti dans le bonbon moelleux, du côté opposé aux ailes (voir la photo, page ci-contre). Répéter le processus pour faire 19 abeilles.

8 Pour faire la porte de la ruche, presser ensemble les 5 bonbons au chocolat moelleux restants. Rouler sur une feuille de papier ciré à une épaisseur de 0,3 cm (⅛ po) et couper en rectangle de 2,5 × 3,75 cm (1 × 1½ po). Tailler les coins d'une extrémité courte pour créer une arche pour la porte.

9 Pour la couronne de la reine, couper 5 formes arrondies sur le bord du côté plat du grand bonbon gélifié jaune pour festonner le bord.

10 Pour faire le panier tissé de la ruche, transférer le gâteau refroidi à un plateau de service. Couper un petit coin (0,3 cm [⅛ po]) du sac de glaçage à la vanille. Couper un coin de 0,6 cm (¼ po) des sacs de glaçage jaune. Commencer au haut du gâteau et dessiner une ligne verticale de glaçage à la vanille sur une des lignes marquées sur le gâteau. Utiliser le glaçage jaune pour dessiner un trait jaune qui commence à la ligne marquée à la gauche de la ligne de glaçage blanc et qui finit à la ligne marquée à la droite de la ligne blanche. Aller vers le haut, en laissant un espace égal à la largeur du trait précédent et répéter le processus (voir la photo, page 233). Continuer de faire des traits espacés jusqu'au haut du gâteau. En commençant au haut du gâteau, dessiner une deuxième ligne de glaçage à la vanille sur la ligne marquée à la droite de la première ligne blanche, en passant par-dessus les bouts des traits. En commençant au bas, dans l'espace laissé entre les premiers et deuxièmes traits jaunes, dessiner un trait jaune horizontal qui commence à la première ligne de glaçage blanc et termine à la ligne marquée à la droite de la deuxième ligne blanche. Répéter ce processus en remplissant les espaces

entre le premier ensemble de traits jaunes, jusqu'au haut du gâteau. Continuer ce motif de gauche à droite tout autour du gâteau pour le recouvrir complètement.

11 Pour le torse de la reine, presser le petit gâteau au chocolat, bout avec collet vers le haut, sur le dessus du gâteau; utiliser du glaçage à la vanille pour fixer. Mettre une goutte de glaçage à la vanille sur le collet en guimauve. Retirer le trou de beigne trempé de la fourchette, en prenant soin de garder un côté sans bavures et poser sur le collet. Utiliser le côté le plus lisse pour son visage. Insérer une brochette en bois à travers le trou de beigne et le torse jusque dans le gâteau en guise de support.

12 Couper un petit coin (0,3 cm [⅛ po]) du sac de glaçage au chocolat et dessiner des cheveux sur le dessus, l'arrière et les côtés du trou de beigne, y compris une petite pointe à l'avant de la tête. Ajouter la couronne en bonbon gélifié sur le dessus de la tête; presser dans le glaçage. Dessiner de petits points blancs sur les pics de la couronne. Déposer des points blancs pour les yeux. Utiliser le glaçage décoratif noir pour dessiner les pupilles et les cils. Fixer le bonbon décoratif en forme de cœur avec une goutte de glaçage pour faire la bouche. Dessiner un bord décoratif en glaçage jaune autour du collet et au bout des manches.

13 À l'aide d'un cure-dent, faire 4 trous dans le dessus de la jupe, derrière le torse en petit gâteau, pour insérer les ailes. Décoller délicatement les ailes en bonbon du papier ciré. Insérer les bouts en bretzel dans les trous, en chevauchant les ailes de chaque côté. Placer la porte en bonbon moelleux au chocolat sur le devant du gâteau, près du bas. Disposer les 8 fleurs en guimauve autour de la base du gâteau.

14 Juste avant de servir, insérer le bout en spaghetti des abeilles en bonbon partout sur le gâteau en coupant les morceaux de spaghetti à des longueurs différentes.

GÂTEAU SAPIN DE NOËL SOMPTUEUX

DONNE 12 PORTIONS

Décorez l'arbre de guirlandes de bonbons poisson rouge, de boules de gomme, de Sixlets, de bonbons gélifiés et de guimauves, verts, rouges et blancs, jusqu'au bout de son sommet en cornet gaufré.

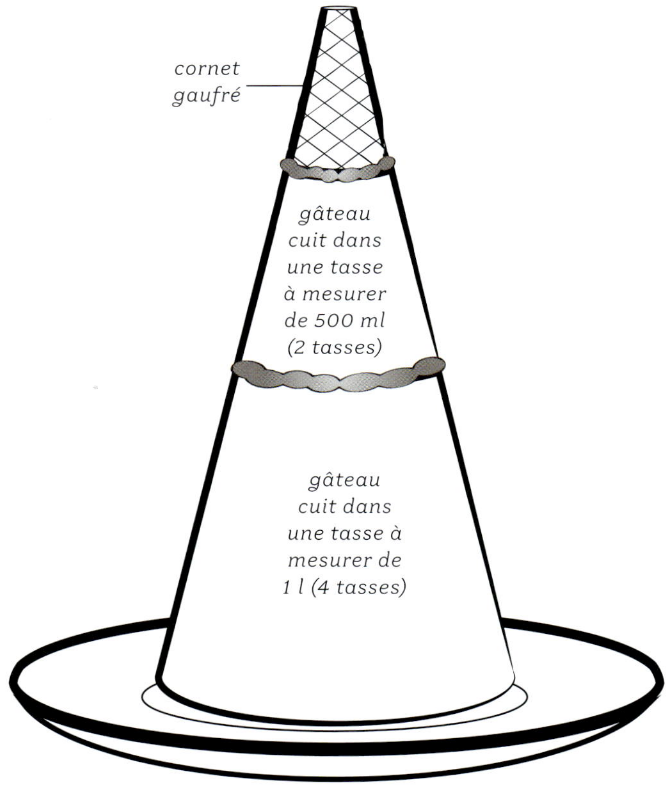

1 recette de Préparation pour gâteau parfait (page 289) faite de mélange pour gâteau jaune ; 375 ml (1½ tasse) de pâte cuite dans une tasse à mesurer de 500 ml (2 tasses) allant au four de 35 à 40 minutes, et 875 ml (3½ tasses) de pâte cuite dans une tasse à mesurer de 1 l (4 tasses) allant au four de 35 à 40 minutes

1 boîte de 450 g (16 oz) plus 250 ml (1 tasse) de glaçage à la vanille

Colorant alimentaire vert et jaune (McCormick)

1 cornet gaufré (Joy, Keebler)

125 ml (½ tasse) de sucre granulé

10 guimauves

70 bonbons poisson rouges

250 ml (1 tasse) de boules de gomme vert pâle perlées (SweetWorks)

250 ml (1 tasse) chacun de chocolats ronds enrobés de bonbon blancs et rouges (Sixlets)

250 ml (1 tasse) de bonbons gélifiés rouges

1 grosse boule de gomme verte perlée (SweetWorks)

1 Colorer le glaçage à la vanille en vert pâle avec le colorant alimentaire vert et jaune. Mettre 60 ml (¼ tasse) de glaçage dans un sac de type Ziploc. Exprimer l'excédent d'air et sceller le sac. Couvrir le reste du glaçage de pellicule plastique pour l'empêcher de sécher.

2 Tailler le bout large du cornet gaufré avec un couteau dentelé pour l'égaliser. Tailler 1,8 cm (¾ po) du bout pointu du cornet.

3 Tailler le dessus de chaque gâteau pour les égaliser (voir Au niveau, page 14). Mettre le grand gâteau, côté taillé vers le bas, sur un carton coupé à sa taille. Étaler du glaçage vert sur le dessus du gâteau. Ajouter le petit gâteau, côté taillé vers le bas. Insérer une paille à travers le centre des 2 gâteaux. Étaler une fine couche de glaçage sur le gâteau (voir Des miettes avec ça?, page 16) en prenant soin de remplir toute fissure ; lisser. Mettre le gâteau au congélateur jusqu'à ce qu'il soit ferme, environ 30 minutes.

4 Tapisser une plaque à pâtisserie de papier ciré. Mettre le sucre granulé dans un bol de taille moyenne. Utiliser de gros ciseaux pour couper chaque guimauve au-dessus du bol, en 5 tranches minces sur la largeur (nettoyer les ciseaux régulièrement pour empêcher de coller) et en laissant les tranches tomber dans le bol de sucre. Secouer le bol et presser les côtés coupés des guimauves dans le sucre pour les enrober. Transférer les tranches à la plaque à pâtisserie.

5 Transférer le gâteau refroidi au plateau de service. Étaler du glaçage vert sur le dessus du gâteau et ajouter le cornet, côté large vers le bas.

6 En commençant à la base du gâteau, étaler une couche uniforme de glaçage vert sur les 10 cm (4 po) inférieurs du gâteau. Travailler rapidement avant que le glaçage sèche et presser dans le glaçage une rangée de tranches de guimauve, côté enrobé de sucre vers l'avant, l'un à côté de l'autre sur la longueur. Ajouter une rangée de bonbons poisson rouge en chevauchant légèrement les guimauves. Continuer à ajouter des rangées dans l'ordre suivant : 1 rangée de boules de gomme vert pâle, 2 rangées de bonbons blancs, 1 rangée de bonbons rouges, 1 rangée de bonbons gélifiés, côté plat contre le gâteau, et une rangée de bonbons rouges (voir la photo, page 235). Ajouter du glaçage sur les 10 cm (4 po) suivants du gâteau et, en commençant avec les tranches de guimauve, répéter le motif de rangées 2 fois de plus pour complètement recouvrir le gâteau.

7 Couper un petit coin (0,3 cm [⅛ po]) du sac de glaçage vert. Mettre une goutte de glaçage sur le dessus de l'arbre et y fixer la grosse boule de gomme. Utiliser le reste du glaçage vert dans le sac pour solidifier tout bonbon mal fixé.

Variante réalisée avec des tranches de guimauve enrobées de sucre et des chocolats ronds enrobés de bonbon.

quatre-quarts de plaisir

Quatre-quarts du commerce

Qu'on appelle ça du génie ou de la paresse, nous pensons que d'utiliser du quatre-quarts du commerce est un moyen génial d'arriver à l'étape de décoration plus rapidement. Nous raffolons du goût des quatre-quarts du congélateur, comme ceux de Sara Lee, et leur texture est parfaite pour supporter des décorations. C'est aussi un gâteau polyvalent, qu'on y ajoute un enrobage simple de glaçage et de sucre pour réaliser le Gâteau La danse des Nerds ou qu'il serve de point de départ pour la forme du Gâteau Botte de travail.

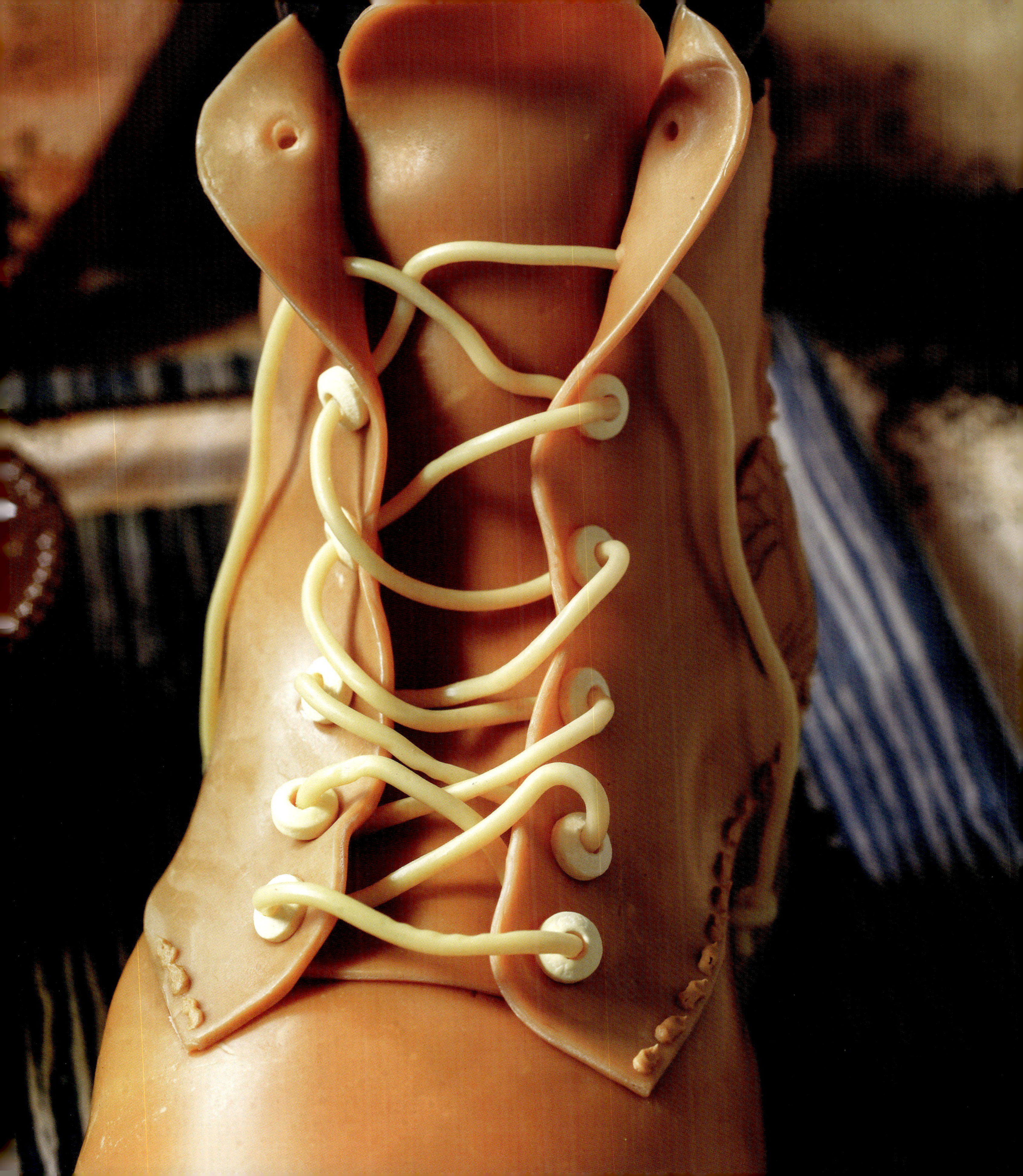

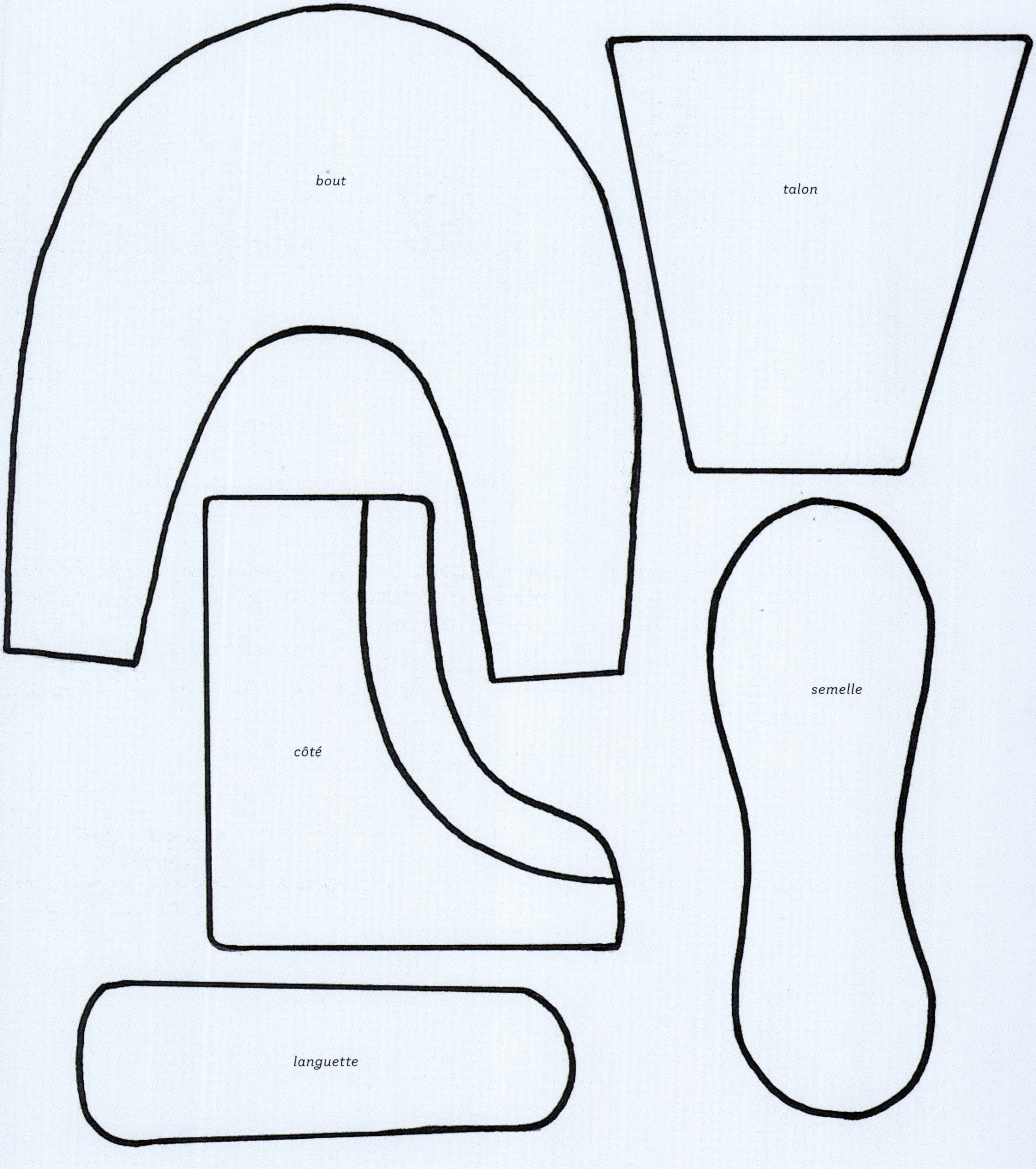
bout
talon
semelle
côté
languette

GÂTEAU-MAÎTRE BOTTE

Envoyez promener les gâteaux de fête ennuyants et bricolez des chaussures qui sauront combler votre invité d'honneur. L'utilisation du quatre-quarts du commerce et de beignes prêts à manger vous permet de commencer à décorer sans tarder!

1 quatre-quarts tout beurre format familial de 450 g (16 oz) congelé, décongelé (Sara Lee)

6 beignes-gâteaux (saveur précisée dans la recette)

1 boîte de 450 g (16 oz) de glaçage à la vanille

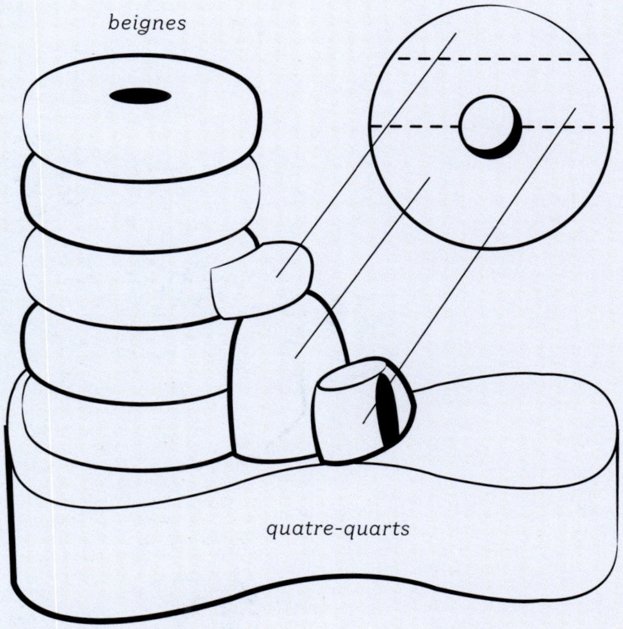

1 Mettre le quatre-quarts sur un plan de travail. Faire une copie du modèle de semelle à gauche; agrandir à 200%. Utiliser le modèle pour couper le gâteau en forme de pied. Tailler le bord supérieur du gâteau pour l'arrondir légèrement. Mettre le gâteau sur un carton coupé à sa taille (voir À la base, page 14).

2 Tapisser une plaque à pâtisserie de papier ciré. Réserver 1 beigne pour former le cou-de-pied de la botte. Étaler du glaçage sur le dessus d'un beigne. Disposer un autre beigne sur le dessus. Répéter le processus 3 fois de plus pour faire une pile de 5 beignes. (Pour le Gâteau Botte de travail, faire une pile de 4 beignes et réserver 1 beigne pour utiliser dans la recette.) Étaler du glaçage sur la partie supérieure de la zone du talon du gâteau et y poser la pile de beignes.

3 Couper le beigne réservé en 2 sur la largeur afin d'obtenir 2 demi-cercles. (Pour le Gâteau Botte de travail, il restera 1 beigne de plus pour l'utilisation dans la recette.) Couper 2,5 cm (1 po) du dessus arrondi d'une moitié de beigne; réserver les 2 morceaux. À l'aide de glaçage, fixer le demi-cercle de beigne, sur le sens de la largeur, sur le dessus du gâteau, côtés coupés vers le bas et un côté plat contre les beignes empilés. Fixer le morceau en demi-cercle taillé, sur le sens de la largeur et côtés coupés vers le bas, devant le morceau en demi-cercle. Fixer le morceau restant, sur le sens de la largeur, sur le dessus du demi-cercle intact, côté coupé contre les beignes empilés (voir l'illustration ci-dessus).

4 Insérer une paille à travers le centre de la pile de beignes et dans le gâteau. Tailler la paille à l'aide de ciseaux et la pousser afin qu'elle soit complètement recouverte. Étaler le reste du glaçage à la vanille sur le gâteau et les beignes en faisant un tas au niveau des orteils; lisser. Transférer le gâteau au congélateur pour 30 minutes afin de le refroidir.

Mais quelle semelle !

La semelle de votre botte est peut-être cachée en dessous du gâteau, mais choisir le bonbon idéal pour la faire aidera à ajouter du réalisme à votre création. Vous avez besoin d'un bonbon ou d'une friandise qui est assez ferme pour supporter le poids du quatre-quarts et des beignes empilés par-dessus. Une fois le bonbon choisi, la création de la semelle est passablement simple.

1 Couper une forme de semelle à partir du couvercle en carton de l'emballage de quatre-quarts congelé ou de n'importe quel carton léger.

2 Mettre quelques gouttes de glaçage sur la semelle en carton puis disposer les bonbons sur le contour de la semelle en les plaçant de manière à ce que les morceaux ayant l'apparence d'une vraie semelle soient plus visibles. Pour les bouchées de réglisse utilisées pour le Gâteau Botte de pluie (page 14), il s'agirait du bout ouvert avec un trou.

3 Remplir ce centre de la semelle de bonbons supplémentaires ou de biscuits afin de créer un support solide pour le gâteau.

4 Transférer le gâteau refroidi sur la semelle ; ajuster les bonbons au besoin pour supporter le gâteau.

5 Si des barres gaufrettes enrobées de chocolat, comme les Kit Kat, sont utilisées, les aligner sur un plan de travail et y mettre des gouttes de glaçage. Placer la semelle en carton ou le gâteau taillé par-dessus et utiliser un couteau dentelé pour couper les gaufrettes à la bonne forme.

GÂTEAU BOTTE DE TRAVAIL

DONNE 12 PORTIONS

1 Gâteau-maître botte (page 241) fait avec 6 beignes-gâteaux enrobés de chocolat (Entenmann's)

1 boîte de 450 g (16 oz) de glaçage à la vanille

Colorant alimentaire jaune (McCormick)

5 ml (1 c. à thé) de poudre de cacao non sucré

60 ml (¼ tasse) de glaçage au chocolat

61 caramels mous (Kraft)

16 barres de gaufrette enrobées de chocolat (2 barres Kit Kat de 126 g [4,5 oz])

14 petits bonbons jaunes avec un trou au centre (provenant d'un collier de bonbon)

2 à 3 lacets de réglisse jaune (Rips Whips)

125 ml (½ tasse) de miettes de biscuit au chocolat (Oreo)

1 Colorer 125 ml (½ tasse) du glaçage à la vanille en brun pâle à l'aide du colorant alimentaire jaune et de 2,5 ml (½ c. à thé) de la poudre de cacao; mettre dans un sac de type Ziploc. Mettre le glaçage au chocolat dans un autre sac de type Ziploc. Exprimer l'excédent d'air et sceller les sacs.

2 Tapisser 2 plaques à pâtisserie de papier ciré. Transférer les parties à la plaque à pâtisserie à mesure qu'elles sont assemblées. Pour le bout de la botte, ramollir 24 caramels mous au four à micro-ondes pendant 2 à 3 secondes. Presser les caramels ensemble et rouler sur une feuille de papier ciré pour obtenir une forme ovale de 27,5 cm (11 po) d'environ 0,3 cm (⅛ po) d'épaisseur. Faire une copie du modèle de bout de botte à la page 240 et l'agrandir à 200 %. L'utiliser pour découper le caramel à l'aide de ciseaux ou d'un petit couteau. Répéter le processus pour découper le reste des morceaux de botte. Utiliser 5 caramels pour la languette, 10 caramels pour chaque côté, et 10 caramels pour le talon. Rouler 1 caramel pour chacun des 2 logos et les découper en cercles de 2,5 cm (1 po).

3 Mettre le gâteau refroidi sur un plan de travail. Étaler le reste du glaçage à la vanille sur le gâteau assemblé en arrondissant le dessus du bout; lisser. En commençant par le bout de la botte, draper le caramel sur le devant de la botte en centrant le caramel sur le bout et en le laissant s'étendre jusqu'au bas de la botte sur le devant. Presser délicatement dans le glaçage pour le fixer (voir la photo ci-dessous). Presser les côtés du morceau du bout en place, en assurant que le caramel s'étend jusqu'au bord inférieur du gâteau. Frotter délicatement avec le bout des doigts pour retirer tout pli ou bulle; étirer le caramel au besoin. Placer la languette, sur la longueur, sur le centre avant du gâteau, extrémité large chevauchant légèrement le morceau du bout et extrémité étroite dépassant la pile de beignes d'environ 2,5 cm (1 po). Ajouter les 2 morceaux de côté, en chevauchant légèrement la languette sur le devant de la botte. Presser le caramel dans le glaçage pour le fixer. Au haut de la botte, faire une entaille verticale de 2,5 cm (1 po) dans le caramel qui dépasse, à environ 2,5 m (1 po) à l'intérieur du bord avant recourbé de chaque morceau, afin de créer les rabats pour les œillets. Replier délicatement l'excédent de caramel sur la pile de beignes, en laissant les rabats des œillets légèrement ouverts (voir la photo, page ci-contre). Ajouter le

ÉTAPE 3

morceau du talon à l'arrière du gâteau en chevauchant les 2 morceaux de côté et étendant jusqu'au bas du gâteau. Utiliser un petit couteau pour faire un bord net de caramel le long de la base du gâteau ; retirer et disposer de tout excédent. Au besoin, utiliser une goutte d'eau pour humecter les morceaux de caramel afin qu'ils collent ensemble.

4 Couper un petit coin (0,3 cm [⅛ po]) du sac de glaçage au chocolat. Disposer les gaufrettes enrobées de chocolat l'une à côté de l'autre, dessous vers le haut, sur un plateau de service. Appliquer du glaçage au chocolat sur les gaufrettes.

5 Transférer le gâteau du carton à l'aide d'une grande spatule et placer sur les gaufrettes. Utiliser un petit couteau dentelé pour tailler les gaufrettes à égalité du gâteau pour faire la semelle gaufrée de la botte. Retirer les miettes à l'aide d'un pinceau.

6 Utiliser une goutte d'eau pour fixer 7 des bonbons jaunes, à des intervalles réguliers, sur le bord extérieur de chaque rabat à œillet. À l'aide d'un cure-dent, faire un trou dans le caramel à travers le trou de chaque bonbon jaune. Enfiler délicatement la réglisse jaune dans les trous en guise de lacets. Faire un nœud au bout de chaque lacet.

7 Pour le logo, utiliser un cure-dent pour marquer la silhouette d'un arbre sur chaque cercle en caramel (ou pour personnaliser le gâteau en ajoutant des initiales ou des chiffres). Frotter délicatement les cercles marqués avec les 2,5 ml (½ c. à thé) restants de poudre de cacao afin de faire ressortir la silhouette d'arbre. Utiliser une goutte d'eau pour fixer 1 cercle de chaque côté de la botte.

8 Mettre du glaçage au chocolat sur le dessus de la pile de beignes (et sur tout caramel replié). Y ajouter le beigne enrobé de chocolat et dessiner un bord décoratif à la base du beigne pour le fixer.

9 Couper un très petit coin (0,1 cm [1⁄16 po]) du sac de glaçage brun pâle. Dessiner une ligne de glaçage autour de la base du gâteau, là où le caramel rencontre la semelle en gaufrettes. Pour les coutures, dessiner une ligne pointillée avec des traits de 0,6 cm (¼ po) juste au-dessus de la ligne dessinée à la base du gâteau et le long du bord droit des 2 morceaux de côté ainsi que les 2 bords verticaux du morceau du talon.

10 Saupoudrer des miettes de biscuit au chocolat autour de la botte sur le plateau de service pour représenter de la terre.

GÂTEAU BOTTE DE PLUIE

DONNE 12 PORTIONS

1 Gâteau-maître botte (page 241) fait avec 6 beignes-gâteaux glacés

1 boîte de 450 g (16 oz) de glaçage à la vanille

60 ml (¼ tasse) de glaçage au chocolat

Colorants alimentaires jaune et vert (McCormick)

1 recette d'Argile de bonbon (page 292)

Sucre à glacer

60 bouchées de réglisse noire (Twizzlers Bites)

2 réglisses noires torsadées (Twizzlers)

4 bâtonnets de bretzel minces (Bachman)

1 guimauve

2 menthes miniatures enrobées de chocolat (Junior Mints)

1 lacet de réglisse noire de 16,25 cm (6½ po)

6 petits chocolats enrobés de bonbon vert (M&M'S Minis)

125 ml (½ tasse) de sucre décoratif blanc à gros cristaux (Wilton; facultatif)

Bonbons durs bleus en forme de larme (Cry Baby Tears; facultatifs)

1 Mettre 125 ml (½ tasse) du glaçage à la vanille dans un sac de type Ziploc. Mettre le glaçage au chocolat dans un autre sac de type Ziploc. Exprimer l'excédent d'air et sceller les sacs. Colorer le reste du glaçage à la vanille en jaune avec le colorant alimentaire. Colorer ¾ de l'argile de bonbon jaune vif avec le colorant alimentaire. Colorer le reste de l'argile de bonbon d'un vert lime à l'aide des colorants alimentaires jaune et vert. Couvrir l'argile de bonbon de pellicule plastique jusqu'au moment de servir.

2 Tapisser 3 plaques à pâtisserie de papier ciré. Transférer les parties aux plaques à pâtisserie à mesure qu'elles sont assemblées. Diviser l'argile de bonbon jaune en 4 morceaux égaux. Saupoudrer légèrement le plan de travail de sucre à glacer et rouler chaque morceau d'argile à une épaisseur de 0,3 cm (⅛ po). À l'aide des modèles à la page 240 agrandis à 200 %, découper le bout, les côtés, la languette et le talon avec un couteau d'office; rouler les retailles à nouveau au besoin. Couvrir de pellicule plastique. Pour les bords décoratifs et courroies, diviser l'argile de bonbon vert en 2. Saupoudrer légèrement le plan de travail de sucre à glacer et rouler 1 morceau en bande de 3,75 × 25 cm (1½ × 10 po), d'environ 0,3 cm (⅛ po) d'épaisseur. Couper une bande de 1 cm (½ po) sur la longueur, pour faire le haut de la botte. Couper la bande restante en 2 sur la largeur pour faire 2 bandes de 2,5 × 12,5 cm (1 × 5 po) pour les attaches. Rouler l'autre morceau d'argile de bonbon vert en cordon et ensuite aplatir pour obtenir une bande de 2,5 × 60 cm (1 × 24 po) pour la base de la botte. Tailler les bords des 4 morceaux pour les rendre droits.

3 Couper un petit coin 0,3 cm ([⅛ po]) du sac de glaçage à la vanille. Pour les attaches, arrondir les bouts des 2 bandes de 2,5 × 12,5 cm (1 × 5 po). Plier chaque bande en 2, sur la largeur, de manière à ce que le bout replié soit à environ 2,5 cm (1 po) de l'autre bout et qu'il y ait une légère bouche dans le pli (voir la photo, page 248). Fixer une bouchée de réglisse, sur la largeur, à chaque lanière pliée, avec une goutte de glaçage à la vanille. Pour les tirants des bottes, couper chaque réglisse torsadée en morceau de 15 cm (6 po). Insérer un bâtonnet de bretzel à environ 1 cm (½ po) dans chaque extrémité des 2 morceaux.

4 Utiliser le modèle agrandi de la semelle du Gâteau-maître botte pour découper un carton et le placer sur un plateau de service. Couper un petit coin (0,3 cm [⅛ po]) du sac de glaçage au chocolat. Mettre quelques gouttes de glaçage au chocolat sur le modèle, puis disposer le reste des bouchées de réglisse, l'une à côté de l'autre, le long du bord extérieur de la forme de semelle; les presser ensemble en s'assurant que les extrémités trouées font face à l'extérieur. Tailler les morceaux à l'aide d'un petit couteau, au besoin, afin de suivre la forme courbée de la semelle. Disposer tout morceau restant de réglisse dans la zone délimitée par les

bouchées, à intervalles réguliers, pour un support supplémentaire au gâteau. Mettre du glaçage au chocolat sur les bouchées de réglisse pour les fixer.

5 Mettre le gâteau refroidi sur un plan de travail. Étaler le glaçage jaune sur le gâteau assemblé en prenant soin d'arrondir le bout ; lisser. En commençant par le morceau du bout, étendre le bonbon jaune sur le devant de la botte. Centrer le bonbon sur le bout et le laisser s'étendre jusqu'au bas du devant du gâteau. Presser délicatement dans le glaçage pour fixer. Presser les côtés du morceau du bout en place, en s'assurant que le bonbon s'étend jusqu'au bord inférieur du gâteau. Frotter légèrement avec le bout des doigts pour enlever tout pli ou bulle ; étirer le bonbon pour qu'il recouvre tout, au besoin. Mettre la languette, sur la longueur, au centre du gâteau de manière à ce que l'extrémité large chevauche légèrement le bout, et que l'extrémité étroite arrête à environ mi-chemin du dernier beigne empilé. Ajouter les 2 morceaux de côté, chevauchant légèrement la languette et le bout de la botte, bord supérieur à égalité avec le dernier beigne empilé. Presser le bonbon dans le glaçage pour le fixer. Ajouter le morceau de talon à l'arrière du gâteau, chevaucher les 2 morceaux de côté et étendre jusqu'au bas du gâteau. Utiliser un petit couteau pour couper nettement le bonbon le long de la base du gâteau ; retirer et disposer de tout excédent. Utiliser une goutte d'eau pour fixer les morceaux de bonbon l'un à l'autre au besoin.

6 Utiliser une goutte d'eau pour humecter 1 côté de la bande de 2,5 × 60 cm (1 × 24 po) de bonbon vert. Presser le côté humecté contre le bonbon jaune et envelopper la bande autour du bord inférieur du gâteau ; tailler tout excédent. Répéter avec la bande de 1 × 25 cm (½ × 10 po) en fixant au bord supérieur de la botte.

7 Utiliser une grande spatule pour retirer le gâteau du carton et placer sur la semelle en réglisse sur le plateau de service. Dessiner une ligne de glaçage à la vanille autour de la base du gâteau, juste au-dessus de la bande verte.

8 Pour les tirants, plier chaque réglisse torsadée en 2 pour former une boucle et insérer le bout en bretzel dans le beigne du haut de la pile, 1 tirant de chaque côté.

9 Pour faire les yeux, couper la guimauve en 2 sur la largeur pour obtenir 2 cercles. À l'aide d'une goutte de glaçage à la vanille, fixer les guimauves, côté coupé vers le gâteau, au bout arrondi du devant de la botte. Fixer les menthes miniatures enrobées de chocolat aux guimauves à l'aide de glaçage à la vanille en guise de pupilles. Pour les cils, couper le lacet de réglisse en 4 morceaux de 2,5 cm (1 po) et fixer 2 morceaux au-dessus de chaque œil. Former le morceau de lacet de réglisse restant de 6,25 cm (2½ po) en demi-cercle pour faire la bouche et le fixer sur le devant du gâteau à l'aide d'une goutte d'eau. Pour les taches de rousseur, fixer 3 petits bonbons verts de chaque côté du sourire à l'aide d'une goutte de glaçage à la vanille.

10 Juste avant de servir, utiliser une goutte de glaçage à la vanille pour fixer une sangle verte, sur la largeur, de chaque côté du gâteau, à environ 7,5 cm (3 po) en dessous du bord vert supérieur. Saupoudrer le plateau de service du sucre décoratif, au goût, et ajouter les bonbons bleus en forme de larme.

GÂTEAU ESPADRILLE HAUTE

DONNE 10 PORTIONS

1 Gâteau-maître botte (page 241) fait avec 6 beignes au sucre à glacer

1 recette d'Argile de bonbon (page 292)

Colorants alimentaires bleu néon et rose (McCormick)

Sucre à glacer

1 boîte de 450 g (16 oz) de glaçage à la vanille

30 ml (2 c. à soupe) de sirop de maïs blanc

45 ml (3 c. à soupe) de sucre décoratif blanc à gros cristaux (Wilton)

20 petits bonbons avec trou au centre (provenant d'un collier de bonbons)

1 rouleau de 60 g (2 oz) de gomme à mâcher rose en rouleau (Hubba Bubba)

1 Tapisser 3 plaques à pâtisserie de papier ciré. Transférer les parties aux plaques à pâtisserie à mesure qu'elles sont assemblées. Colorer ⅔ de l'argile de bonbon en bleu pâle avec le colorant alimentaire. Colorer ⅓ de l'argile de bonbon restant en rose avec le colorant alimentaire. Laisser le reste de l'argile de bonbon blanc. Couvrir l'argile de bonbon de pellicule plastique jusqu'au moment de l'utiliser.

2 Saupoudrer légèrement une feuille de papier ciré de sucre à glacer. Rouler l'argile de bonbon rose à une épaisseur d'à peine 0,3 cm (⅛ po). Utiliser un couteau d'office pour y découper un rectangle de 2,5 × 6,25 cm (1 × 2½ po). Découper 2 formes de cœur de 6,25 cm (2½ po), 6 de 2,5 cm (1 po) et 3 de 1 cm (½ po) à l'aide d'un emporte-pièce ou d'un couteau d'office; rouler les retailles au besoin. Utiliser le bout large d'un cure-dent plat pour créer les marques de couture sur le contour des cœurs et pour écrire «*LOVE*» ou «AMOUR» sur le rectangle (voir la photo, page 252). Transférer les morceaux à une plaque à pâtisserie et couvrir de pellicule plastique.

3 Saupoudrer légèrement un plan de travail de sucre à glacer et rouler l'argile de bonbon blanc à une épaisseur d'à peine 0,3 cm (⅛ po). À l'aide des modèles à la page 240 agrandis à 200%, découper la languette et les œillets. Rouler les retailles au besoin et découper un cercle d'un diamètre de 12,5 cm (5 po); couper en 2 pour faire 2 demi-cercles. Un des demi-cercles est pour le bout; couper l'autre en 2 sur la largeur pour le talon. Transférer les morceaux à une plaque à pâtisserie et couvrir de pellicule plastique.

4 Saupoudrer légèrement un plan de travail de sucre à glacer et rouler l'argile de bonbon bleu à une épaisseur d'à peine 0,3 cm (⅛ po). À l'aide des modèles de la page 240, découper les morceaux du bout, des côtés et du talon avec un couteau d'office; rouler les retailles au besoin. Transférer les morceaux à une plaque à pâtisserie et couvrir de pellicule plastique.

5 Transférer le gâteau refroidi sur le carton à un plateau de service. Étaler le glaçage à la vanille sur le gâteau assemblé, sauf sur le dessus des beignes empilés; lisser. En commençant par le bout bleu, étendre le bonbon sur le devant de la botte. Centrer le bonbon sur le bout et le laisser s'étendre jusqu'au bas du devant du gâteau. Presser délicatement dans le glaçage pour fixer. Presser les côtés du morceau du bout

LOVE

en place, en s'assurant que le bonbon s'étend jusqu'au bord inférieur du gâteau. Frotter légèrement avec le bout des doigts pour enlever tout pli ou bulle ; étirer le bonbon pour qu'il recouvre tout, au besoin. Mettre la languette blanche, sur la longueur, au centre du gâteau de manière à ce que l'extrémité large chevauche légèrement le bout, et que l'extrémité étroite dépasse d'environ 2,5 cm (1 po) le dernier beigne empilé. Ajouter les 2 morceaux bleus de côté, chevauchant légèrement la languette et le bout de la botte, bord supérieur à égalité avec le dernier beigne empilé. Ajouter le morceau de talon bleu à l'arrière du gâteau, chevaucher les 2 morceaux de côté et étendre jusqu'au bas du gâteau. Utiliser un petit couteau pour couper nettement le bonbon le long de la base du gâteau ; retirer et disposer de tout excédent. Utiliser une goutte d'eau pour fixer les morceaux de bonbon l'un à l'autre au besoin.

6 Badigeonner de sirop de maïs le dessus du bout de botte blanc et les 2 morceaux arrondis du talon (1 coin arrondi à gauche et 1 à droite) ; parsemer du sucre décoratif. Utiliser une goutte de sirop de maïs pour fixer le morceau du bout de la botte au bout de la botte, côté garni de sucre vers le haut, et les 2 morceaux arrondis à l'arrière de l'espadrille, coins arrondis vers l'avant et les 2 côtés droits verticaux à environ 0,6 cm (¼ po) d'écart (voir la photo, page ci-contre). Fixer la bordure d'œillets blanche sur le bord de chaque rabat à œillet bleu avec une goutte de sirop de maïs.

7 Utiliser le bout large d'un cure-dent plat pour faire les marques de couture le long des bords du bonbon, au centre arrière et juste au-dessus du bout de botte garni de sucre et des 2 morceaux de talon arrondis (voir la photo, page ci-contre). Pour les œillets, utiliser une goutte d'eau pour fixer 8 des petits bonbons à des intervalles réguliers sur chaque bordure d'œillet blanche. Pour les fentes, utiliser une goutte d'eau pour fixer 2 petits bonbons près de la base de l'espadrille, de chaque côté. Utiliser un cure-dent pour faire un trou dans chaque œillet.

8 Envelopper la bande de gomme à mâcher rose autour du bas de l'espadrille en fixant avec de l'eau ; presser pour bien coller et tailler au besoin. Couper le reste de la bande de gomme à mâcher en tiers sur le sens de la longueur pour obtenir des bandes d'environ 0,6 cm (¼ po) de largeur. Couper en 2 longueurs de 17,5 cm (7 po) et 13 longueurs de 7,5 cm (3 po). Pincer les 2 bouts des morceaux plus courts et, en travaillant sur un morceau à la fois, badigeonner d'eau le bout de chaque extrémité et disposer en un motif croisé pour imiter des lacets dans les œillets (voir la photo, page 251). Pincer une extrémité de chacun des morceaux longs, badigeonner le bout de cette extrémité d'eau et insérer dans le deuxième œillet à partir du haut de chaque côté. Badigeonner un peu d'eau sur l'arrière de quelques cœurs en bonbon et créer votre propre motif en les fixant au gâteau. Ajouter les cœurs restants au plateau. Badigeonner de l'eau sur l'arrière du rectangle «*LOVE*» et le fixer près du haut de l'arrière de l'espadrille.

GÂTEAU BOTTE « HUGS »

DONNE 10 PORTIONS

1 Gâteau-maître botte (page 241) fait avec 6 beignes glacés

1 boîte de 450 g (16 oz) de glaçage à la vanille

Colorant alimentaire rose néon (McCormick)

9 bonbons mous aux fruits, roses (Laffy Taffy, Starburst)

40 caramels mous (Kraft)

500 ml (2 tasses) de gaufrettes roses broyées (environ 32 gaufrettes)

1 biscuit miniature à la vanille (Mini Nilla)

1 tube de 128 g (4,25 oz) de glaçage décoratif au chocolat (Wilton)

2 sacs de 75 g (2,5 oz) chacun de barbe à papa rose (Charms Fluffy Stuff)

1 lacet de 17,5 cm (7 po) de réglisse rouge (Pull'n'Peel de Twizzlers)

gaufrettes au sucre roses émiettées

1 Colorer le glaçage à la vanille en rose vif à l'aide du colorant alimentaire. Mettre 125 ml (½ tasse) de glaçage dans un sac de type Ziploc. Exprimer l'excédent d'air et sceller le sac. Couvrir le reste du glaçage de pellicule plastique jusqu'au moment de l'utiliser.

2 Tapisser 3 plaques à pâtisserie de papier ciré. Transférer les parties aux plaques à pâtisserie à mesure qu'elles sont assemblées. Pour le morceau du talon, ramollir 5 bonbons mous roses au four à micro-ondes de 2 à 3 secondes. Presser les morceaux ensemble et rouler sur une feuille de papier ciré pour obtenir un rectangle de 7,5 × 15 cm (3 × 6 po). Découper un cercle de 2,5 cm (1 po) à partir des retailles ; rouler à nouveau, au besoin. Ramollir les 4 bonbons mous roses restants au four à micro-ondes de 2 à 3 secondes. Presser les morceaux ensemble et rouler entre les mains pour former une corde d'environ 0,6 cm (¼ po) de diamètre et 20 cm (8 po) de longueur. Rouler 1 caramel sur une feuille de papier ciré pour obtenir un rectangle de 2,5 × 5 cm (1 × 2 po). Tailler les bords avec un petit couteau pour les rendre droits. À l'aide du bout large d'un cure-dent, marquer les coutures sur les bords du rectangle. (Pour personnaliser la botte, ajouter un nom sur l'étiquette.)

3 Couper un petit coin (0,3 cm [⅛ po]) du sac de glaçage rose. Utiliser le modèle à la page 240 et agrandir à 200 % pour couper la semelle à partir d'un carton et la placer sur un plateau de service. Mettre des gouttes de glaçage sur le carton et disposer quelques-uns des caramels restants, l'un à côté de l'autre, le long du bord intérieur de la forme de semelle en les pressant ensemble (voir la photo, page 242). Tailler les caramels à l'aide d'un petit couteau, au besoin, afin de suivre la forme courbée de la semelle. Remplir le centre de la semelle avec des caramels supplémentaires espacés régulièrement pour un support solide pour le gâteau.

4 Tapisser une plaque à pâtisserie de papier ciré. Mettre les gaufrettes roses broyées

HUGS

dans un grand bol. Transférer le gâteau refroidi à la plaque à pâtisserie. Étaler le reste du glaçage rose sur le gâteau assemblé en prenant soin d'arrondir le dessus du bout et en formant le haut de la botte autour les morceaux de support des beignes. Lisser le glaçage. Presser délicatement les gaufrettes broyées dans le glaçage de manière à le recouvrir complètement. Retirer tout excédent de miettes.

5 Pour fixer le gâteau garni de miettes à la semelle, mettre du glaçage rose sur la semelle en caramel. Enlever le gâteau du carton à l'aide d'une spatule large et le déposer sur la semelle.

6 Pour faire le bouton, mettre le biscuit à la vanille sur un plan de travail, côté plat vers le bas. Dessiner un petit X de glaçage rose sur le dessus et mettre une goutte de glaçage décoratif au chocolat au bout de chaque ligne dessinée.

7 Agrandir le coin coupé du sac de glaçage à 0,6 cm (¼ po). À l'aide de glaçage rose, fixer le morceau de talon en bonbon mou rose à l'arrière de la botte, un côté long contre la semelle en caramel. Dessiner une ligne de glaçage rose autour de la base du gâteau, juste au-dessus de la semelle. En commençant au haut de la semelle, presser la corde en bonbon mou dans le glaçage en l'enveloppant sur l'arche de la botte et ensuite sur le bord du morceau du talon du côté opposé. Tailler tout excédent de corde. Mettre une goutte de glaçage rose près du bas du morceau de talon et fixer l'étiquette en caramel.

8 Au moment de servir, dessiner une ligne verticale de glaçage sur un côté du gâteau, partant du coin supérieur du morceau de talon. Dessiner une ligne de glaçage autour du bord supérieur du gâteau. Presser de petits morceaux de barbe à papa dans les lignes de glaçage; ajouter du glaçage au besoin pour créer la fourrure sur le côté et le dessus de la botte*.

9 Plier le lacet de réglisse rouge en 2 pour former une boucle de 8,75 cm (3½ po). Mettre la boucle à l'arrière du bouton en biscuit et ajouter du glaçage pour le fixer. Mettre du glaçage d'un côté du cercle en bonbon mou et fixer les extrémités de la boucle. Presser le bouton et le cercle sur le côté du gâteau, bouton vers l'avant et lacet en réglisse croisé par-dessus la bande en barbe à papa.

* La barbe à papa est sensible à l'humidité. Une fois qu'elle a été ajoutée, ne pas réfrigérer le gâteau; servir immédiatement.

GÂTEAU LA DANSE DES NERDS

DONNE 20 PORTIONS

Dansons ! L'heure de fêter est arrivée avec un gâteau au sucre écrasé sans cuisson. Des danseurs en glaçage coloré, inspirés par l'artiste de graffiti Keith Haring, sont réalisés au sucre écrasé sur le dessus tandis que des bonbons Nerds sont collés sur les côtés ! Des danseurs sur le dessus, des Nerds sur les côtés : vive la danse des Nerds !

2 quatre-quarts tout beurre format familial de 450 g (16 oz) chacun, congelés, décongelés (Sara Lee)

1 boîte de 450 g (16 oz) de glaçage à la vanille

Colorants alimentaires rose néon, violet néon, bleu néon, jaune, vert et rouge (McCormick)

1 boîte de 450 g (16 oz) de glaçage au chocolat

125 ml (½ tasse) de sucre décoratif blanc à gros cristaux (Wilton)

750 ml (3 tasses) de petits bonbons durs acidulés (Nerds)

1 Mettre du glaçage à la vanille dans 6 petits bols, 45 ml (3 c. à soupe) dans chacun. Colorer chaque bol d'une couleur différente avec les colorants alimentaires : rose néon, violet néon, bleu pâle néon, jaune, vert pâle (utiliser les colorants jaune et vert) et orange (utiliser les colorants jaune et rouge). Mettre chaque couleur de glaçage dans un sac de type Ziploc distinct. Mettre 125 ml (½ tasse) de glaçage au chocolat et 125 ml (½ tasse) du glaçage à la vanille dans des sacs de type Ziploc distincts. Exprimer l'excédent d'air et sceller les sacs.

2 Tapisser une plaque à pâtisserie de papier ciré. Tailler 0,6 cm (¼ po) d'un côté court de chaque gâteau. Placer les côtés coupés ensemble et fixer à l'aide de glaçage à la vanille afin d'obtenir un gâteau long (voir la photo à la page suivante). Transférer les gâteaux à un carton coupé à la bonne taille. Mettre le gâteau sur une plaque à pâtisserie et transférer au réfrigérateur jusqu'au moment de décorer.

3 Faire une copie du modèle à la page 261 et agrandir à 200 %. Découper les silhouettes et

les disposer sur une moitié du gâteau refroidi (voir la photo du haut, page ci-contre). Utiliser un cure-dent pour marquer le contour de chaque danseur sur le gâteau. Disposer les modèles sur l'autre moitié du gâteau, changer les positions au goût, et marquer le contour.

4 Couper un petit coin (0,3 cm [⅛ po]) de chaque sac de glaçage. En commençant par le glaçage au chocolat, dessiner le contour des silhouettes marquées sur le gâteau (voir la photo du centre, page ci-contre). Ajouter 2 petites lignes courbées autour de chaque silhouette pour suggérer le mouvement. Utiliser une couleur de glaçage différente pour chaque danseur et appliquer une couche uniforme de glaçage dans le contour de manière à bien le remplir (voir la photo du bas, page ci-contre). Appliquer du glaçage à la vanille sur les espaces entre les danseurs. Saupoudrer le dessus du gâteau d'une couche généreuse de sucre décoratif. Presser délicatement le sucre dans le glaçage à l'aide d'une spatule coudée ou du bout des doigts (voir Sucre écrasé, page 37). Utiliser un pinceau à pâtisserie pour retirer tout excédent de sucre du dessus du gâteau.

5 Étaler le reste du glaçage au chocolat sur les côtés du gâteau refroidi ; lisser. Presser délicatement des poignées de bonbons durs dans les côtés du gâteau glacé de manière à le recouvrir (voir la photo, en bas à droite) ; laisser l'excédent de bonbon retomber sur la plaque à pâtisserie (prendre soin de ne pas déranger les zones au sucre écrasé sur le dessus).

6 Transférer le gâteau du carton à un plateau de service.

HOOTY ET LES QUATRE-QUARTS

DONNE 12 PORTIONS

Si vous aimez les hiboux, faites Hou, hou ! Sculpté à partir de gâteaux du commerce, ce quatuor coloré est parfait pour la décoration nocturne de dernière minute. Pour faciliter encore plus la tâche, les oreilles et les ailes sont faites de biscuits Oreo Dorés.

2 quatre-quarts tout beurre format familial de 450 g (16 oz) chacun, congelés, décongelés (Sara Lee)

1 boîte de 450 g (16 oz) plus 250 ml (1 tasse) de glaçage à la vanille

Colorants alimentaires bleu néon, vert, rose néon, jaune et rouge (McCormick)

8 biscuits sandwichs à la vanille à double garniture de crème (Oreo Dorés Double crème)

60 ml (¼ tasse) chacun de bonbons durs en forme de larme de couleurs pastel : bleu, vert, rose et orange (Cry Baby Tears)

Bonbons mous en forme de disque, 2 chacun : rouge, violet, orange et vert (Spree)

16 bâtonnets de bretzel minces (Bachman)

Réglisses torsadées, 1 de chaque couleur : rose, vert, bleu et orange (Rainbow Twizzlers)

Bonbons durs en forme de banane, 4 chacun : bleu, vert, rouge et orange (SweetWorks)

1 Mettre les quatre-quarts sur un plan de travail. Tailler 0,6 cm (¼ po) des côtés courts de chaque gâteau pour les rendre droits. Couper chaque gâteau en 2 sur la largeur. Placer 1 moitié de gâteau avec le côté court vers soi. En commençant par le bord supérieur gauche, mesurer 2,5 cm (1 po) à partir de la gauche et 2,5 cm (1 po) à partir du haut du côté gauche; couper en ligne droite entre ces points pour retirer un triangle. Mesurer 3,1 cm (1¼ po) à partir du bord inférieur gauche et couper jusqu'à l'endroit où la première coupe finissait sur le côté gauche (voir

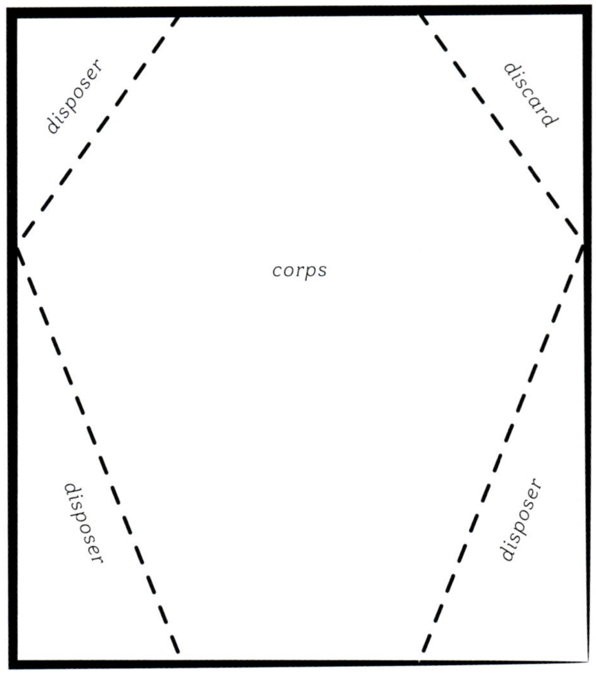

l'illustration ci-dessus). Disposer des triangles. En commençant du bord supérieur droit, répéter le processus pour retirer 2 triangles du côté droit. Répéter avec les 3 autres moitiés de gâteau. Mettre chaque gâteau sur un carton coupé à sa taille (voir À la base, page 14). Mettre les gâteaux au réfrigérateur.

2 Mettre 125 ml (½ tasse) de glaçage à la vanille dans un sac de type Ziploc. Exprimer l'air et sceller le sac. Répartir uniformément le reste du glaçage dans 4 bols. Colorer chaque bol d'une couleur pastel vive différente avec le colorant alimentaire : bleu, vert, rose et orange (avec les colorants alimentaires jaune et rouge). Couvrir les bols de pellicule plastique jusqu'au moment de les utiliser.

3 Tapisser une plaque à pâtisserie de papier ciré. Transférer les parties à la plaque à pâtisserie à mesure qu'elles sont assemblées. Retirer un côté de chaque biscuit sandwich, réserver le côté avec crème pour les yeux. À l'aide d'un couteau dentelé, couper les biscuits sans garniture en 2 (il y aura 4 moitiés excédentaires en cas de bris).

Couper 4 des moitiés en 2. Les 8 moitiés de biscuits serviront à faire les ailes et les 8 quarts de biscuits formeront les oreilles.

4 Pour faire les yeux, disposer les bonbons en forme de larme de même couleur sur le côté crème de 2 biscuits; faire un motif décoratif coordonné. Presser un disque de bonbon mou de la même couleur que les bonbons larme au centre du biscuit. Répéter avec le reste des bonbons en forme de larme, 6 biscuits côté crème et 6 disques de bonbon mou en faisant un motif différent pour chaque paire d'yeux (voir la photo, page précédente).

5 Mettre un gâteau refroidi sur une petite assiette de service, bout étroit vers le bas. Étaler une couche uniforme d'un des glaçages colorés sur le gâteau; lisser. Pour les yeux, presser les biscuits décorés de la couleur assortie sur la partie large du gâteau. Pour supporter les oreilles et les ailes, insérer 2 bâtonnets de bretzel dans le bord supérieur du gâteau, à environ 5 cm (2 po) d'écart, et 1 bâtonnet de bretzel de chaque côté, près du milieu, en laissant environ 2,5 cm (1 po) exposés.

6 Couper un petit coin (0,3 cm [⅛ po]) du sac de glaçage à la vanille. Mettre une goutte de glaçage sur le dessus des bretzels exposés et ajouter les oreilles en biscuit, côté coupé dans le gâteau et vers l'extérieur, et les ailes en positions variées (voir la photo, page précédente). Dessiner un motif décoratif sur la poitrine du hibou (points, cœurs, vagues, festons, etc.). Pour le bec, fixer un bonbon en forme de larme de couleur complémentaire, bout pointu vers le bas, entre les yeux en biscuit. Répéter avec les 3 gâteaux restants; créer un motif différent sur la poitrine de chaque hibou.

7 Pour faire le perchoir, mettre une réglisse torsadée de couleur assortie sur le bord inférieur de chaque assiette; couper à la bonne taille. Pour faire les pattes, ajouter 4 bonbons en forme de banane de couleur assortie, côté courbé vers le haut, reposés sur le perchoir et insérés dans le glaçage du bord inférieur du gâteau pour les fixer.

Variante avec glaçage et bonbons jaunes.

GÂTEAU FUSÉE

DONNE 16 PORTIONS

Voyagez vers l'espace ! Des flammes en lacets de réglisse propulsent notre fusée jaune et rouge en quatre-quarts jusque dans la stratosphère tandis que son train d'atterrissage fait de biscottis à l'anis garnis de sucre assure qu'elle se pose doucement.

2 quatre-quarts tout beurre format familial de 450 g (16 oz) chacun, congelés, décongelés (Sara Lee)

1 boîte de 450 g (16 oz) plus 250 ml (1 tasse) de glaçage à la vanille

Colorants alimentaires jaune et rouge (McCormick)

125 ml (½ tasse) chacun de sucre décoratif orange et rouge (Wilton, Cake Mate)

14 bonbons gélifiés orange

4 biscottis à l'anis (Stella D'oro)

18 lacets de réglisse : 10 rouges, 8 jaunes (Rips Whips)

60 ml (¼ tasse) de petits chocolats enrobés de bonbon jaune (M&M'S Minis)

6 bonbons mous vert pâle en forme de disque (Spree)

500 ml (2 tasses) de petits bonbons haricot orange perlés (Jelly Belly)

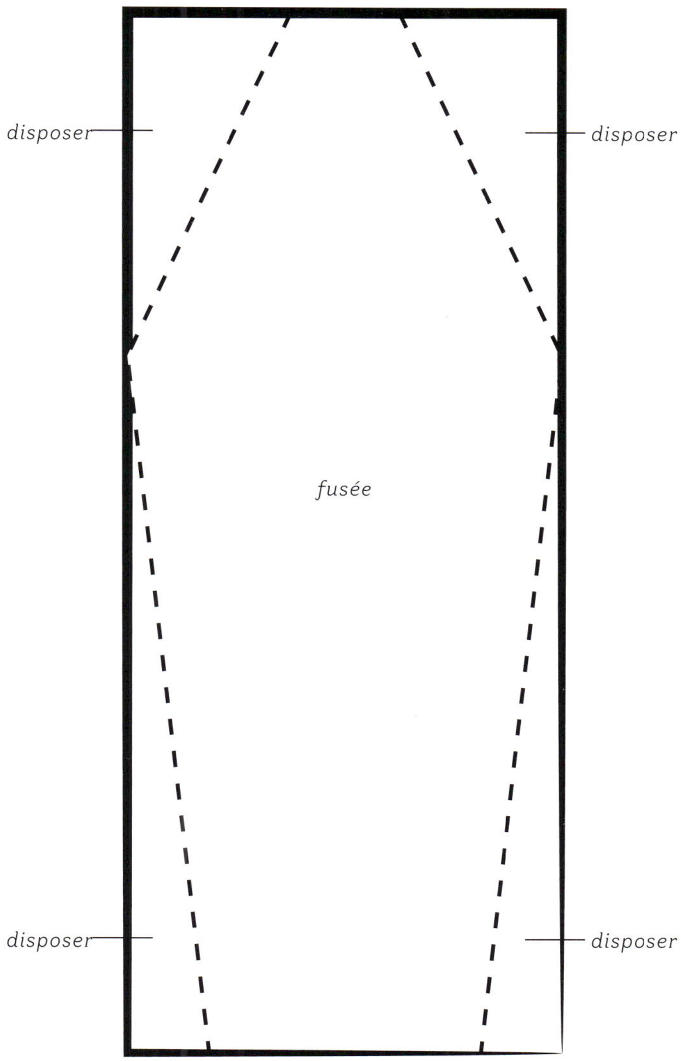

1 Colorer 190 ml (¾ tasse) de glaçage à la vanille en rouge avec le colorant alimentaire. Colorer le reste du glaçage à la vanille jaune vif avec le colorant alimentaire. Mettre 30 ml (2 c. à soupe) du glaçage jaune dans un sac de type Ziploc. Exprimer l'excédent d'air et sceller le sac.

2 Mettre 1 quatre-quarts sur un plan de travail, dessous vers le haut. Y étaler du glaçage jaune. Déposer l'autre gâteau sur le glaçage, dessous vers le bas, et presser les gâteaux ensemble. Pour former le haut de la fusée, positionner le gâteau assemblé avec un bout court vers soi. En commençant au coin supérieur gauche, mesurer 3,75 cm (1½ po) à partir du côté gauche et 7,5 cm (3 po) à partir du haut du côté gauche ; couper entre ces 2 points pour retirer un triangle (voir l'illustration ci-dessus). Répéter le processus pour retirer un triangle du coin supérieur droit. Tailler 0,6 cm (¼ po) de l'autre bout court pour le rendre droit. Mesurer 1 cm (½ po) à partir du côté inférieur gauche et 10 cm (4 po) à partir du bas du côté gauche ; couper entre ces 2 points pour retirer un triangle. Répéter pour retirer un triangle du coin inférieur droit. Disposer des triangles. Utiliser un petit couteau pour biseauter de 0,6 cm (¼ po) les 4 bords longs du gâteau afin d'arrondir légèrement les côtés.

3 Mettre le gâteau debout. Insérer une paille en angle à partir du bout supérieur d'un côté de

manière à ce qu'il traverse les 2 gâteaux. Répéter de l'autre côté. Tailler les pailles près du gâteau.

4 Étaler une fine couche de glaçage jaune sur le gâteau (voir Des miettes avec ça?, page 16) en prenant soin de remplir toute fissure; lisser. Mettre le gâteau au congélateur 30 minutes pour le refroidir.

5 Tapisser une plaque à pâtisserie de papier ciré. Transférer les parties à la plaque à pâtisserie à mesure qu'elles sont assemblées. Saupoudrer un plan de travail de sucre orange. Aplatir un bonbon gélifié orange et rouler en cercle de 3,1 cm (1¼ po); parsemer de sucre supplémentaire au besoin pour empêcher de coller. Découper un cercle de 2,5 cm (1 po) à partir du bonbon roulé, à l'aide d'un emporte-pièce ou du bout ouvert d'une douille à pâtisserie. Répéter pour obtenir 5 cercles orange de plus. Presser ensemble les 8 bonbons gélifiés restants. Rouler sur le plan de travail saupoudré de sucre, en ajoutant du sucre au besoin, pour obtenir une bande de 2,5 × 30 cm (1 × 12 po). Tailler les bords longs pour les rendre droits.

6 Mettre le sucre rouge dans un bol de taille moyenne. Étaler du glaçage rouge sur les 4 biscottis à l'anis; lisser. Saupoudrer les biscottis de sucre rouge pour les enrober.

7 Transférer le gâteau refroidi à un carton coupé à sa taille (voir À la base, page 14) ou sur une petite assiette de service. Étaler le reste du glaçage jaune sur le gâteau; lisser. Utiliser une spatule coudée pour appliquer en mouvements longs, en allant du dessous vers le haut afin de donner l'apparence de panneaux sur la fusée.

8 Utiliser une brochette en bois pour faire une ligne horizontale à 5 cm (2 po) du haut du gâteau sur les 4 côtés. Étaler du glaçage rouge sur la zone au-dessus de la marque; lisser. Presser un lacet de réglisse rouge autour du bord inférieur du glaçage rouge; tailler au besoin.

9 Envelopper la bande en bonbon gélifié orange autour de la base du gâteau; tailler au besoin. Envelopper un lacet de réglisse rouge autour du bas du gâteau, juste au-dessus de la bande orange; tailler au besoin.

10 Presser les petits bonbons jaunes le long des 2 bords longs à l'avant et à l'arrière du gâteau (les côtés plats) et au centre de chaque côté arrondi du gâteau. Mettre un petit bol ou une petite tasse qui peut supporter le gâteau et l'élever d'environ 5 cm (2 po) sur un plateau de service. Transférer le gâteau au plateau de service. Presser le bout effilé d'un biscotti à l'anis enrobé de sucre dans le glaçage de chaque côté du gâteau et reposer l'autre bout sur le plateau de service (voir la photo, page ci-contre); fixer à l'aide de glaçage rouge, au besoin.

11 Presser 3 cercles en bonbon orange dans le glaçage en rangée sur le centre du devant du gâteau. Couper un petit coin (0,3 cm [⅛ po]) du sac de glaçage jaune. Mettre une goutte de glaçage sur chaque bonbon orange et y fixer un bonbon en forme de disque vert. Répéter avec les 3 cercles de bonbon orange restants et 3 bonbons verts à l'arrière du gâteau.

12 Parsemer les bonbons haricot orange sur le plateau de service pour le recouvrir. Prendre un bout de chacun des lacets jaune et rouge restants et les pincer ensemble. Mettre le bout pincé sous le gâteau de manière à imiter des flammes sortant de la fusée.

GÂTEAU AU MARBRE !

DONNE 20 PORTIONS

Cette batte n'a pas besoin de pâte, car il est fait de quatre-quarts du commerce. Les retailles de la batte sont utilisées pour former une balle de baseball géante. Si vous cherchez la « zone idéale », elle se trouve dans le grain de bois en peinture de saveurs.

2 quatre-quarts tout beurre format familial de 450 g (16 oz) chacun, congelés, décongelés (Sara Lee)

1 boîte de 450 g (16 oz) plus 190 ml (¾ tasse) de glaçage à la vanille

60 ml (¼ tasse) de glaçage au chocolat

1 beigne nature (Entenmann's)

15 ml (1 c. à soupe) de vodka ou d'extrait de vanille

10 ml (2 c. à thé) de poudre de cacao non sucré

1 rouleau aux fruits de 22,5 g (0,75 oz) rouge (Fruit-O-Long)

2 lacets de réglisse rouge, coupés en morceaux de 0,8 cm (⅓ po) (Pull'n'Peel de Twizzlers)

1 Réserver 190 ml (¾ tasse) de glaçage à la vanille ; couvrir de pellicule plastique jusqu'au moment de l'utilisation. Mettre le glaçage au chocolat dans un sac de type Ziploc. Exprimer l'excédent d'air et sceller le sac.

2 En prenant soin de réserver les retailles de gâteau, tailler 0,6 cm (¼ po) d'un des côtés courts de chaque gâteau. Mettre les bouts taillés l'un contre l'autre sur un plan de travail de manière à former un long gâteau. Pour former la batte à partir du manche plus étroit jusqu'au bout plus large, commencer à une extrémité courte du gâteau assemblé et mesurer 3,1 cm (1¼ po) à partir du côté long pour couper un morceau long effilé qui termine à 10 cm (4 po) du coin du même côté (voir l'illustration ci-dessous). Répéter du côté long opposé en commençant à la même extrémité courte. Tailler 5 cm (2 po) du bout effilé du gâteau. Pour former la batte, biseauter les bords du dessus du gâteau et arrondir les coins au bout large.

3 Transférer les 2 gâteaux à un plateau de service long ou à un carton coupé à la bonne taille (voir À la base, page 14). Étaler du glaçage à la vanille sur l'une des extrémités taillées où les gâteaux se rencontrent et presser les gâteaux ensemble pour les coller. Pour faire le pommeau de la batte, tailler 1,8 cm (¾ po) d'un côté du beigne. Positionner le beigne au bout étroit du gâteau, côté taillé vers le bas, et fixer à l'aide de glaçage à la vanille. Étaler le reste du glaçage à la vanille sur le gâteau et le beigne en l'empilant légèrement sur le dessus de la batte ; lisser. Mettre le gâteau au congélateur 30 minutes pour le refroidir.

4 Mettre des morceaux de papier ciré à côté du gâteau sur le plateau de service pour que le

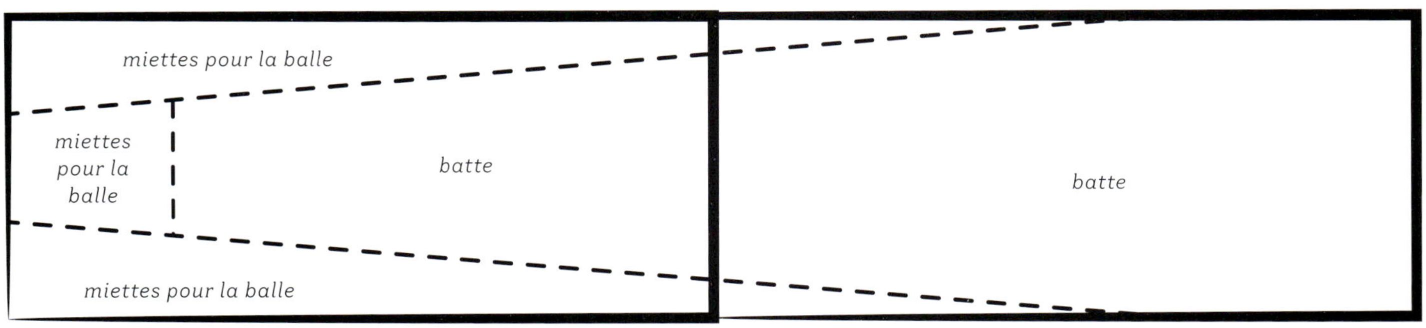

Slugger

plateau demeure propre. Combiner la vodka et 5 ml (1 c. à thé) de poudre de cacao dans un petit bol. À l'aide d'un pinceau à pâtisserie, appliquer le mélange de vodka sur la longueur de la batte en mouvements longs, doux et qui se chevauchent (voir Peinture de saveurs, page 45). Recouvrir complètement le glaçage à la vanille afin qu'il devienne brun clair en travaillant toujours dans la même direction tout en lissant tout pli ou bosse dans le glaçage. Peinturer le pommeau avec des mouvements sur la largeur. Ajouter les 5 ml (1 c. à thé) de poudre de cacao au mélange et remuer jusqu'à l'obtention d'une consistance lisse. Utiliser un petit pinceau d'artisanat pour ajouter le grain du bois au glaçage brun clair. Retirer le papier ciré et nettoyer le plateau.

5 Couper plusieurs morceaux de rouleau aux fruits et envelopper autour du manche de la batte en chevauchant les bandes. Tailler au besoin.

6 Couper un très petit coin (0,1 cm [1⁄16 po]) du sac de glaçage au chocolat. Tracer le logo « Slugger » sur le gâteau (voir la photo ci-dessus), ou personnaliser. Mettre le gâteau au réfrigérateur pour le refroidir.

7 Pour faire la balle de baseball, vaporiser d'enduit à cuisson végétal un bol en verre de 310 ml (10 oz ou 1¼ tasse). Tapisser le bol de pellicule plastique. Émietter les retailles de gâteau

ÉTAPE 7

réservées dans un bol de taille moyenne. Ajouter 60 ml (¼ tasse) de glaçage à la vanille réservé et bien mélanger. Presser ce mélange de gâteau dans le bol préparé et recouvrir de la pellicule plastique qui pend (voir la photo, page ci-contre). Mettre au congélateur environ 15 minutes, jusqu'à ce qu'il soit légèrement ferme.

8 Tirer sur la pellicule plastique qui tapisse le bol pour retirer le gâteau refroidi. Enlever la pellicule plastique et placer le gâteau, côté plat vers le bas, sur une petite assiette ou un carton coupé à sa taille. Étaler les 125 ml (½ tasse) restants de glaçage à la vanille sur le gâteau et lisser. Laisser le gâteau reposer 20 minutes, jusqu'à ce que le glaçage soit sec au toucher.

9 Prendre un linge de cuisine ou un essuie-tout et presser légèrement dans le glaçage de la balle de baseball pour donner une texture de cuir (voir Glaçage à la serviette, page 23). Marquer un demi-cercle sur les côtés opposés du gâteau à l'aide d'un cure-dent ou en pressant le bord d'un verre dans le glaçage. Pour les coutures, presser les morceaux de lacets de réglisse en faisant une forme de V le long des lignes marquées; les rangées de V doivent être en directions opposées.

Ball

GÂTEAU LYS TIGRÉS

DONNE 8 PORTIONS

Voici un projet aussi facile à vivre que les douces journées d'été. Le bocal Ball est fait d'un quatre-quarts avec motif en sucre écrasé, tandis que les pétales des lys sont faits de bonbons guimauve en forme d'arachide orange.

1 quatre-quarts tout beurre format familial de 450 g (16 oz) congelé, décongelé (Sara Lee)

30 bonbons guimauve en forme d'arachide orange

5 guimauves

190 ml (¾ tasse) de pastilles à fondre au cacao foncé (Wilton)

15 ml (1 c. à soupe) de petites nonpareilles jaunes (Wilton)

3 lanières de bonbon vertes (Sour Power)

8 spaghettis non cuits

8 pailles acidulées vertes (Sour Power)

1 boîte de 450 g (16 oz) de glaçage à la vanille

Colorants alimentaires vert, jaune et bleu néon (McCormick)

250 ml (1 tasse) de sucre décoratif à gros cristaux blanc (Wilton)

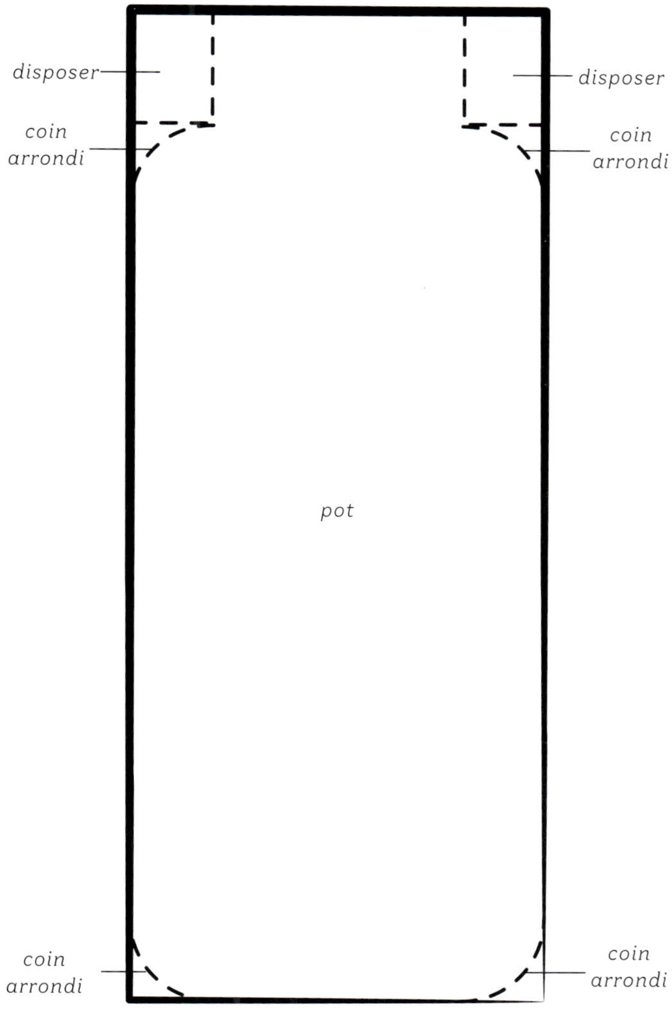

1 Couper les bonbons guimauve en forme d'arachide en 2 sur la longueur. Mettre 2 moitiés d'arachide, côté coupé vers le bas, sur une feuille de papier ciré et rouler à une épaisseur d'à peine 0,3 cm (⅛ po). Répéter avec les autres moitiés d'arachide.

2 Couper chaque bonbon aplati en forme de pétale de 1,8 × 7,5 cm (¾ × 3 po) pour obtenir 60 pétales. Plier chaque pétale en forme de S peu prononcé.

3 Tapisser 10 alvéoles de muffin miniatures de caissettes en papier. Mettre les pastilles à fondre dans un sac de type Ziploc; ne pas sceller le sac. Ramollir au four à micro-ondes 10 secondes, pétrir le sac, remettre au four à micro-ondes et répéter le processus jusqu'à ce que le chocolat soit de consistance onctueuse. Exprimer l'excédent d'air et sceller le sac.

4 Couper un petit coin (0,3 cm [⅛ po]) du sac et déposer une goutte de chocolat fondu de la taille d'un 10 sous dans le fond d'une alvéole de muffin préparée. Disposer 6 pétales sur le chocolat, bouts pointus vers l'extérieur, pour faire la forme d'un lys tigré en chevauchant légèrement les pétales (voir la photo, page suivante). Répéter avec les 54 pétales restants et le chocolat fondu pour faire un total de 10 fleurs. Réfrigérer jusqu'à ce que le chocolat ait durci, environ 5 minutes.

5 Réchauffer les pastilles à fondre au four à micro-ondes en gardant le bout coupé vers le haut ; pétrir le chocolat dans le sac jusqu'à ce qu'il soit onctueux, environ 5 secondes. En travaillant sur une fleur à la fois, déposer une petite goutte de chocolat fondu au centre de la fleur. Utiliser un petit pinceau d'artisanat ou un cure-dent pour tirer le chocolat vers le haut sur l'intérieur de chaque pétale (voir la photo ci-haut). À l'aide du bout d'un cure-dent, ajouter de petits points de chocolat fondu sur les pétales. Pendant que le chocolat est encore humide, parsemer le centre de nonpareilles jaunes. Répéter avec les 9 fleurs restantes. Réfrigérer jusqu'à ce que le tout soit figé, environ 5 minutes.

6 Tapisser une plaque à pâtisserie de papier ciré. Retirer délicatement les fleurs assemblées des caissettes en papier. Couper les guimauves en 2 sur la largeur. Mettre une petite goutte de chocolat fondu sur le côté collant des moitiés de guimauve. Fixer la base de chaque fleur assemblée à une guimauve ; presser dans le chocolat fondu pour fixer. Réfrigérer jusqu'à ce que le tout soit figé, environ 5 minutes.

7 Tapisser une plaque à pâtisserie de papier ciré. Transférer les parties à la plaque à pâtisserie à mesure qu'elles sont assemblées. Découper les bandes vertes en 6 à 9 feuilles de 7,5 à 12,5 cm (3 à 5 po) de longueur. Pour faire les tiges, enfiler 1 spaghetti dans l'ouverture de chaque paille acidulée (elles seront coupées à des longueurs différentes lors de l'assemblage.

8 Mettre le quatre-quarts sur un plan de travail, un bord court vers vous. Pour faire le cou du bocal, mesurer 1,8 cm (¾ po) à partir du côté gauche supérieur et 2,5 cm (1 po) à partir du bord supérieur du gâteau ; retirer et jeter ce petit rectangle (voir l'illustration, page 273). Répéter le processus pour retirer un petit rectangle du coin supérieur droit. Pour faire les épaules du bocal, utiliser un petit couteau pour arrondir les coins coupés à partir du cou et jusqu'aux côtés du gâteau. Arrondir légèrement les coins inférieurs.

Tailler 1 cm (½ po) du bord des épaules, des côtés, des coins et du bas du gâteau, à l'exception du cou, pour les arrondir.

9 Tapisser une plaque à pâtisserie de papier ciré. Mettre le gâteau sur un carton coupé à sa taille (voir À la base, page 14), puis le placer sur la plaque à pâtisserie. Mettre au congélateur 30 minutes pour le refroidir.

10 Colorer 60 ml (¼ tasse) du glaçage à la vanille en vert vif avec les colorants alimentaires jaune et vert ; mettre dans un sac de type Ziploc. Mettre 60 ml (¼ tasse) du glaçage à la vanille dans un autre sac de type Ziploc. Exprimer l'excédent d'air et sceller les sacs. Colorer le reste du glaçage à la vanille en bleu pâle avec le colorant alimentaire.

11 Mettre le sucre décoratif dans un bol. Couper un petit coin (0,3 cm [⅛ po]) des sacs de glaçage vert et à la vanille. Étaler le glaçage bleu pâle sur le gâteau refroidi ; lisser. Pour les tiges dans le bocal, dessiner 8 lignes de glaçage vert de longueurs variées sur le dessus du gâteau, à partir du cou et allant en angle vers le bas. Presser délicatement des poignées de sucre dans le glaçage en aplatissant les lignes vertes et lissant le glaçage (voir Sucre écrasé, page 37). Retirer tout excédent de sucre du dessus du gâteau.

12 Dessiner 4 ou 5 lignes horizontales de glaçage à la vanille sur la zone supérieure du « couvercle » du gâteau. Écrire le mot « Ball » en lettres attachées avec le glaçage à la vanille. Saupoudrer le sucre décoratif sur le glaçage à la vanille et presser délicatement sans aplatir les lignes. Enlever tout excédent de sucre du dessus du gâteau et transférer le gâteau sur le carton à un plateau de service.

13 Couper les 10 tiges en paille acidulée à des longueurs différentes. Retirer délicatement une des fleurs assemblées de la plaque à pâtisserie. Insérer le bout en spaghetti d'une des tiges dans le côté de la guimauve. Presser la tige de la fleur dans l'ouverture du bocal au haut du gâteau (les fleurs seront à l'horizontale par rapport au plateau de service). Répéter avec les fleurs et tiges restantes ; chevaucher les fleurs et les disposer à des hauteurs variées (1 ou 2 fleurs peuvent être placées sur le plateau comme décoration, si désiré). Disposer les feuilles en bande acidulée parmi les fleurs.

GÂTEAU TAXI

DONNE 16 PORTIONS

Où sont les taxis lorsqu'on en a besoin ? Vous pourrez vous en faire un avec une belle peinture scintillante en sucre et un motif classique de damier fabriqué de bonbons gélifiés.

2 quatre-quarts tout beurre format familial de 450 g (16 oz) chacun, congelés, décongelés (Sara Lee)

1 boîte de 450 g (16 oz) de glaçage à la vanille

Colorant alimentaire jaune (McCormick)

60 ml (¼ tasse) de glaçage au chocolat

60 ml (¼ tasse) de sucre granulé

Bonbons gélifiés : 15 blancs, 5 noirs ou violets

45 ml (3 c. à soupe) de sucre décoratif noir (Wilton)

1 bonbon gélifié orange

12 barres de gaufrette enrobée de chocolat (Kit Kat)

Petits chocolats enrobés de bonbon : 8 rouges, 1 jaune, 2 orange (M&M'S Minis)

1 bâtonnet de gomme à mâcher blanche (Extra)

4 beignes miniatures enrobés de chocolat

6 menthes blanches (Mentos)

250 ml (1 tasse) de miettes de biscuit (Oreo)

30 ml (2 c. à soupe) de sirop de maïs blanc

250 ml (1 tasse) de sucre décoratif jaune (Cake Mate)

1 Mettre 60 ml (¼ tasse) de glaçage à la vanille dans un sac de type Ziploc. Colorer le reste du glaçage à la vanille en jaune vif avec le colorant alimentaire. Mettre 60 ml (¼ tasse) du glaçage jaune dans un autre sac de type Ziploc. Mettre le glaçage au chocolat dans un dernier sac de type Ziploc. Exprimer l'excédent d'air et sceller les sacs.

2 Tapisser une plaque à pâtisserie de papier ciré. Mettre 1 quatre-quarts sur un plan de travail, dessous vers le bas. Mesurer 7,5 cm (3 po) à partir d'une extrémité courte du gâteau et utiliser des cure-dents pour marquer le bord supérieur des 2 côtés du gâteau. Répéter pour marquer

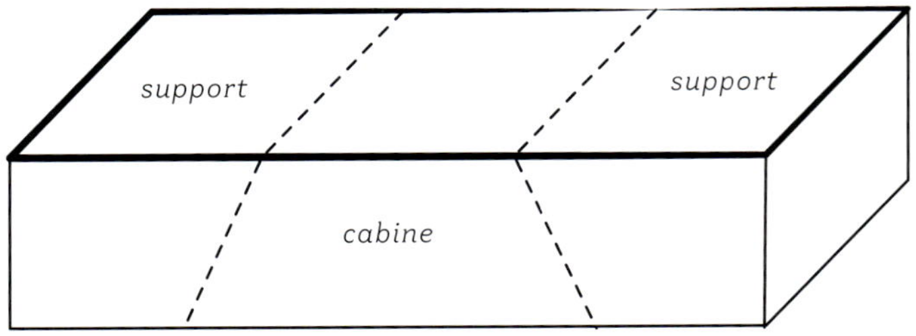

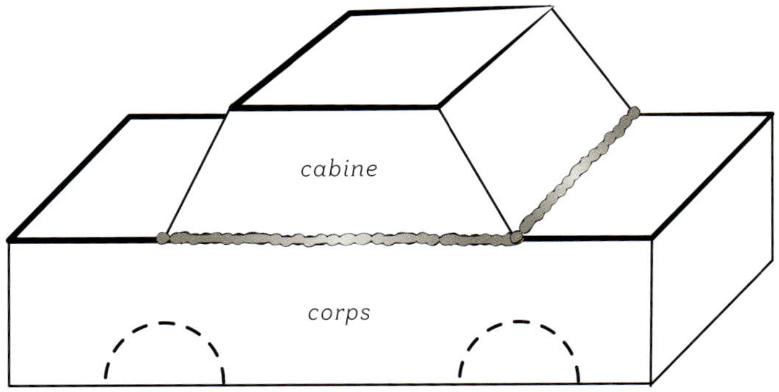

le dessus des côtés du gâteau à 7,5 cm (3 po) à partir de l'autre extrémité courte. Mesurer 5 cm (2 po) à partir d'une extrémité courte sur le bord inférieur et marquer avec un cure-dent. Répéter pour marquer le bord inférieur des 2 côtés, à 5 cm (2 po) de l'autre extrémité courte. En travaillant sur une extrémité à la fois, marquer une ligne diagonale entre la marque du bord supérieur et la marque du bord inférieur des 2 côtés. Utiliser un long couteau dentelé et couper le gâteau en diagonale en suivant les lignes marquées (voir l'illustration du haut, ci-dessus). Couper chaque morceau provenant des extrémités en 2 carrés de 5 cm (2 po) d'environ 3,75 cm (1½ po) d'épaisseur ; réserver pour servir de support sous le taxi. Réserver la section du milieu pour le dessus du taxi.

3 Pour le corps du taxi, mettre le quatre-quarts restant sur un plan de travail, couché sur un côté long, dessous vers soi. Utiliser un emporte-pièce rond de 6,25 cm (2½ po) ou un petit couteau pour découper un passage de roue de 6,25 cm (2½ po) en le commençant à 2,5 cm (1 po) d'une des extrémités courtes et à 1 cm (½ po) du haut du gâteau. Faire une coupe d'environ 1,8 cm (¾ po) de profondeur et retirer le gâteau ; disposer (voir l'illustration, page 276). Répéter pour

TAXI
Kit Kat

faire 2 passages de roue de chaque côté long du gâteau. Mettre le corps du taxi, dessous vers le bas, sur un carton coupé à sa taille (voir À la base, page 14). Étaler du glaçage jaune sur le dessus du gâteau et fixer le morceau de gâteau réservé au centre, dessous vers le bas (voir l'illustration, page 276). Mettre le gâteau assemblé et les 4 supports de gâteau sur la plaque à pâtisserie au congélateur 30 minutes afin de les refroidir.

4 Tapisser une plaque à pâtisserie de papier ciré. Transférer les parties au papier ciré à mesure qu'elles sont assemblées. Saupoudrer un plan de travail de sucre granulé. Presser les bonbons gélifiés blancs ensemble et mettre sur le plan de travail. Saupoudrer de sucre granulé supplémentaire et rouler en rectangle de 12,5 × 20 cm (5 × 8 po) d'environ 0,3 cm (⅛ po) d'épaisseur; parsemer de sucre granulé au besoin pour empêcher de coller. Pour faire les fenêtres avant et arrière, découper 2 rectangles de 3,75 × 10 cm (1½ × 4 po). Découper 2 rectangles de 3,75 × 12,5 cm (1½ × 5 po) et réserver 1 morceau. Couper le rectangle restant en 2 pour obtenir 2 morceaux de 3,75 × 6,25 cm (1½ × 2½ po). Pour la fenêtre du conducteur, commencer à 1 cm (½ po) du coin d'un des côtés courts d'un des morceaux de 3,75 × 6,25 cm (1½ × 2½ po) et couper en diagonale jusqu'au coin du même côté pour retirer et disposer d'un petit morceau triangulaire. Couper le morceau de 3,75 × 6,25 cm (1½ × 2½ po) restant en 2 sur la largeur et réserver l'un des morceaux pour la fenêtre passager arrière.

ÉTAPE 4

Couper les morceaux restants en 2 sur la diagonale; réserver un morceau pour la fenêtre de ventilation arrière et disposer de l'autre morceau. Répéter le processus avec le rectangle de 3,75 × 12,5 cm (1½ × 5 po) réservé pour faire les fenêtres de l'autre côté. Saupoudrer un plan de travail de sucre décoratif noir. Presser les bonbons gélifiés noirs ensemble et placer sur le plan de travail. Parsemer de sucre décoratif noir supplémentaire et rouler en rectangle de 5 × 12,5 cm (2 × 5 po), d'environ 0,3 cm (⅛ po) d'épaisseur; saupoudrer de sucre noir supplémentaire au besoin pour empêcher de coller. Couper les bonbons gélifiés noirs roulés et le reste des bonbons gélifiés blancs en bandes de 0,6 cm (¼ po) de largeur. Couper les bandes sur la largeur en morceau de 0,6 cm (¼ po) pour obtenir un total de 40 carrés blancs et 40 carrés noirs (faire attention de ne pas mettre de sucre sur les bords coupés; ils doivent rester collants pour l'assemblage). Faire une bande de damiers en pressant ensemble les bords collants de 20 carrés en alternant les blancs et les noirs. Répéter pour faire un total de 4 bandes; commencer 2 bandes avec un carré blanc et les 2 autres avec un carré noir. Fixer 2 bandes, l'une au-dessus de l'autre, à l'horizontale, avec les carrés blancs au-dessus des carrés noirs pour faire une bande double. Répéter pour faire une deuxième bande double. Couper 2 morceaux de 0,6 × 1 cm (¼ × ½ po) à partir du bonbon roulé noir restant pour faire les poignées de porte et 2 bandes de 0,6 × 2,5 cm (¼ × 1 po) effilées à une extrémité pour faire les essuie-glace. Pour faire la plaque d'immatriculation, rouler le bonbon gélifié orange dans du sucre pour obtenir un rectangle de 1 × 2,5 cm (½ × 1 po). Tailler les bords pour les rendre droits.

5 Pour la lumière « hors service », couper 2 gaufrettes enrobées de chocolat à une longueur de 5 cm (2 po). Couper un très petit coin (0,1 cm [1/16 po]) des sacs de glaçage au chocolat et de glaçage à la vanille. Mettre du glaçage au chocolat sur le dessus d'une gaufrette taillée. Mettre l'autre gaufrette taillée par-dessus, dessus vers le bas. Dessiner le mot « taxi » sur le dessus avec le glaçage à la vanille. Mettre une goutte de glaçage à la vanille à chaque extrémité de l'assemblage et fixer un petit bonbon rouge. Pour la grille, utiliser un petit couteau pour arrondir les coins d'un côté long du bâtonnet de gomme à mâcher et dessiner des lignes verticales de 0,6 cm (¼ po) avec le glaçage au chocolat sur un côté plat. Écrire les lettres « NYC » sur la plaque d'immatriculation en bonbon gélifié orange. Pour les enjoliveurs, mettre chaque beigne sur son côté, côté lisse vers le haut et mettre du glaçage à la vanille dans le trou. Insérer une menthe blanche dans chaque ouverture et presser pour fixer.

6 Mélanger les miettes de biscuit au chocolat et le sirop de maïs dans un bol jusqu'à l'obtention d'une consistance collante. Pour l'asphalte, presser les miettes de biscuit sur un plateau de service; lisser. Pour le bord de trottoir, disposer 4 barres de gaufrette, bout à bout, de chaque côté des miettes.

7 Tapisser une plaque à pâtisserie de papier ciré. Placer 2 des 4 supports de gâteau refroidis à environ 2,5 cm (1 po) d'intervalle, près d'une extrémité du plateau de service, sur l'asphalte en miettes de biscuit. Mettre les 2 autres supports à environ 2,5 cm (1 po) d'intervalle, à environ 12,5 cm (5 po) des 2 premiers. Étaler du glaçage jaune sur les supports de gâteau. Mettre le gâteau refroidi sur la plaque à pâtisserie. Étaler le reste du glaçage jaune sur le gâteau; lisser. Presser délicatement le sucre jaune dans le glaçage pour le recouvrir (voir Sucre écrasé, page 37). Retirer tout excédent de sucre avec un pinceau à pâtisserie. Transférer le gâteau sur le carton aux supports glacés sur le plateau; ajuster les supports au besoin. Appliquer du glaçage au chocolat dans les ouvertures de passage de roue et insérer les roues en beigne, enjoliveurs vers l'extérieur.

8 Couper un petit coin (0,3 cm [⅛ po]) du sac de glaçage jaune. Pour les phares, mettre une goutte de glaçage jaune de chaque côté d'une extrémité du gâteau, près du bord supérieur. Y fixer les 2 menthes blanches restantes. Mettre du glaçage jaune sur l'arrière de la grille en bâtonnet de gomme à mâcher et la fixer en dessous des phares, coins arrondis vers le haut. Pour le pare-chocs avant, mettre du glaçage jaune sur le bas d'une barre gaufrette enrobée de chocolat et fixer sur le bord inférieur de la grille. Pour les clignotants, fixer un petit bonbon rouge à gauche et à droite de la grille à l'aide d'une goutte de glaçage jaune; fixer un petit bonbon orange directement en dessous des bonbons rouges de chaque côté. Pour l'emblème de capot, presser le petit bonbon jaune, de côté, dans le glaçage près du bord supérieur avant du gâteau. Pour le pare-chocs arrière, mettre du glaçage jaune sur la gaufrette enrobée de chocolat restante et la fixer au bord inférieur de l'arrière du gâteau. Utiliser une goutte de glaçage jaune pour fixer la plaque d'immatriculation orange au-dessus du pare-chocs arrière. Pour les lumières des clignotants et des freins, fixer 2 petits bonbons rouges, l'un au-dessus de l'autre, de chaque côté de l'arrière du gâteau. Mettre du glaçage à la vanille sur l'arrière des fenêtres en bonbon gélifié blanc. Presser les grandes fenêtres avant et arrière au gâteau. Fixer à chaque côté une fenêtre du conducteur avec le côté en angle vers l'avant, une fenêtre passager arrière et une fenêtre de ventilation arrière, côté en angle vers l'arrière. Dessiner une ligne de glaçage jaune autour de chaque fenêtre. Ajouter les essuie-glace au pare-brise. Utiliser du glaçage à la vanille pour fixer une bande double de damiers de chaque côté du gâteau en la centrant au-dessus des roues. Ajouter une poignée de porte noire de chaque côté du gâteau. Mettre la lumière « hors service », sur la largeur, sur le dessus du gâteau.

Cu+π=

GÂTEAU ÉPROUVETTE

Surprise à l'intérieur !

DONNE 24 PORTIONS

Une expérience d'Halloween en direct du laboratoire de bonbons ! Mélanger 13 portions de gâteau Twinkies, 6 portions de bonbon et 2 portions de crème glacée, sans oublier une portion de plaisir.

Enduit à cuisson végétal en vaporisateur

1 quatre-quarts tout beurre format familial de 450 g (16 oz) congelé, décongelé (Sara Lee)

3 l (12 tasses) de crème glacée cerise et chocolat, ramollie

13 petits gâteaux fourrés de crème (Twinkies)

1 sac de 360 g (12 oz) de pastilles à fondre vert néon (Wilton)

15 ml (1 c. à soupe) de shortening végétal

15 ml (1 c. à soupe) de nonpareilles blanches (Wilton)

250 ml (1 tasse) de pastilles à fondre blanches (Wilton)

250 ml (1 tasse) de glaçage à la vanille

Colorant alimentaire rouge

1 boîte de 450 g (16 oz) de glaçage au chocolat

17 bonbons gélifiés de couleurs variées

17 grosses boules de gomme à mâcher blanches (SweetWorks)

190 ml (¾ tasse) chacun de chocolats ronds enrobés de bonbon, vert et vert pâle perlé (Sixlets)

125 ml (½ tasse) de petits bonbons vert pâle perlés (Celebrations)

125 ml (½ tasse) de boules de gomme à mâcher vert pâle perlées (SweetWorks)

17 petits chocolats enrobés de bonbon brun (M&M'S Minis)

1 Tapisser le fond d'un moule à charnière de 22,5 cm (9 po) de papier ciré et vaporiser d'enduit à cuisson végétal. Couper le quatre-quarts sur la largeur pour obtenir environ 25 tranches de 0,8 cm (⅓ po) d'épaisseur. Disposer 11 tranches, l'une à côté de l'autre, à la verticale contre les

parois du moule préparé pour les tapisser. Tapisser le fond du moule préparé avec 6 tranches de gâteau ; tailler au besoin (voir la photo, page suivante). Réserver 6 tranches de quatre-quarts pour le dessus du gâteau. Couper les tranches restantes en petits cubes.

2 Mettre la moitié de la crème glacée ramollie dans le fond du moule tapissé de gâteau et lisser. Presser les cubes de gâteau dans la crème glacée ; lisser le dessus. Mettre les 6 tranches de gâteau réservées sur le dessus ; tailler au besoin pour recouvrir la crème glacée. Presser sur le dessus du gâteau pour aplatir. Couvrir de pellicule plastique

et congeler jusqu'à ce que le gâteau soit ferme, au moins 3 heures (voir les photos sur cette page).

3 Tapisser une plaque à pâtisserie de papier ciré. Vaporiser une grille en métal d'enduit à cuisson végétal et placer sur la plaque à pâtisserie tapissée. Mettre un petit gâteau, dessous vers le bas, sur un plan de travail. Couper un morceau de 1,8 cm (¾ po) sur la largeur à partir d'une extrémité courte du gâteau; disposer (voir la photo ci-dessus). Transférer à la grille en métal. Répéter avec les autres petits gâteaux. Mettre la plaque à pâtisserie au congélateur pour refroidir les gâteaux, environ 30 minutes.

4 Mettre les pastilles à fondre vertes et le shortening végétal dans un bol. Faire fondre au four à micro-ondes, en remuant toutes les 10 secondes, jusqu'à l'obtention d'une consistance lisse. À l'aide d'une cuillère, déposer le chocolat fondu sur les petits gâteaux refroidis pour les recouvrir complètement; laisser l'excédent s'égoutter sur le papier ciré. Parsemer des nonpareilles blanches sur chaque petit gâteau pendant que le chocolat est encore humide pour donner un effet de bulles (voir la photo ci-dessus). Réfrigérer les petits gâteaux enrobés jusqu'à ce que le chocolat ait figé, environ 5 minutes. Retirer délicatement les petits gâteaux de la grille en métal; tailler tout excédent de chocolat sur les bords.

5 Mettre les pastilles à fondre blanches dans un petit bol allant au four à micro-ondes. Faire fondre au four à micro-ondes, en remuant toutes les 5 secondes, jusqu'à l'obtention d'une consistance lisse. Tremper le bout coupé d'un petit gâteau enrobé à une profondeur de 1 cm (½ po) dans le chocolat blanc fondu pour créer le rebord de l'éprouvette. Remettre le petit gâteau sur la

plaque à pâtisserie. Répéter avec le reste des petits gâteaux (voir la photo ci-dessus).

6 Colorer 45 ml (3 c. à soupe) du glaçage à la vanille en rouge avec le colorant alimentaire. Mettre le glaçage rouge dans un sac de type Ziploc. Mettre le reste du glaçage à la vanille dans un autre sac de type Ziploc. Mettre 30 ml (2 c. à soupe) de glaçage au chocolat dans un dernier sac de type Ziploc. Exprimer l'excédent d'air et sceller les sacs.

7 Pour faire les yeux, couper une tranche de 1,8 cm (¾ po) à partir du bout plat de chaque bonbon gélifié; disposer du bout arrondi. Presser une grosse boule de gomme blanche sur le côté collant de chaque tranche pour la fixer (voir la photo ci-dessus).

8 Pour démouler le gâteau, passer un couteau mince le long des parois extérieures du gâteau puis renverser le moule. Transférer le gâteau à un plateau de service. En travaillant rapidement, étaler le reste du glaçage au chocolat sur le gâteau et lisser. Y fixer les petits gâteaux enrobés, bout blanc vers le haut et côté plat contre le gâteau, en les espaçant uniformément autour du gâteau; presser dans le glaçage pour les fixer. Remettre le gâteau au congélateur jusqu'au moment de servir.

9 Au moment de servir, couper un petit coin (0,3 cm [⅛ po]) des sacs de glaçage rouge, blanc et au chocolat. Mettre du glaçage à la vanille sur le dessus des éprouvettes en petit gâteau; ajouter du glaçage sur les côtés pour donner l'apparence d'un débordement. Presser dans le glaçage les chocolats enrobés des 2 teintes de vert, les petits bonbons perlés et les boules de gomme vertes pour faire les bulles. Presser quelques bonbons perlés dans le débordement de glaçage sur les côtés des éprouvettes. Parsemer le reste des boules de gomme vertes, chocolats enrobés de bonbon et petits bonbons perlés sur le dessus du gâteau pour le recouvrir. Disposer les yeux en boules de gomme blanches sur les bulles en les orientant dans des directions différentes. Dessiner des lignes fines de glaçage rouge pour faire des vaisseaux sanguins sur les yeux blancs. Mettre une goutte de glaçage au chocolat sur les bonbons gélifiés et y fixer les bonbons bruns en guise de pupille.

Outils et recettes de base

Outils de base

Recettes de base

PRÉPARATION POUR GÂTEAU PARFAIT

DONNE 12 PORTIONS

Pour les projets de ce livre, vous empilerez des gâteaux l'un sur l'autre, vous les couperez en formes diverses et les recouvrerez de glaçage et de bonbons. L'ajout de babeurre à notre Préparation pour gâteau parfait crée un gâteau ferme qui est la meilleure base pour la décoration. Si vous n'avez pas de babeurre sous la main, vous pouvez en faire vous-même : ajouter 15 ml (1 c. à soupe) de jus de citron à 250 ml (1 tasse) de lait entier et laisser reposer 10 minutes pour faire surir.

1 boîte 470 g (16,5 oz) de mélange pour gâteau : jaune, vanille française, chocolat, velours rouge, épice, fraise ou banane

3 gros œufs (ou le nombre d'œufs indiqué sur la boîte)

250 ml (1 tasse) de babeurre (pour remplacer l'eau demandée sur la boîte)

80 ml (1/3 tasse) d'huile végétale (ou la quantité indiquée sur la boîte)

1 Préchauffer le four à 180 °C (350 °F). Tapisser le fond des moules avec du papier ciré coupé à la bonne taille et vaporiser d'enduit à cuisson végétal (les bols ne seront pas tapissés de papier ciré). (Voir Libérez-moi, page 12.)

2 Suivre les instructions sur la boîte et combiner le mélange pour gâteau, les œufs, le babeurre et l'huile dans un grand bol. Battre à basse vitesse avec un mélangeur électrique pour que le tout soit humecté, environ 30 secondes. Régler le mélangeur à vitesse moyenne élevée et battre jusqu'à ce que le mélange ait épaissi, environ 2 minutes de plus, en raclant les côtés du bol (cela donnera environ 1,25 l [5 tasses] de pâte).

3 Pour les projets qui requièrent une Préparation pour gâteau parfait, arrêter ici et suivre les instructions du projet. Sinon, aller à l'étape suivante.

4 Répartir la pâte entre les moules indiqués dans la recette ; étaler la pâte jusqu'aux bords et lisser le dessus. (Voir Égaliser, page 12.) Respecter les temps de cuisson indiqués. Cuire au four jusqu'à ce que le gâteau soit doré et qu'un cure-dent inséré au centre en ressorte propre. (Voir Un petit tour dans le four, page 13.)

5 Transférer les gâteaux à une grille en métal et laisser refroidir 10 minutes. Inverser, retirer le ou les moules ou bols et laisser refroidir complètement.

6 Les gâteaux qui ne seront pas utilisés immédiatement peuvent être enveloppés de pellicule plastique et congelés jusqu'à 2 semaines.

PRÉPARATION POUR QUATRE-QUARTS PARFAIT

DONNE 12 PORTIONS

1 boîte de 450 g (16 oz) de mélange pour quatre-quarts

150 ml (⅔ tasse) de lait

60 ml (4 c. à soupe ou ½ bâton) de beurre, ramolli

2 gros œufs

1 Préchauffer le four à 180 °C (350 °F). Tapisser le fond d'un moule à pain de 22,5 × 12,5 cm (9 × 5 po) de papier ciré; laisser le papier dépasser les bords du moule et vaporiser d'enduit à cuisson végétal. (Voir Libérez-moi, page 12.)

2 Suivre les instructions sur la boîte et combiner le mélange pour gâteau, le lait, le beurre et les œufs dans un grand bol. Battre à basse vitesse avec un mélangeur électrique pour que le tout soit humecté, environ 30 secondes. Régler le mélangeur à vitesse moyenne élevée et battre jusqu'à ce que le mélange ait épaissi, environ 2 minutes de plus, en raclant les côtés du bol.

3 Étaler la pâte jusqu'aux bords du moule et lisser le dessus. (Voir Égaliser, page 12.) Cuire au four jusqu'à ce que le gâteau soit doré et qu'un cure-dent inséré au centre en ressorte propre, 50 à 60 minutes. (Voir Un petit tour dans le four, page 13.)

4 Transférer le gâteau à une grille en métal et laisser refroidir 10 minutes. Inverser, retirer le ou les moules ou bols et laisser refroidir complètement.

VARIANTES

ANANAS : Préparer la pâte et y ajouter 190 ml (¾ tasse) d'ananas broyés égouttés. Mettre dans le moule préparé et cuire de 50 à 60 minutes.

ASPIRATEUR-TRAÎNEAU : Préparer la pâte et y ajouter 250 ml (1 tasse) de céréales colorées en forme de O (Fruit Loops) et 250 ml (1 tasse) de biscuits sandwichs au chocolat remplis de crème hachés (Oreo). Mettre dans le moule préparé et cuire de 50 à 60 minutes.

CRÈME AU BEURRE PRESQUE MAISON À LA VANILLE

DONNE ENVIRON 875 ML (3½ TASSES)

L'utilisation de crème de guimauve facilite l'obtention d'un glaçage lisse et soyeux qui ressemble à une vraie crème au beurre française.

3 bâtonnets (360 g [12 oz]) de beurre non salé, ramolli et coupé en morceaux de 2,5 cm (1 po)

1 bocal de 450 g (16 oz) de crème de guimauve (Marshmallow Fluff)

125 ml (½ tasse) de sucre à glacer, ou plus au goût

5 ml (1 c. à thé) d'extrait de vanille

Colorant alimentaire (facultatif)

1 Dans un grand bol, battre le beurre avec un mélangeur électrique réglé à vitesse moyenne jusqu'à ce qu'il soit léger et gonflé. Ajouter la crème de guimauve et battre jusqu'à ce que le tout soit homogène en raclant les parois du bol. Ajouter le sucre à glacer et l'extrait de vanille; battre jusqu'à ce que le mélange soit léger et gonflé. Si le mélange semble trop ferme, ramollir au four à micro-ondes et battre à nouveau jusqu'à l'obtention d'une consistance onctueuse.

2 Goûter et ajouter jusqu'à 250 ml (1 tasse) de sucre à glacer supplémentaire, au goût, pour le sucrer (le glaçage peut être coloré à ce moment).

CRÈME AU BEURRE PRESQUE MAISON AU CACAO

DONNE ENVIRON 875 ML (3½ TASSES)

1 recette de Crème au beurre presque maison à la vanille (ci-contre)

45 ml (3 c. à soupe) de poudre de cacao non sucré

Suivre les instructions pour la crème au beurre à la vanille; ajouter la poudre de cacao en même temps que le sucre à glacer et omettre le colorant alimentaire. Bien battre pour mélanger.

GLAÇAGE CUIT

DONNE ENVIRON 2 L (8 TASSES)

500 ml (2 tasses) de sucre

80 ml (⅓ tasse) de sirop de maïs blanc

250 ml (1 tasse) d'eau

60 ml (¼ tasse) de poudre de blanc d'œuf (Just Whites)

10 ml (2 c. à thé) d'extrait de vanille

1 Combiner le sucre, le sirop de maïs et 125 ml (½ tasse) d'eau dans une casserole de taille moyenne. Porter à ébullition en remuant souvent jusqu'à ce que le sucre soit dissous.

2 Dans un grand bol, battre la poudre de blanc d'œuf et les 125 ml (½ tasse) d'eau restants avec un mélangeur électrique réglé à basse vitesse jusqu'à ce que le mélange soit mousseux. Augmenter à vitesse élevée et battre jusqu'à la formation de pics mous. Continuer de battre et ajouter graduellement le sirop chaud et l'extrait de vanille. Battre jusqu'à ce que le mélange soit épais et lustré, environ 5 minutes.

3 Le glaçage doit être utilisé immédiatement après avoir été fait.

ARGILE DE BONBON

1 sac de 360 à 420 g (12 à 14 oz) de pastilles à fondre de n'importe quelle couleur (Wilton)

80 ml (1/3 tasse) de sirop de maïs blanc

Colorant alimentaire (facultatif)

Sucre à glacer ou fécule de maïs, pour rouler

1 Mettre les pastilles à fondre dans un bol en verre de taille moyenne. Faire chauffer au four à micro-ondes à puissance élevée en arrêtant toutes les 20 secondes pour remuer, jusqu'à ce que le chocolat soit fondu et onctueux, soit environ 1 minute (il est important de ne pas trop le chauffer).

2 Ajouter le sirop de maïs et remuer avec une spatule en caoutchouc jusqu'à ce que le tout soit bien mélangé. Le mélange sera granuleux. Verser le mélange sur une feuille de pellicule plastique et envelopper hermétiquement. Laisser l'argile de bonbon reposer à température ambiante au moins 3 heures pour raffermir. (L'argile de bonbon peut être faite jusqu'à une semaine à l'avance et conservée, couverte, à température ambiante.)

3 Au moment de l'utiliser, pétrir l'argile jusqu'à ce qu'elle soit lisse. (Si l'argile a été faite plusieurs jours d'avance et est trop ferme, la réchauffer au four à micro-ondes de 5 à 10 secondes pour la ramollir.)

4 Colorer l'argile blanche avec du colorant alimentaire, si désiré, en la pétrissant bien pour répartir la couleur. Diviser l'argile de bonbon en morceaux plus petits. Rouler chaque morceau entre des feuilles de papier ciré légèrement saupoudrées de sucre à glacer ou de fécule de maïs, pour obtenir une épaisseur de 0,1 cm (1/8 po) ou moins. Découper l'argile à la forme désirée à l'aide d'un emporte-pièce, d'un petit couteau ou de ciseaux. Pour faire des formes, travailler l'argile de bonbon comme de la pâte à modeler. Mettre les formes sur une plaque à pâtisserie tapissée de papier ciré et recouvrir de pellicule plastique pour empêcher de sécher. Suivre les instructions pour l'utilisation de l'argile de bonbon dans chaque recette.

La cuisson en récipients de verre

Des récipients en matériaux tels que le verre, le grès céramique et la céramique élargissent les possibilités en ce qui concerne les formes de gâteaux, mais vous devez vous assurer qu'ils puissent aller au four avant de les utiliser. Lisez et suivez minutieusement les instructions du fabricant. Pour de meilleurs résultats, nous vous recommandons également de suivre les étapes suivantes.

- Vaporiser le récipient d'enduit à cuisson végétal avant d'y mettre la pâte.
- Mettre le récipient sur une plaque à pâtisserie avant de le mettre au four afin de capter tout débordement, de faciliter la manutention de petits récipients et de distribuer la chaleur sous le récipient.
- Lors du retrait du four, laisser le récipient sur la plaque à pâtisserie et transférer le tout à une grille de métal. Ne pas placer directement sur le comptoir, le dessus de la cuisinière ou sur une surface ou un linge mouillé, car un changement soudain de température pourrait faire craquer le récipient.
- Lorsque le récipient a refroidi pendant 10 minutes, en retirer le gâteau et le mettre sur la grille en métal pour finir de refroidir.
- Si un récipient semble usé ou fendillé, ne pas l'utiliser pour la cuisson. Les petites brisures peuvent s'agrandir avec l'utilisation. Le temps est arrivé d'acheter celui dont vous aviez envie depuis longtemps.

Les gâteaux cuits dans des récipients de formes variées rendent la décoration encore plus amusante.

Adresses utiles*

Magasins spécialisés en pâtisserie et confiserie

Beryl Loveland
www.beryls.com
5520 Hempstead Way
Springfield, VA 22151
703 256-6951
800 488-2749
Un vaste choix d'accessoires de décoration de gâteau, ainsi que des cours et un blogue informatif sur la décoration de gâteaux.

Cake Mate
www.cakemate.com
Une liste complète des sucres et bonbons décoratifs offerts chez votre épicier, ainsi que des idées de décoration créatives.

Confectionery House
www.confectioneryhouse.com
518 279-4250
Une grande variété de pastilles à fondre, de bonbons décoratifs, de colorants alimentaires et de poudres décoratives.

Costco
www.costco.com
Une excellente source de contenants pour la conservation des aliments, de plats de cuisson et de moules, surtout des plaques à pâtisserie robustes de format régulier et de demi-format, très utiles pour la décoration de gâteaux.

Country Kitchen Sweetart
www.countrykitchensa.com
4621 Speedway Drive
Fort Wayne, IN 46825
260 482-4835
800 497-3927
Sucres décoratifs et granulés. Un vaste choix de bonbons décoratifs, de vermicelles, de poudres décoratives, de pastilles à fondre, de colorants alimentaires et de caissettes en papier.

Downtown Dough
www.downtowndough.com
W63 N658 Washington Avenue
Cedarburg, WI 53012
262 387-0311
Un excellent fournisseur d'emporte-pièce : garçons et filles en pain d'épices, soleil, flocons de neige, cercles, et un vaste choix de nonpareilles et de décorations.

Duncan Hines
www.duncanhines.ca
La liste complète des mélanges pour gâteau et des glaçages offerts chez votre épicier ainsi que des idées de décorations créatives (y compris une page de notre cru) et des conseils en pâtisserie.

Fancy Flours
www.fancyflours.com
Fournitures jolies et élégantes pour cupcakes, des caissettes en papier aux sucres décoratifs, nonpareilles et décorations de spécialité.

India Tree Gourmet Spices & Specialties
www.indiatree.com
1435 Elliott Avenue West
Seattle, WA 98119
206 286-9988
800 596-0885
Superbes sucres décoratifs et granulés. Les produits India Tree sont aussi vendus dans certaines épiceries.

Kitchen Krafts
www.kitchenkrafts.com
Boîte postale 442
Waukon, IA 52172
563 535-8000
800 298-5389
Vaste choix d'éléments décoratifs.

McCormick
www.mccormick.com
www.mccormick.ca*

* N.d.T.: La majorité de ces entreprises sont situées aux États-Unis; leurs sites Web sont donc offerts en anglais seulement. Un astérisque se trouve à côté des sites pour lesquels il existe des pages francophones.

La première est une excellente adresse pour trouver des colorants alimentaires en grands formats et aux couleurs rares, comme les néons et le noir, et un très bon choix d'idées de décoration saisonnière. Le cercle des couleurs de la section colorants alimentaires du site facilite la création de couleurs personnalisées.

N.Y. Cake and Baking Supplies
www.newyorkcake.com
56 West 22nd Street
New York, NY 10010
212 675-2253
800 942-2539

Reynolds
www.reynoldskitchens.com
www.reynoldskitchens.ca*
Des papiers décoratifs saisonniers dernier cri et papiers d'aluminium, ainsi que des plats de cuisson en papier d'aluminium.

Sugarcraft
www.sugarcraft.com
3665 Dixie Highway
Hamilton, OH 45015
513 896-7089
Vaste choix d'articles de pâtisserie et d'éléments décoratifs.

Sur la Table
www.surlatable.com
800 243-0852
Roulettes à découper dentelées, roulettes à pâte, moules à cuisson, supports à gâteau à plusieurs étages. Horaires des cours de décoration en magasin.

Williams-Sonoma
www.williams-sonoma.com
www.williams-sonoma.ca*
Plats à gâteau, plats à tarte miniatures, plateaux, nonpareilles et autres équipements de pâtisserie.

Wilton Industries
www.wilton.com
2240 West 75th Street
Woodridge, IL 60517
630 963-1818
800 794-5866
Un vaste choix d'articles de pâtisserie, y compris pastilles à fondre, colorants alimentaires, caissettes en papier, assortiment de nonpareilles et sucres, bonbons perlés blancs, et plus encore. Les produits Wilton sont également vendus dans plusieurs magasins de fournitures d'artisanat et de fêtes, et dans certaines épiceries.

Fournitures de fêtes et d'artisanat

A.C. Moore
www.acmoore.com
Perforeuses Marvy, œufs en plastique, fournitures de décoration et d'artisanat, et livres. Les adresses des magasins se trouvent sur le site Internet.

Beadalon
www.beadalon.com
Pinces à épiler courbées. Une excellente source de plateaux de rangement et de tapis d'artisanat.

Fiskars
www.fiskars.com
Ciseaux petits, ordinaires et d'artisanat, idées créatives, colloques et produits.

Magasins Michaels
canada.michaels.com*
800 642-4235
Perforeuses Marvy, œufs en plastique et un grand choix d'articles d'artisanat et de décoration de gâteaux, incluant les produits Wilton.

Party City
www.partycity.ca
Vaste choix de fourchettes en plastique colorées, de serviettes et d'assiettes en papier. Bonbons de couleurs assorties en vrac, y compris des pièces de monnaie en chocolat enveloppées de papier d'aluminium.

Autres articles d'artisanat

Hefty
www.hefty.com
Renseignements sur les sacs de conservation des aliments, ainsi que promotions et coupons.

OXO
www.oxo.com
800 545-4411
Contenants pour le tri de bonbons, spatules, outils à mesurer et bols à mélanger de conception ergonomique.

Ziploc
www.ziploc.com*
Renseignements sur les produits et coupons pour les produits Ziploc.

Confiseries fines

Balboa Candy
www.balboacandy.com
301-J Marine Street
Newport Beach, CA 92662
949 723-6099
Grand choix de bonbons ; se spécialisent dans les confiseries et la tire rétro.

Bulk Candy
www.bulkcandystore.com
561 540-1600
Offre une grande variété de bonbons ; se spécialisent en buffet de bonbon, bonbons casher, et bonbons nostalgiques.

Candyality
www.candyality.com
312 527-1010
Un choix extraordinaire de bonbons, y compris une marque de réglisse succulente et un « Candyscope » en ligne pour identifier votre personnalité en matière de bonbons.

Candy.com
www.candy.com
781 335-2200
Vaste choix de bonbons ; se spécialisent dans les favoris d'antan.

Candy Warehouse
www.candywarehouse.com
310 343-4099
Vaste choix de bonbons par catégories pour faciliter l'achat pour un buffet de bonbons, par couleur, saveur et occasion.

Dylan's Candy Bar
www.dylanscandybar.com
1011 Third Avenue
New York, NY 10021
866 939-5267
Vaste choix de bonbons incluant des offres saisonnières.

Economy Candy
www.economycandy.com
108 Rivington Street
New York, NY 10002
800 352-4544
Un excellent fournisseur de bonbons à l'ancienne et en vrac, tels lacets de réglisse noire.

Jelly Belly Candy Company
www.jellybelly.com
One Jelly Belly Lane
Fairfield, CA 94533
800 522-3267
La gamme la plus complète de bonbons haricot fins, incluant des formats d'essences individuelles en vrac. Le site Internet offre des idées créatives de décoration.

Old Time Candy Company
www.oldtimecandy.com
866 929-5477
Un choix intéressant de bonbons nostalgiques et de fantaisie. Ils vendent en grandes ou en petites quantités.

SweetWorks
www.sweetworks.com
Petits bonbons décoratifs comme les Sixlets, Pearls et Baby Tears. Se spécialisent dans les couleurs à la mode et les enrobages scintillants.

index

H

M

O

P

Q

R

S

T

V

© JORGE MADRIGAL

Karen Tack et Alan Richardson sont les auteurs des meilleurs vendeurs *Bonjour, cupcake!*, *Quoi de neuf, cupcake?* et *Cupcakes, tartes et biscuits, oh oui!*, lesquels ont révolutionné l'art du cupcake.

Karen Tack , surnommée « la femme qui murmurait à l'oreille des cupcakes » par la revue *Gourmet*, enseigne la cuisine et est l'une des meilleures stylistes culinaires du pays. Elle a créé des cupcakes et autres desserts pour la page couverture de plusieurs revues parmi les plus populaires des États-Unis, dont *Bon appétit, Gourmet, Cook's Illustrated, Real Simple, Martha Stewart Living, Good Housekeeping, Ladies' Home Journal, Family Circle, Woman's Day, Every Day with Rachael Ray, Parents, Family Fun, Taste of Home, Parade* et plusieurs autres. Karen vit au Connecticut avec sa famille.

Alan Richardson est le coauteur de *The Four Seasons of Italian Cooking* et *The Breath of a Wok*, lequel a remporté deux prix de l'International Association of Culinary Professionals (IACP) : le *Best International Cookbook Award* (meilleur livre de recettes à l'international) et le *Jane Grigson Award*. Son travail a été publié dans des douzaines de livres de cuisine à succès et dans de grandes revues dont *Esquire, GQ, Newsweek, New York Times Magazine, Food & Wine, Saveur* et *Washington Post Magazine*. Alan vit à New York avec sa famille.

Voyez certains de nos cupcakes favoris en pleine action

Disponible sur hellocupcakeapp.com (en anglais seulement).

Bye-bye !

Au revoir !

À la prochaine ! À la prochaine !

Au plaisir !

À plus !

Ce n'est qu'un au revoir, si vous vous ennuyez trop d'Alan et de Karen, rendez-vous à l'adresse hellocupcakebook.com (en anglais seulement) pour encore plus de plaisir de décoration !